QUINZE LIÇÕES
sobre
PLATÃO

Mario Vegetti

QUINZE LIÇÕES
sobre
PLATÃO

Tradução:
Mauricio Pagotto Marsola

Edições Loyola

Título original:
Quindici lezioni su Platone
© 2003 Giulio Einaudi editore s.p.a., Torino
Via Umberto Biancamano 2, 10121, Torino, Italia
ISBN 978-88-06-16441-6

Dados Internacionais de Catalogação na Publicação (CIP)
(Câmara Brasileira do Livro, SP, Brasil)

Vegetti, Mario
　　Quinze lições sobre Platão / Mario Vegetti ; tradução Mauricio Pagotto Marsola. -- São Paulo : Edições Loyola, 2023. -- (Fundamentos filosóficos)

Título original: Quindici lezioni su Platone
ISBN 978-65-5504-312-9

1. Filosofia antiga 2. Platão I. Título. II. Série.

23-179845　　　　　　　　　　　　　　　　　　　　　　　　CDD-184

Índices para catálogo sistemático:
1. Platão : Filosofia　　　　　　　　　　　184

Cibele Maria Dias - Bibliotecária - CRB-8/9427

Preparação: Paulo Fonseca
Capa: Ronaldo Hideo Inoue
　　Composição sobre detalhe da *Academia de Platão*, mosaico romano de Pompeia (séc. I a.C.), atualmente no *Museo Nazionale Archeologico* de Nápoles, Itália, © Wikimedia Commons. Na contracapa, textura de © dmutrojarmolinua | Adobe Stock.
Diagramação: Telma Custódio

Edições Loyola Jesuítas
Rua 1822 nº 341 – Ipiranga
04216-000 São Paulo, SP
T 55 11 3385 8500/8501, 2063 4275
editorial@loyola.com.br
vendas@loyola.com.br
www.loyola.com.br

Todos os direitos reservados. Nenhuma parte desta obra pode ser reproduzida ou transmitida por qualquer forma e/ou quaisquer meios (eletrônico ou mecânico, incluindo fotocópia e gravação) ou arquivada em qualquer sistema ou banco de dados sem permissão escrita da Editora.

ISBN 978-65-5504-312-9

© EDIÇÕES LOYOLA, São Paulo, Brasil, 2023

103472

SUMÁRIO

LIÇÃO 0
ESTE LIVRO 7

LIÇÃO 1
O HOMEM E A EXPERIÊNCIA 13

LIÇÃO 2
O MESTRE 29

LIÇÃO 3
"PAIS" E RIVAIS 49

LIÇÃO 4
ESCREVER A FILOSOFIA 63

LIÇÃO 5
"SÓ PLATÃO NÃO ESTAVA" 77

LIÇÃO 6
A CIDADE DOENTE E SEUS MÉDICOS 99

LIÇÃO 7
"A CIDADE MELHOR, SE POSSÍVEL" 119

LIÇÃO 8
A MORTE DO MESTRE E OS PARADOXOS DA IMORTALIDADE 137

LIÇÃO 9
A ALMA, A CIDADE E O CORPO 151

LIÇÃO 10
AS IDEIAS: SER, VERDADE, VALOR 167

LIÇÃO 11
TEORIA DOS "DOIS MUNDOS"? 187

LIÇÃO 12
DISCUTIR: A "POTÊNCIA DA DIALÉTICA" 199

LIÇÃO 13
CIÊNCIA DA DIALÉTICA? 213

LIÇÃO 14
AS AVENTURAS DA ACADEMIA 229

LIÇÃO 15
PLATONISMOS 243

APÊNDICE 1
O "BOM" E O "UNO" 253

APÊNDICE 2
O MUNDO 261

APÊNDICE 3
AS LEIS 267

ÍNDICE ONOMÁSTICO 275

ÍNDICE DAS OBRAS CITADAS 281

LIÇÃO 0
ESTE LIVRO

> Ao menos isto direi sobre todos aqueles que escreveram ou escreverão sobre as coisas às quais dedico meu trabalho – gente que sustenta conhecê-las bem, seja porque as ouviram de mim ou de outros, ou que pretendiam tê-las descoberto por si mesmos: para mim, não é possível que nada tenham entendido. Não há sobre esses temas nenhum escrito meu, nem haverá. É um saber que não pode ser expresso como os outros (...). De resto, sei bem ao menos isto, que se pudesse ser exposto por mim, em forma escrita ou falada, o seria do melhor modo (...). Mas se de fato pensasse que seria possível escrever sobre tais coisas, exprimindo-as de modo adequado a muitos leitores, o que de mais belo poderia ter feito em minha vida senão confiar à escrita aquilo que é de maior utilidade para os homens e trazer à luz para todos a verdadeira natureza das coisas?
>
> Platão. *Carta VII*, 341b-d

São palavras de Platão (se o testemunho autobiográfico da *Carta VII* pode ser considerado como autêntico e confiável), dirigidas a um aluno muito zeloso, o jovem Dionísio II, futuro tirano de Siracusa, que pretendia ter escrito um manual de "filosofia platônica".

Platão tinha muitas boas razões para pensar que tal manual não pudesse e devesse ser escrito. A primeira era que o conhecimento filosófico não pode ser apreendido e transmitido do mesmo modo que o saber das outras ciências ou técnicas, cujos elementos podem ser depositados nos livros. Ele requer, ao contrário, uma longa dedicação, o empenho de uma vida transcorrida na discussão e no confronto direto entre os homens envolvidos na pesquisa; acende-se na alma como uma fagulha que se inicia após a fricção da pedra inflamável do pensamento. A filosofia é um exercício de compreensão, uma realização da mente e da alma, não um patrimônio de conhecimentos que possam se dar por adquiridos de uma vez por todas após a leitura de um livro: nesse caso, seria apenas o alarde soberbo de um falso saber, da repetição de fórmulas privadas de significado. A segunda razão da recusa platônica do "livro filosófico" era que este seria levado pelas mãos de todos, e, como qualquer livro, não poderia selecionar seus destinatários. A filosofia, contudo, não é para todos: não porque constitua um saber secreto e esotérico, mas porque seu exercício requer dotes intelectuais que não podem pertencer a "muitos". Não pode ser filósofo, mas apenas sua perigosa contrapartida – o falso sábio, o "sofista" – quem não dispõe da energia intelectual necessária para perseguir a verdade com tenacidade e da responsabilidade moral requerida para pôr essa verdade a serviço do bem comum dos homens. A terceira razão, de resto já implícita nas duas primeiras, era que Platão não concebia a própria filosofia como um sistema de doutrinas dogmáticas, que poderiam ser impostas ao leitor na forma definitiva de um "manual". Ao invés de "leitores", sua filosofia tinha mais necessidade de interlocutores, que poderiam ser implicados na reflexão. Platão sempre recusou, em suma, ser considerado como autor de um "sistema filosófico" completo, tanto que a própria escola que ele havia fundado, a Academia, começou a considerá-lo, alguns anos após sua morte, como um pensador cético.

    Segundo o próprio Platão, portanto, não poderia haver um livro *de* Platão, nem sequer um livro *sobre* Platão. O modo elusivo e fugidio com o qual ele concebia a filosofia – no momento mesmo em que ele constituía a filosofia como âmbito específico do pensamento – é suficiente para explicar a dificuldade, com a qual ainda hoje nos deparamos, de escrever de modo adequado um livro como este, não obstante os milhões de volumes de assuntos platônicos que preenchem as estantes de nossas bibliotecas.

O próprio Platão havia decidido representar a investigação filosófica (antes mesmo que *sua* filosofia) "colocando-a em cena" em diálogos: trata-se sempre de textos escritos que, todavia, diferentemente dos tratados e dos manuais, podem simular o trabalho vivo e comum da reflexão filosófica diante dos problemas postos pela vida e pelo pensamento. Cada diálogo exprime, por isso, posições que dependem, cada qual, ora dos assuntos em discussão ora dos personagens que dele participam, e que representam modos de viver e de pensar diversos frequentemente em conflito entre si, como ocorre nas situações concretas nas quais o questionamento filosófico empenha-se em sua investigação. Os diálogos conduzem, por isso, a êxitos muito diferenciados, por vezes mesmo contraditórios, portanto, por princípio irredutíveis à unidade do tratado e do "sistema".

É por isso todo livro sobre Platão representa, de algum modo, uma tradição de seu modo peculiar de representar a investigação filosófica, e opera uma espécie de violência expositiva em seus confrontos. Há livros que extraem da viva força dos diálogos um sistema doutrinal, pretendendo, assim, escrever precisamente aquele manual ou tratado de "filosofia platônica", cuja possibilidade Platão havia negado a si mesmo, além de ao jovem tirano Dionísio e a qualquer outro de seus alunos. Outros livros, de modo mais prudente, preferem expor o conteúdo dos diálogos "um a um". Mesmo esses, contudo, incorrem no risco de violência expositiva, porque devem estabelecer um critério de sucessão entre os diálogos, que acaba por configurar um modelo de desenvolvimento linear do pensamento platônico. Mas todo critério de ordenação é arbitrário. Não sabemos quase nada sobre a cronologia da composição dos diálogos, e, de resto – como é óbvio antes da invenção da escrita – nenhum deles jamais foi "publicado" de modo que se possa estabelecer sua primeira edição. Os textos platônicos contêm, ao contrário, algumas indicações sobre o momento em que se supõe que tenha ocorrido a discussão que simulam transcrever, mas tais indicações são muito incertas e muito funcionais em relação às intenções representativas de cada diálogo para que possam servir de critério de ordenação expositiva. Há, por fim, livros que tentam reabsorver inteiramente a "filosofia" de Platão na narrativa de sua biografia. Há, todavia, também neles uma espécie de arbítrio e de violência: sabemos muito pouco da vida de Platão para dela fazer o eixo central de sua investigação filosófica e, de resto, não parece lícito identificar o pensamento com a vida de um autor que jamais quis falar em primeira pessoa nos textos que representam tal pensamento.

É legítimo interrogar se estar consciente de tudo isso não deva nos induzir a renunciar à tentativa de escrever outro livro sobre Platão. Mas talvez não seja necessariamente assim. Pode ocorrer que essa própria consciência permita escrever um livro menos arbitrário, menos "violento", desprovido da pretensão tirânica de expor, e, com isso, exaurir, "a filosofia de Platão". Trata-se, antes, de acolher um convite que o próprio Platão havia formulado a propósito de seu diálogo sobre as *Leis*:

> Nada de melhor que convidar os mestres a ensinar aos discípulos estes discursos e aqueles que deles se aproximam e lhe são similares; e se encontrarmos (...) discursos que são irmãos destes, de nenhum modo os deixem escapar, mas os escrevam (*Leis*, VII, 811d-e).

Pode-se tentar, em outros termos, escrever um livro que parta dos "discursos" de Platão para fornecer aos próprios leitores ao menos algumas das informações necessárias para continuar a refletir com ele, a prosseguir sua exploração dos termos e das formas que são próprias do *pensar filosoficamente*.

Essa é exatamente a tentativa que será feita neste livro. Ele não pretende substituir os diálogos, mas oferecer um mapa de orientação para sua leitura, agilizar um acesso que continua sendo um direito dos "muitos" sem sugerir o atalho deturpador do "manual". Cerca de metade do livro (Lições 1-6, 14-15) é dedicada a delinear a posição do autor dos diálogos seja em relação ao ambiente histórico e cultural no qual ele se formou e ao qual se destinava sua mensagem, seja aos textos nos quais essa interlocução era posta em cena; mais que uma abordagem biográfica, trata-se de uma contextualização do empreendimento filosófico de Platão, de uma reconstrução do solo sobre o qual as situações dialógicas tomam forma e de uma discussão dos métodos necessários para compreendê-las. Uma segunda metade (Lições 6-13) é destinada à reconstrução de "teoremas" filosóficos, de núcleos temáticos que permanecem relativamente constantes mesmo na variação dos contextos dialógicos: não – é preciso repetir – *a* filosofia platônica, mas os nós em torno dos quais ela tece sua trama sempre mutável e renovada. Diga-se logo que a ordem da exposição desses nós temáticos é inevitavelmente arbitrária. Nenhum deles tem prioridade em relação aos outros, mas antes os implica: como veremos, a ordem da reflexão platônica pode ser pensada como estrutura triangular, cujos vértices são representados por *verdade, ser* e *valor*, e naturalmente o perímetro do triângulo pode ser traçado, conforme o caso, a partir de qualquer um de seus vértices. Três breves apêndices tratam, enfim, de temas que não constituem uma infraestrutura teórica constante, mas são discutidos em diálogos isolados: sua importância para a tradição que se vincula ao platonismo foi, todavia, tal que requer ao menos uma menção sumária. Muito, naturalmente, foi omitido, na intenção de representar ao menos de modo nítido e acessível o estilo e o sentido da representação platônica do "pensar filosoficamente". A construção do livro e a forma da escrita seguem de perto as aulas dadas em meu curso no semestre de outono-inverno de 2001 na Universidade de Pavia. Para não tornar pesado o modo de interlocução desses "discursos postos por escrito", cada Lição é seguida de uma Nota com referências bibliográficas comentadas indispensáveis, embora, naturalmente, não sejam exaustivas. Mesmo nesse caso, o mais importante é que elas forneçam instrumentos úteis para continuar a refletir *sobre* Platão, e *com* Platão. Pela mesma razão, foi feito grande recurso às citações dos textos antigos, de Platão, de seus contemporâneos, de seus críticos.

NOTA

A abordagem de Platão diante da escrita filosófica é discutida na Lição 4. O problema dos métodos de interpretação do pensamento platônico é tratado na Lição 5. As interpretações desse pensamento por parte da tradição da Academia são expostas na Lição 15.

Um exemplo recente e autorizado de tratamento sistemático da filosofia de Platão é aquele oferecido por REALE, G. *Per una nuova interpretazione di Platone*. Milano: Vita e Pensiero, [20]1997 (trad.: *Para uma nova interpretação de Platão*. São Paulo: Loyola, 1997 – N. do T.). No extremo oposto, a exposição dos diálogos "um a um", segundo a ordem da "data dramática" (aquela em que se supõe que tenha ocorrido o diálogo transcrito) foi tentada por TEJERA, V. *Plato's Dialogues One by One*. Lanham (Md.): Rowman & Littlefield, 1999. Uma exposição mista, por problemas e por diálogos (na ordem presumida de composição) foi recentemente oferecida por TRABATTONI, F. *Platone*. Firenze: Carocci, 1998 (trad.: *Platão*. São Paulo: Annablume, 2008 – N. do T.). No mesmo sentido, continua exemplar a obra de FRIEDLÄNDER, P. *Plato*. 3 vols. trad. ingl. New York: Harper & Row, 1958. Um exemplo clássico de reabsorção da filosofia na biografia de Platão é aquele proposto por WILAMOWITZ-MÖLLENDORFF, U. von. *Platon*. Berlin: Weidmannsche Buchhandlung, 1920.

LIÇÃO 1
O HOMEM E A EXPERIÊNCIA

> Este homem, mais que qualquer outro, desenvolveu a filosofia, e a dissolveu.
>
> Filodemo. *História da Academia*, col. Y

Segundo o historiador Filodemo, que escrevia no século I a.C., Platão teria sido uma espécie de "gênio ambíguo" da filosofia: ele a teria levado à sua plena maturidade, depois de seus inícios incertos, e, ao mesmo tempo, com seu modo de praticá-la pela forma dialógica, teria preparado sua dissolução na conversação presunçosa por um lado, e no ceticismo, por outro. Mas Platão não nasceu na filosofia e para a filosofia. A narrativa de suas origens familiares e de seu ambiente social nos foi oferecido por Diógenes Laércio, um biógrafo muito tardio (século III d.C.), que, contudo, valeu-se de boas fontes, que em parte remontam a Espeusipo, sucessor de Platão na direção de sua escola, a Academia, e filho de sua irmã, Potone.

Platão, ateniense, foi filho de Aríston e Perictione, cuja genealogia remontava a Sólon. Seu irmão era Drópides, pai de Crítias, por sua vez pai de Calescro. Dele nasceram Crítias, o dos Trinta tiranos, e Gláucon, pai de Cármides e Perictione. Ela e Aríston foram os pais de Platão, sexto na descendência de Sólon. (...) Dizem também que seu pai descendia de Codro. Espeusipo, Clearco e Anaxaláides contam uma história que circulava em Atenas: Aríston teria tentado violar Perictione, que era uma menina na flor da idade, sem, contudo, ter conseguido; desistindo de suas tentativas de violentá-la, tem uma visão de Apolo, e doravante respeitou a pureza de sua esposa até o parto. E nasce Platão, como diz Apolodoro, no curso da 88ª Olimpíada, no sétimo dia do mês de Targelião [meados de maio de 428-7], o mesmo em que os habitantes de Delos dizem que Apolo teria nascido (Diógenes Laércio. *Vida dos filósofos*, III, 1-2).

Platão nasceu no coração da aristocracia ateniense, numa família rica tanto de bens (sua casa, ele mesmo nos diz, era "cheia de cães de caça e de pássaros nobres": *República*, V, 459a) quanto, e sobretudo, de prestigiosas memórias genealógicas. Por parte de pai, remontava a Codro, segundo a lenda, o último rei de Atenas. Por parte de mãe, guardava a descendência de Sólon, primeiro legislador de Atenas, homem que, por volta do início do século VI, havia configurado, num momento de aguda crise social, um alicerce constitucional capaz de garantir à cidade, por quase dois séculos, uma relativa de concórdia interna. Sólon havia escrito a seu próprio respeito:

> Ao povo dei os privilégios suficientes/ não lhe negando respeito, mas sem satisfazer pretensões excessivas;/ também para aqueles que tinham poder e eram ilustres pelas riquezas/ dispus que não sofressem nenhuma ofensa./ Pus-me a proteger uns e outros com escudo potente/ e não permiti que nenhuma das duas partes vencesse injustamente (fr. 7 Gentili-Prato).

E ainda: "Isso fiz com minha força,/ harmonizando entre eles violência e justiça/ realizando minha tarefa,/ e escrevi leis iguais tanto para os humildes quanto para os nobres,/ conferindo a cada um uma reta justiça" (fr. 30 Gentili-Prato).

Na família de Platão guardava-se, portanto, uma memória de realeza, por um lado, e por outro, aquela do sábio legislador, que estava acima das partes e era capaz de impor a norma da justiça em favor do interesse comum. Em todo caso, uma vocação ao poder supremo, embora também a uma figura mais próxima, e mais sinistra, do bom rei e do fundador da lei: seu tio materno Crítias, o extremista oligárquico que em 404 – quando Platão tinha vinte e quatro anos – havia derrubado a democracia de Atenas, revogando os equilíbrios sociais que Sólon havia instaurado. Crítias tentou substituí-los com o poder de um grupo de ricos aristocráticos (os Trinta tiranos), cujo caráter sanguinário teria justificado afirmando que "toda revolução é portadora de morte" (Xenofonte. *História grega*, II, 3.32). O poder de Crítias durou poucos meses e foi substituído por uma restauração democrática na qual ele mesmo encontrou a morte, mas a dilaceração que ele marcou na história política da cidade estava destinada a deixar um traço duradouro na memória coletiva e, como veremos, na própria experiência pessoal do jovem Platão.

Estava, portanto, de algum modo marcado pelas memórias e pelas presenças familiares, de cuja importância ele era perfeitamente consciente.

Lemos disso um reflexo nas palavras atribuídas a Sócrates, que se dirige ao jovem Cármides, tio de Platão e destinado a fazer parte da tirania dos Trinta:

> E é também justo, Cármides, que te distingas dos outros por todos esses dotes. Creio, com efeito, que nenhum outro dentre os presentes poderia facilmente indicar quais outros dos casais atenienses, unindo-se, teriam qualquer probabilidade de gerar uma descendência mais bela e melhor, senão aquele do qual nascestes. Vossa casa paterna, aquela de Crítias e de Drópides, foi exaltada nos encômios de Anacreonte, de Sólon e de muitos outros poetas, como excelente por beleza, por virtude e por cada outro aspecto atribuído à felicidade. E o mesmo em relação à casa materna: de nenhum dos que vivem no continente se diz ter sido considerado mais belo e maior que teu tio Pirilampo, nas tantas ocasiões em que ele foi embaixador junto ao grande rei da Pérsia ou de qualquer outro em seu reino. Em suma, toda essa casa não perde

para nenhuma outra. É natural, portanto, que tu, nascido de tais famílias, prime por todos esses aspectos (*Cármides*, 157d-158a).

De tal modo relevantes, as memórias e as presenças familiares teriam resultados no pensamento político de Platão: são recorrentes figuras como aquela do "homem real" do qual se fala no *Político*, do fundador das leis justas que anima a *República* e as *Leis*, e também daquela inquietante figura do tirano tantas vezes evocada como sendo o detentor da forma de poder mais eficaz, em condições de oferecer uma subversão visando a instauração da boa ordem social. Mas há, na página biográfica de Diógenes Laércio, também um traço mais específico da imagem de Platão, que representa sem dúvida o eco da lenda que sua escola começou a fazer circular logo após sua morte. Trata-se de sinais precisos de uma outra descendência, a de Apolo, o deus solar do conhecimento profético. Platão teria tido uma espécie de "imaculada conceição", na qual o deus teria substituído o pai terreno Aríston, gerando o filho da virgem Perictione; de resto, o filósofo teria nascido no mesmo dia em que o deus, confirmando-se uma proximidade, um destino. Graças a tais sinais, Platão é inscrito numa outra genealogia, conhecida da tradição grega e, de resto, recorrente também em suas obras, a do "homem divino" – dotado de um acesso ao conhecimento e à virtude de natureza mais que humana.

Sinais apolíneos acompanham também, na lenda de Platão, o encontro com seu futuro mestre, Sócrates, que teria configurado seu destino, unindo-se, sem substituí-la, à genealogia familiar. Refere-se Diógenes Laércio que Sócrates "sonhou ter pousado sobre seus joelhos um jovem cisne, que logo abriu as asas e voou cantando docemente; no dia seguinte apresenta-se a ele Platão, no qual disse ter reconhecido o pássaro do sonho" (III, 5). O cisne era o pássaro sagrado de Apolo, que teria, portanto, profetizado a Sócrates a vinda do extraordinário discípulo, logo destinado, como o cisne anunciava a deixar o mestre para proferir seu "canto" filosófico. Sócrates talvez não tenha sido o único mestre de Platão – sabemos por Aristóteles (*Metafísica* I, 6, 987a) que ele teria seguido também o ensinamento de Crátilo, um discípulo de Heráclito –, mas é certo que seu modo de pensar e de viver imprime um traço profundo e duradouro no "divino" discípulo, tanto que se tornou o protagonista quase exclusivo de seus diálogos.

Os acontecimentos posteriores da vida de Platão são conhecidos sobretudo graças a um extraordinário documento autobiográfico conhecido como *Carta VII*. A autenticidade desse documento foi posta em dúvida diversas vezes, por muitas boas razões. Em primeiro lugar, ela pertence a uma coletânea epistolar, as assim chamadas *Cartas* de Platão, que, sem dúvida, deve ser considerada apócrifa em seu conjunto, como em geral o é a literatura epistolar antiga (existem, por exemplo, também "cartas" de Sócrates e de Hipócrates). Tratam-se de falsas redações de autores posteriores, que visavam dar crédito às próprias teses filosóficas atribuindo-as a autores prestigiosos do passado, ou simplesmente para vender às grandes bibliotecas preciosos "documentos inéditos". A segunda razão, mais específica, é que a carta apresenta, juntamente com passagens que o falsário poderia ter facilmente retirado dos textos conhecidos de Platão, também argumentos filosóficos que, ao contrário, dele são ausentes, apresentando mesmo contradições com textos seguramente platônicos. O terceiro motivo de dúvida depende do fato de que a carta parece pretender desculpar os discípulos acadêmicos de Platão, mais que o próprio filósofo, diante da acusação pública de um perigoso envolvimento nos torpes fatos siracusanos, dos quais falaremos a seguir. Se, por todas essas razões, a *Carta VII* devesse ser considerada apócrifa, ela lançaria uma sombra impenetrável sobre a sequência da vida de Platão, porque – sustenta-se – também os testemunhos biográficos posteriores, como os oferecidos pela *Vida de Díon*, de Plutarco, e pelo próprio Diógenes Laércio, na verdade são dependentes das informações contidas neste documento, e seriam, por isso, de todo infundados.

A esses argumentos foram opostos outros igualmente válidos em sentido contrário. A linguagem da carta e a fidelidade de seus conteúdos aos textos platônicos conhecidos (como a *República* e as *Leis*) foram tais que se o autor não tivesse sido Platão seria necessário supor, como já diziam os antigos, a existência de seu *alter ego*, um "segundo Platão" (com exceção do assim chamado *excursus* filosófico, 342a-344d, que de fato não encontra correspondente nos diálogos e que poderia ter sido interpolado num período posterior pela chamada escola "médio-platônica"). Não é sem fundamento a suspeita de que o esforço para demonstrar a inautenticidade da carta dependa do desejo de "despolitizar" a experiência de Platão. Isso leva, com efeito, a muitos intérpretes – nisto fiéis à lição de um grande aluno de Platão como Aristóteles – sustentarem, em geral, o estranhamento da filosofia em relação a qualquer compromisso diretamente político; e, em particular, de libertar a imagem de Platão da sombra de um envolvimento ativo nos eventos ambíguos da tirania siracusana. De resto, esse esforço difundido sobretudo entre os autores anglo-saxões – com a intenção de "desculpar" Platão diante das célebres acusações de Karl Popper, que nele vê o precursor de ambos os assim chamados "totalitarismos" do século XX, o fascista e o comunista – chegando mesmo a considerar as propostas políticas formuladas por Platão na *República* como apenas "utópicas" ou mesmo "irônicas", portanto, de não tomá-las literalmente como documentos do pensamento genuíno de seu autor: um filósofo muito sério e respeitável para ter podido propor como desejável a abolição da família e da propriedade privada.

Para voltarmos à *Carta VII*, é possível se considerar razoavelmente que ela representa um documento biográfico digno de fé: seja porque se trata de um texto escrito, ao menos em grande parte, pelo próprio Platão, seja porque sua redação possa ser devida a seus primeiros sucessores, como Espeusipo, desejosos de reabilitar a escola e o mestre diante de uma opinião pública hostil a seu empreendimento siracusano, sendo bem informados sobre sua formação e seus eventos biográficos. Sigamos, portanto, a narrativa considerando-a como um testemunho fiável sobre o modo pelo qual o velho Platão (a carta, endereçada aos "amigos de Díon de Siracusa", pode datar de 353) refletia sobre sua experiência pessoal. "Quando era jovem, compartilhei uma paixão com muitos: pensava, assim que adquirisse minha independência, em entrar na vida política da cidade" (324b).

Essa vocação não era nada de excepcional: na Atenas do século V e IV, o envolvimento político representava uma etapa quase obrigatória na vida dos jovens membros da grande aristocracia, que o consideravam tanto como um dever quanto como um direito "natural" ao poder, e com maior razão isso deveria valer para quem, como Platão, tivesse nascido numa família cuja genealogia coincidia com a própria história da cidade.

Aos vinte e quatro anos de Platão a afortunada ocasião pareceu apresentar-se com o golpe de estado dos Trinta tiranos, que em 404 derrubou o regime democrático, "uma constituição repudiada por muitos" (324c), o que bem se compreende sobretudo pela parte aristocrática à qual ele era vinculado por nascimento. "Alguns desses eram meus parentes e pessoas que me eram bem conhecidas, e naturalmente se dirigiram a mim, dando quase por certa minha adesão" (324d).

Dos Trinta faziam parte Crítias e Cármides, respectivamente tio e irmão da mãe de Platão. Era perfeitamente natural que deles se esperasse um restabelecimento da "justiça" na cidade. Mas não demorou muito para que a tirania revelasse sua face violenta e opressiva: centenas de cidadãos do lado democrático são postos de lado ou condenados à morte para lhes confiscarem as riquezas, recurso indiscriminado ao engano e à traição de modo, comenta Platão, a "fazer parecer áureo o regime precedente" (324d). Toca-o sobretudo um episódio: a tentativa dos Trinta de implicar seu mestre, Sócrates, numa ação criminal, a prisão de um homem ilegalmente condenado à morte, de modo a fazê-lo cúmplice – pedido que Sócrates naturalmente recusou com risco de vida.

Afastei-me, então, com indignação, daqueles criminosos. Após não muito tempo caíram os Trinta e todo o seu regime. Novamente, ainda que com menor impaciência, tomou-me o desejo de empenhar-me na política e nos eventos públicos (325a-b).

O regime democrático, restaurado depois de poucos meses com uma ação de força na qual o próprio Crítias é assassinado, ofereceu prova – nota Platão quase com surpresa – de uma certa tolerância, que podia lhe fazer novamente ter esperança num acesso à política ainda que num contexto dominado pela parte contrária. Ocorreu, contudo, alguns anos depois (399), um evento traumático, destinado a apagar essa esperança e distanciar Platão para sempre da cena da democracia ateniense. Seu mestre, Sócrates, foi processado e condenado à morte – acusado por expoentes do regime democrático – por um júri popular representativo de toda a cidade. As razões do processo e pela condenação eram eminentemente políticas, como veremos na Lição 2. Mas, na experiência de Platão, a condenação do mestre assinalava uma ruptura irreparável. Não significava apenas a falência do regime democrático, que se revelava assim oposto, mas simétrico à violenta oligarquia critiana. Esse evento trágico (que talvez induziu, por algum tempo, Platão e outros membros do grupo socrático à fuga de Atenas, por temor de ulteriores perseguições) parecia inaugurar um conflito irreparável entre o exercício crítico do pensamento filosófico e a dimensão política da cidade, com seus requisitos de conformação ao regime dominante, qualquer que fosse sua natureza social. Desde então, Platão não cessou de refletir sobre a relação entre a filosofia e a cidade: sobre aquilo que a filosofia teria podido fazer para garantir à cidade um *poder justo*, e sobre o que a cidade teria podido fazer pela filosofia em vista da salvação comum:

Voltei a refletir sobre tudo isso – os homens que faziam política, as leis, os costumes – e quanto mais avançava em idade tanto mais me parecia difícil governar corretamente a vida política. Convenci-me de que sem homens que fossem amigos e companheiros fiéis não era possível fazer nada, mas não era viável encontrá-los entre os conhecidos, porque nossa cidade não era mais governada segundo as leis e os costumes dos pais, nem era possível adquirir novos com uma certa facilidade (*Carta VII*, 325c-d).

Essas palavras evocam o tema da solidão de Sócrates, da trágica impotência de sua tentativa de influir pelo confronto pessoal, *face to face*, sobre o *ethos* e a política da cidade. A essa solidão e a essa impotência, Platão já havia feito alusão, numa espécie de balanço crítico da experiência do mestre, numa página da *República*:

> Ninguém, pode-se dizer, faz algo de são nas coisas da política, e não há aliado com o qual não se possa socorrer pela justiça salvando também a si mesmo; antes, é como se um homem lançado às feras não quisesse colaborar com a injustiça nem pudesse por si opor-se a todas essas feras, e, portanto, morresse antes de ter beneficiado a cidade ou os amigos, inútil a si e aos outros (*República*, VI, 496d).

Diante dessa perigosa solidão e dessa impotência, continua Platão, é compreensível a atitude de buscar refúgio na privacidade dos estudos, como "atrás de um pequeno muro" para abrigar-se durante uma tempestade, e assim chega-se ao fim de sua vida mantendo-se apartado da injustiça e da loucura coletiva. Não pouco, é certo; mas "não muito de fato", acrescenta Platão falando pelo personagem Sócrates, "se não aconteceu viver num regime adequado, porque em tal constituição teria melhorado a si mesmo, e teria salvo a coisa pública juntamente consigo mesmo" (497a). Não se trata, com efeito, do caminho do "muro" que Platão teria escolhido para si, mas sim o da busca de "companheiros e aliados" com os quais enfrentar, não mais em solidão, as "feras" da política – além de, naturalmente, uma comunicação pública que continuava aquela socrática na forma diversa da composição de diálogos escritos, iniciada provavelmente pouco depois da morte do mestre. A fundação da "escola" de Platão, a Academia, provavelmente por volta de 387, respondia a essa dupla intenção: consolidar um grupo de "amigos", junto aos quais fosse possível tanto conduzir a investigação filosófica quanto tentar vias de intervenção política (da Academia se falará de modo mais extenso na Lição 14).

Entretanto, Platão continua a observar a situação, "esperando sempre o momento oportuno para a ação".

Afinal, dei-me conta de que todas as cidades de agora são mal governadas (seu sistema legislativo é praticamente incurável a menos que lhes sejam dedicados extraordinários preparativos acompanhados pela fortuna). E fui constrangido a dizer, elogiando a autêntica filosofia, que somente ela permite distinguir todas as formas de justiça tanto no âmbito da vida política quanto na vida pessoal: as gerações humanas não serão liberadas de seus males enquanto aquele tipo de homens que praticam a filosofia de modo autêntico e verdadeiro não ocuparem o poder político ou aqueles que comandam nas cidades, por uma espécie de sorte divina, não começarem a praticá-la (*Carta VII*, 326 a-b).

O velho Platão (talvez pelas mãos de seu biógrafo) reitera aqui a convicção central da *República*, na qual havia sustentado (como veremos na Lição 7) que somente um "poder filosófico" pode pôr fim aos males da cidade, e esclarecia quais filósofos estariam legitimados a desempenhar essa tarefa em virtude de seu saber. Mas, segundo a *Carta VII*, foi já com essa convicção que Platão se preparou para realizar a primeira de suas viagens à metrópole siciliana de Siracusa, em 388-387.

A cidade, uma das maiores do mundo grego, era governada pelo poderoso e prestigioso tirano Dionísio I. Não sabemos quais razões induziram Platão a visitar sua corte: talvez um convite do próprio tirano, desejoso de estreitar seus contatos com membros influentes da aristocracia e da *intelligentsia* ateniense, talvez por pressão de Díon, um jovem aristocrata siracusano que já então Platão considerava um de seus melhores alunos, e que teria em seguida exercido um papel decisivo nas aventuras siracusanas de Platão e da Academia; talvez, ainda, uma vaga esperança de poder induzir o tirano a adotar uma forma de governo inspirada nos princípios filosóficos de justiça. É certo, em contrapartida, que com a escolha siracusana Platão rompe definitivamente com a política ateniense: exatamente em 387, Dionísio havia apoiado a humilhante "paz de Antálcidas" imposta a Atenas por Esparta e pela Pérsia.

Quaisquer que fossem as intenções e as esperanças de Platão em dirigir-se pela primeira vez a Siracusa, é certo que foram frustradas. A forma de vida da metrópole siciliana – despotismo, luxo, corrupção ("encher-se de comida duas vezes ao dia e à noite não ir para o leito sozinho", *Carta VII*, 326b) – tornava inevitável, aos olhos de Platão, que nesse tipo de cidade se alternassem regimes desviantes como "tiranias, oligarquias, democracias", e que aquele que ali detenha o poder "não possa sequer ouvir o nome de uma constituição fundada na justiça e na igualdade diante da lei" (326d).

Platão dedicou seus vinte anos seguintes à construção da Academia (aonde, em 367, seria acolhido um aluno de grande futuro como Aristóteles) e à elaboração de alguns de seus maiores diálogos, dentre os quais a *República*, um extraordinário esforço de síntese teórica dedicado a conjugar o delineamento de uma filosofia rigorosa com um projeto de radical renovação política e moral da sociedade. Mas justamente esse ensino, aliado ao convívio com Díon, teria posto, quase involuntariamente, as premissas de um novo e mais grave envolvimento platônico nos acontecimentos da política siracusana: "em minha amizade com Díon, então um jovem, temo não ter me dado conta de que, quando lhe revelava com meus discursos as minhas opiniões sobre a melhor condição humana, e o aconselhava a realizá-las, de algum modo, sem perceber, preparava o futuro renascimento da tirania" siracusana (327a).

Em 367, morria Dionísio I e lhe sucedia seu filho, Dionísio II. Díon havia se convencido de que uma intervenção direta de Platão teria podido "converter" o jovem tirano ao exercício de um governo "filosófico" (e talvez secretamente pensasse valer-se da autoridade do mestre para ele próprio assumir o poder). Por isso, insistiu para que Platão realizasse uma nova viagem à Sicília, que desta vez teria assumido o aspecto de uma espécie de "missão" oficial da Academia. Platão hesitou, consciente dos riscos que tal empreendimento comportava, mas por fim decidiu tentar, pois, como teria explicado muitos anos depois:

> se tivesse de tentar realizar minhas concepções sobre as leis e a forma de governo, aquele era o momento de experimentá-las: convencer um único homem [Dionísio II] teria bastado para levar tudo a uma boa realização. Com tais pensamentos e com tal determinação parti de Atenas, não pelos motivos que alguns me atribuíam, mas porque teria me envergonhado diante de mim mesmo como alguém cheio de palavras, mas incapaz de empenhar-me em qualquer ação. (...) Parti, portanto, seguindo a razão e a justiça na medida do possível a um homem, deixando minhas não indignas ocupações, para recair sob o jugo de uma tirania certamente não conforme nem a meus discursos nem a mim mesmo (*Carta VII*, 328b, 329a-b).

A expedição siracusana consumou-se entre nobres ingenuidades, suspeitas e intrigas. Em seu esforço de "reeducar" o jovem tirano e sua corte, os acadêmicos – convencidos como estavam, com base nas doutrinas expostas pelo mestre na *República*, de que o saber matemático era preparatório para a virtude e a justiça – tentaram tanto introduzir a geometria no palácio do príncipe que ele estava "envolto numa nuvem de poeira levantada pela multidão daqueles que se dedicavam à geometria", traçando suas figuras sobre a areia (Plutarco. *Díon*,

13.4). Do próprio Platão sussurrava-se na corte que ele teria tentado convencer o tirano de licenciar seu poderoso exército e desarmar sua grande frota para dedicar-se com os acadêmicos à investigação do misterioso "bem" moral por ele professado, bem como da tentativa de "obter a felicidade mediante a geometria" (14.3). Em todo caso, é certo que Dionísio II vê em Díon um perigoso adversário político e o põe de lado, apesar do apoio de Platão e dos seus. Tentou, entretanto, por razões de prestígio, manter Platão junto a si, recorrendo, por um lado, a elogios, por outro, à força. Finalmente, o filósofo conseguiu tomar o caminho de volta para Atenas, graças à intervenção de Arquitas, um cientista e filósofo de inspiração pitagórica, que detinha a tirania em Taranto, com o qual Platão manteve estreitas relações durante a estadia siracusana. Um episódio de importância não apenas biográfica, dado que após esse encontro a presença intelectual do pitagorismo e dos pitagóricos torna-se cada vez mais importante no seio da Academia.

Portanto, a desilusão de 366-365 foi para Platão uma nova frustração política que se seguia a outra, certamente de menor importância, e que remontava a alguns anos antes. Em 368, Platão havia sido convidado pela federação dos Árcades e dos Tebanos para redigir a constituição e as leis da nova capital que preparavam para fundar no Peloponeso, Megalópolis. Mas recusou-se a permanecer quando se deu conta de que eles não estavam dispostos a aceitar aquela distribuição igualitária dos bens, que consistia em um dos eixos fundamentais de seu projeto político (Diógenes Laércio, III, 23).

Contudo, o evento siracusano ainda não havia acabado. Um novo convite de Dionísio II, apoiado por Arquitas, e sobretudo a insistência do exilado Díon, que esperava obter, graças ao mestre, a permissão para voltar a Siracusa, convenceram Platão, em 361, a se dirigir uma vez mais para a Sicília. Uma viagem igualmente inútil e perigosa: ciúmes da corte, rivalidades políticas e desconfiança de Dionísio em relação às intrigas de Díon colocaram Platão numa situação tão difícil que apenas uma decisiva intervenção de Arquitas (o envio de um navio de guerra à Siracusa) permitiu-lhe um retorno seguro à pátria. Poucos anos depois, Díon deixa de protelar e decide passar à ação direta. Em 357, organizou uma expedição militar à Siracusa, com a participação de numerosos acadêmicos e com o apoio de Espeusipo, o sobrinho de Platão destinado a suceder-lhe na direção da escola (não certamente sem a discreta aprovação do próprio mestre). Díon contava com uma insurreição popular em Siracusa a fim de depor Dionísio, tendo, com efeito, conseguido. Mas logo mostrou aspirar somente suceder-lhe na tirania, sendo por isso assassinado, por volta de 354, por Calipo, um dos acadêmicos que lhe haviam seguido em Siracusa.

Os últimos anos da vida de Platão, bem como os anos posteriores à sua morte, assistiram a uma perturbada participação dos membros da escola na vida política da Grécia. Alguns, como Eudoxo, limitaram-se a propor leis para suas cidades. Outros, como Píton e Heráclides, em 359, tornaram-se tiranicidas, tendo sido por isso honrados em Atenas; outros, ainda, tornaram-se tiranos, como Clearco, em 352, por sua vez assassinado por outros dois acadêmicos; Corisco e Herasto foram conselheiros do tirano Hérmias de Atarneu.

Platão assistiria tão somente de longe a esse violento envolvimento da escola nos eventos políticos que, de algum modo, havia inspirado com suas experiências siracusanas bem como com seus textos. Estava agora dedicado sobretudo ao trabalho filosófico, ao qual se dedicou até os últimos anos de sua vida. O grande diálogo sobre as *Leis* foi deixado ainda esboçado sobre as tábuas de cera e ficou a cargo do aluno-secretário de Platão, o pitagórico Filipe de Opunte, escrever sua redação definitiva. Segundo uma tradição, no dia de sua morte, em 347-346, os alunos, entrando em seus aposentos, encontraram em sua cabeceira as tábuas que continham o início da *República*, que ele preparava para reelaborar ainda outra vez (Diógenes Laércio, III, 37; Dionísio de Halicarnasso. *De comp. verb.*, 25).

Foi sepultado no jardim da Academia, junto a um pequeno templo dedicado às Musas, que ele havia feito construir. Bem cedo os alunos o veneraram como "homem divino", e circulou, como foi visto, a lenda de sua descendência apolínea. A tradição divide-se pouco depois em duas vias: a hagiográfica, ligada à Academia, e a malévola, que em parte remonta à escola de Aristóteles, o Perípato, fazendo-o, por um lado, o inspirador de cruéis tiranias, por outro, o plagiador inescrupuloso das obras de Demócrito e dos pitagóricos, que teria adquirido e depois queimado para esconder sua falsificação.

Nota

Todos os testemunhos biográficos sobre Platão estão coligidos em SWIFT RIGINOS, A. *Platonica*. *The Anecdotes concerning the life and writings of Plato*. Leiden: Brill, 1976.

Acerca da discussão da autenticidade dos aspectos biográficos e políticos da *Carta VII*, cf. ISNARDI PARENTE, M. *Filosofia e politica nelle Lettere di Platone*. Napoli: Guida, 1970, e a recente atualização de BRISSON, L. (org.). *Platon. Lettres*. Paris: Flammarion, 1987; sobre sua atribuição a Espeusipo, cf. FINLEY, M. I. Plato and practical Politics. In: _____. *Aspects of Antiquity*. London: Chatto & Windus, [2]1977 (trad.: *Aspectos da Antiguidade*. São Paulo: Martins Fontes, 1999 – N. do T.). Uma análise completa dos testemunhos sobre a atividade política de Platão e da Academia encontra-se recentemente em TRAMPEDACH, K. *Platon, die Akademie und die zeitgenössische Politik*. Stuttgart: Steiner, 1994; sobre as expedições a Siracusa, cf. também FRITZ, K. von. *Platon in Sizilien und das Problem der Philosophenherrschaft*. Berlin: De Gruyter, 1968. Sobre as críticas à política platônica é clássica a obra de POPPER, K. *La società aperta e i suoi nemici*. v. I. (trad. it). Roma, Armando, 1973 (trad.: *A sociedade aberta e seus inimigos*. Belo Horizonte: Itatiaia, 1987, 2 v. – N. do. T.).

LIÇÃO 2
O MESTRE

> Péssimas pessoas, certamente as conheço. Queres dizer aqueles embrulhões, aqueles tipos com a face definhada e os pés descalços, como Sócrates, o desgraçado, e Querefonte.
>
> Aristófanes. *As nuvens*, vv. 102-4.

> Sócrates, meu velho amigo, que não hesitarei em definir como o mais justo dentre os homens de seu tempo.
>
> Platão. *Carta VII*, 325e.

Platão começou a escrever seus diálogos após 399, ano crucial do processo e da condenação à morte de Sócrates. Mas quase todos os diálogos são ambientados nos trinta anos precedentes, portanto, no período da formação juvenil de seu autor. É posta em cena a "grande sociedade" ateniense no arco de tempo que vai da morte de Péricles, que fora seu *leader* e protagonista (428), aos sucessos que pareciam irresistíveis da guerra do Peloponeso, até a derrota de 404, e ao golpe de estado oligárquico de Crítias. Os personagens do diálogo – quase todos mortos recentemente no tempo de sua composição – representam aquela sociedade, com seus intelectuais, seus aristocratas, seus generais, seus sacerdotes: quase como se Platão tivesse querido revisitar os lugares e as pessoas de sua juventude, dar voz pela última vez à geração na qual se formara, interrogá-la ainda uma vez para compreender – e dar a compreender às gerações posteriores – os erros que haviam levado à crise da cidade, de modo que se transmitisse, apesar de tudo, uma guarnição aos seus herdeiros para que aqueles erros não se repetissem novamente, para que as oportunidades que se apresentassem não fossem novamente desperdiçadas.

A Atenas na qual são ambientados os diálogos era a sociedade da qual seu maior artífice político, Péricles, pôde dizer, num discurso referido por Tucídides: "amemos a beleza (*philokaloumen*), mas não o disfarce, amemos o saber (*philosophoumen*) sem lassidão" (II, 40), e que ele havia, portanto, definido como "um empreendimento educativo (*paideusis*) para toda a Grécia" (II, 41). Mas aquela Atenas era também a cidade que havia financiado sua prosperidade, sua beleza, seu próprio desenvolvimento cultural, graças aos recursos brutalmente tomados das comunidades subjugadas a seu império, a cidade que, num outro discurso, o próprio Péricles havia chamado de "tirana", advertindo-a do perigo que a perda do império teria comportado: "a isso não podeis mais renunciar (...) já que agora vosso domínio é de natureza tirânica: adquirir um tal domínio pode parecer iníquo, mas disfarçá-lo é também perigoso"; há, com efeito, escravidão em lugar da liberdade e o risco enfrentar "o ódio nutrido em vossos confrontos como senhores do império" (II, 63). Mas a Atenas na qual o jovem Platão havia se formado não era apenas constrita entre a paz, a prosperidade, o florescimento da cultura interna e a necessidade da guerra para conservar o domínio imperial no exterior. Essa mesma guerra – "um mestre violento", conforme as palavras de seu historiador, Tucídides (III, 82) – logo mostraria como o conflito externo estava destinado a reverberar-se também no interior, infringindo o pacto social, fazendo eclodir as contradições latentes entre aristocratas e povo, entre ricos e pobres, até aquela guerra civil (*stasis*), da qual os golpes de estado oligárquicos de 411 e de 404, e – para Platão – o processo de 399, foram os episódios mais violentos e cruéis.

Como se chegara àquela catástrofe? Essa é a interrogação que Platão dirige à geração dos adultos dentre os quais havia crescido, testemunha admirada de sua grandeza e crítico inquieto de seus erros; uma interrogação então formulada de um modo direto, mas ainda mais voltada a indagar os pressupostos morais e intelectuais daqueles erros e daquela catástrofe.

No centro do grande "coro" ateniense que ocupa a cena dos diálogos está um protagonista enigmático: Sócrates, o mestre do jovem filósofo. Sócrates é certamente para nós uma figura enigmática, mas provavelmente também o foi para seus contemporâneos, e para seus próprios discípulos.

Esse enigma socrático teve, desde o início, muitos aspectos. Em primeiro lugar, a anomalia de seu lugar social. Sócrates, filho de um modesto escultor e de uma parteira, pertencia àquela camada de artesãos que constituía a base social da democracia ateniense. Sócrates jamais cessou de se referir aos artesãos, seja como interlocutores diretos de sua conversação no que tange aos problemas da cidade, seja, metaforicamente, como exemplo de uma competência técnica, segura e transmissível com seus limites, mas que não deveria pretender transpor tais limites. Em ambos os sentidos, a referência de Sócrates ao ambiente das técnicas suscitava a irritação e o desprezo de seus interlocutores aristocráticos. No *Górgias*, Cálicles, um personagem político com simpatias sofísticas e oligárquicas, exclama: "Mas, pelos deuses! Jamais deixas de falar absurdamente de sapateiros, tecelões, açougueiros e médicos, como se nosso discurso dissesse respeito a esse gênero de pessoas" (491a), antes que, entende-se, dos cidadãos eminentes, os verdadeiros senhores da cidade. E parece que Crítias, uma vez assumido a tirania, tenha proferido um decreto que proibia Sócrates de continuar a conviver com sapateiros, ferreiros e marceneiros, que evidentemente também estava se tornando perigosa no plano político (Xenofonte, *Memorabilia*, I, 2).

Por outro lado, Sócrates contava entre seus amigos e alunos também com expoentes da grande aristocracia ateniense, do círculo familiar do próprio Crítias a jovens brilhantes como Alcibíades e Platão. De modo paradoxal, as simpatias que Sócrates recolhia nesse ambiente eram provavelmente devidas à sua abordagem crítica em relação à democracia, que ele fazia derivar exatamente da constante referência ao modelo técnico. Seja para tratar de uma doença ou para construir um edifício – raciocinava Sócrates publicamente –, decidir sobre o tratamento ou sobre o projeto não é para uma maioria em assembleia, mas diz respeito à competência específica do médico e do arquiteto. Por que, então, acerca das questões de maior importância para a vida coletiva, como a paz, a guerra, as leis, decidem conjuntamente médicos, arquitetos, ferreiros, sapateiros? Qual é a competência que lhes legitima tomar tais decisões? Não sabemos quais consequências Sócrates retirava dessa crítica. Mas é certo que para os aristocratas ela soava como uma confirmação de seu direito de exercer o poder na cidade, bem como da tradicional classe de técnicos do governo; e que, para Platão, teria significado a necessidade de substituir as incompetências das assembleias democráticas pelo poder dos especialistas da política, uma elite que em sua linguagem ele chamará de "filósofos-reis" ou de "reis-filósofos".

Um segundo, e também mais inquietante, aspecto do enigma de Sócrates consistia em sua "sabedoria". Era conhecida uma resposta do oráculo de Delfos, dirigida a seu amigo Querefonte, que o definia como "o mais sábio" dos atenienses; contudo, era igualmente conhecida a profissão socrática de nada saber. Numa célebre passagem de seu discurso de defesa diante do tribunal, que Platão reelaborou de modo talvez não infiel na *Apologia*, Sócrates explicou ter finalmente compreendido o sentido do oráculo. Sua maior sabedoria consistia na consciência de não saber, a ignorância no crer possuir um saber em realidade vazio e enganador (como no caso dos poetas e dos políticos), ou mesmo dotado de um conteúdo, mas não consciente de seus próprios limites (como no caso dos artesãos) (*Apologia*, 21a-23b). Mas essa autodefesa socrática excedia provavelmente, por exigências retóricas, o reduzir a "sabedoria" de Sócrates a essa rara consciência de nada saber. Em realidade, ela é parcialmente desmentida na autobiografia intelectual que Platão lhe atribui no *Fédon*, não privada de alguma verossimilhança porque confirmada, como veremos, por um importante testemunho externo. Narra Sócrates: "quando jovem fui tomado por uma extraordinária paixão por esta forma de sabedoria que chamam de investigação da natureza". Nesse campo, Sócrates admitia ter frequentado as doutrinas de sábios antigos como Empédocles e Alcméon, e, sobretudo, de ter lido assiduamente o livro sobre a natureza de um protagonista intelectual da Atenas de Péricles como Anaxágoras (que foi processado e exilado por impiedade, porque havia sustentado que o sol não é uma divindade, mas uma massa de metal incandescente). Logo após, Sócrates diz ter ficado desiludido com essa sabedoria naturalista, por sua incapacidade de oferecer fundamentos seguros para suas próprias doutrinas e em explicar o sentido e a razão dos processos naturais; ao invés de olhar diretamente as "coisas", ele teria então se refugiado nos "discursos" (*logoi*), na argumentação racional e crítica voltada a questionar as teorias sobre as "coisas" mesmas (*Fédon*, 96 a-100a). Esses "discursos" socráticos, como veremos, consistiam numa particular técnica argumentativa de tipo refutatório.

A autobiografia intelectual do *Fédon* confirma de algum modo a primeira agressão a Sócrates, que o grande cômico Aristófanes lhe havia dirigido em uma memorável comédia, as *Nuvens*, representada pela primeira vez em 423 (Platão tinha então apenas cinco anos). O ataque de Aristófanes confirma que já naquele momento os atenienses percebiam Sócrates como um personagem anômalo, inquietante para a comunidade citadina.

Na comédia, o velho Estrepsíades, oprimido pelas dívidas, deseja que seu filho, Fidípides aprenda as artes do discurso trapaceiro para que possa defendê-lo de seus credores. Faz-se então introduzir no "pensatório das almas sábias. Ali habitam homens que te convencem de que o céu é como um forno e que nos circunda, e que nós somos carvões. Ensinam ainda – se lhes dás dinheiro – a vencer com as palavras, seja tua causa justa ou injusta" (vv. 94-99). No pensatório, reina Sócrates, elevado ao alto em uma cesta para poder observar mais de perto os fenômenos celestes. De Estrepsíades Sócrates exige em primeiro lugar uma profissão de fé : "em nenhum outro deus crerás além dos nossos: este Caos e as Nuvens e a Língua, esta trindade" (vv. 413-414); quanto aos deuses tradicionais da cidade, "mas qual Zeus? Não digas bobagens. Zeus não existe" (v. 367). Na trindade "socrática", pela qual se atinge o Vórtice (v. 379), as *Nuvens* são primordiais: trata-se, como é fácil ver, de uma condensação bufa do pensamento cosmológico e meteorológico dos "sábios" (*sophistai*, v. 331) naturalistas pré-socráticos, e, em primeiro lugar, de Empédocles e de Anaxágoras, ao pensamento dos quais, no *Fédon*, Sócrates admitia ter se interessado em sua juventude. Mas o que significa a Língua? Aristófanes opera aqui, com as palavras de seu Sócrates, uma nova condensação: "São as Nuvens celestes, grandes deusas para os homens preguiçosos, que nos fornecem inteligência, dialética (*dialexis*) e pensamento, e a arte de maravilhar, de enganar, de reverter e refutar" (vv. 316-318). Além da vertente cosmológica atinge-se também a retórica e a sofística, a arte da persuasão, da refutação e do engano, exatamente aquela que Estrepsíades desejava que fosse ensinada por Sócrates a Fidípides (essa é a divina Língua, que de algum modo recobre os "discursos" aos quais o Sócrates do *Fédon* dizia ter se voltado após o abandono da especulação naturalista): "Faz com que aprenda esses dois discursos, o melhor, qualquer que seja, e o pior, que sustentando coisas injustas abate o melhor, ou se não o faz, ensina-lhe ao menos, de qualquer modo, o injusto!" (vv. 882-885).

Aristófanes, portanto, faz de Sócrates o protótipo do novo tipo de intelectual que perturbava a opinião pública tradicionalista ateniense: por um lado, naturalista ateu, cultor de figuras cosmológicas destinadas a substituir as divindades da religião da cidade, retor e sofista, por outro, capaz, com novíssimas técnicas discursivas, de inverter o sistema comum de valores, de convencer indivíduos e comunidades a buscar a "injustiça" ao invés da "justiça" que aquele sistema representava. Estão, no Sócrates aristofânico, tanto Anaxágoras quanto Górgias e Protágoras; mas o fato de que todas essas figuras estejam condensadas no nome de Sócrates testemunha o quanto ele pareceu perturbador para o público do teatro cômico – isto é, para a cidade em seu conjunto. De resto, para esse público a figura de Sócrates devia ser de algum modo reconhecível por trás do personagem cômico. Com efeito, a agressão cômica podia ser considerada muito pertinente para fornecer a base das acusações formuladas explicitamente contra Sócrates no processo que lhe foi imputado em 399 por Ânito e Meleto: aquela acusação de ter introduzido novas divindades no lugar dos deuses da tradição olímpica, e a de ter "corrompido" a juventude com sua prática dos discursos. Mais uma vez, portanto, um Sócrates naturalista e ateu, e um Sócrates sofista. Pela continuidade entre o retrato cômico de Aristófanes e as acusações processuais, Sócrates mostra-se, de resto, perfeitamente consciente na *Apologia*:

> Meus acusadores mais perigosos, ó atenienses, são aqueles que convenceram a maior parte dentre vós, desde quando éreis poucos, dirigindo-me uma acusação de todo falsa, isto é, que há um certo Sócrates, homem sábio, que reflete sobre coisas celestes e indaga todas aquelas do subterrâneo, e que torna vencedor o pior discurso (18b).

Trata-se, é o caso de se acrescentar, precisamente das acusações explícitas: porque as implícitas, mais perigosas e mais convincentes para o júri democrático, teriam certamente a ver com a crítica de "incompetência" dirigida por Sócrates à maioria dos membros da assembleia, e à sua convivência com personagens hostis ao regime democrático, tais como Crítias, Cármides e Alcibíades.

Contudo, certamente o Sócrates de Aristófanes e de seus acusadores não tem nenhuma relação com a imagem que Platão lhe faz delinear em seu discurso de defesa, e com aquela que terão seus discípulos. Quem era, então, o *verdadeiro* Sócrates? E quais eram as razões da forte impressão que ele suscitou, para o bem e para o mal, na vida cultural de Atenas, na qual não faltavam certos personagens de relevo? É muito difícil tentar responder a tais perguntas indicando os conteúdos do pensamento e do ensinamento de Sócrates: sobre isso somos, ao mesmo tempo, muito pouco e muito informados. Muito pouco, naturalmente, porque Sócrates nada escreveu. Havia ao menos duas boas razões para tanto. A primeira é de ordem social: ainda na segunda metade do século V, o recurso à escrita não era considerado socialmente normal para os cidadãos atenienses. Escreviam, certamente, os intelectuais profissionais – via de regra, não atenienses – como os médicos, os professores de retórica, os arquitetos, na forma de manuais técnicos; escreviam os historiadores, como Heródoto e Tucídides, para fixar por escrito suas narrativas após terem provavelmente as exposto ao público na forma de *performance* oral; os autores de teatro colocavam por escrito suas duplicatas, destinadas, contudo, não para a leitura pública, mas para as companhias que deviam recitá-las. Não escreviam, ao contrário, os políticos da cidade e seus cidadãos eminentes; a escrita era, com efeito, considerada como atividade própria de profissionais remuneradas, apreciadas, mas não socialmente valorizadas, e por isso confiadas a estrangeiros.

A segunda razão é de ordem intelectual. Sócrates entendia diferenciar-se de um outro grupo de autores de obras escritas, também esse de não atenienses: os sábios da tradição arcaica, como Heráclito, Parmênides, Empédocles e, mais tarde, o próprio Anaxágoras, que redigiram em verso ou prosa suas obras sobre a natureza, o cosmo, a verdade. Mas, de modo diferente desses sábios, que, no entanto, segundo o *Fédon*, haviam suscitado seu interesse juvenil, e contra a sátira aristofânica, Sócrates sustentava, como foi visto, não ter nenhuma sabedoria a transmitir, não possuir nenhuma verdade a proclamar – senão uma abordagem crítica, uma chamada à reflexão, que podiam apenas assumir a forma do diálogo direto, da comunicação oral imediata de pessoa a pessoa. Nada de tudo isso poderia ser posto por escrito e, portanto, transmitido às gerações posteriores.

Por outro lado, como foi dito, somos também muito bem informados sobre o magistério de Sócrates. Pelo amplo círculo de seus companheiros e discípulos, seu processo e sua morte dele fizeram uma figura emblemática, uma espécie de "mártir" da filosofia por seus exórdios; sua imagem logo passa a ser reivindicada entre as várias "escolas" nas quais os socráticos se dividiram, evocada para legitimar suas opções filosóficas rivais. Nasce, assim, um verdadeiro e próprio gênero literário, as "conversações socráticas" (*logoi sokratikoi*)[1], que pretendiam fixar e perpetuar na memória a voz viva do mestre e naturalmente dela apresentar a interpretação pretensamente autêntica. Os maiores autores desses diálogos socráticos[2] postos por escrito – e os únicos cujas obras nos chegaram por inteiro – são naturalmente Platão e Xenofonte, mas houve muitos outros, cujos textos são conhecidos somente de forma fragmentária, como Ésquines, Euclides de Mégara, Antístenes, Aristipo, para citar apenas os maiores. Foi calculado que no período de maior florescimento dessa literatura, o quarto de século entre 394 e 370, tenham sido publicados cerca de trezentos diálogos socráticos, com a média, exorbitante para a época, de cerca de um texto por mês: um fenômeno "editorial" de dimensões extraordinárias, portanto, que fornece uma ideia de quanto a experiência socrática era central na memória de seus discípulos imediatos e de toda a vida intelectual grega, e do quanto, para a filosofia nascente, a construção de uma imagem de Sócrates – tornado agora seu herói fundador – constituía um problema decisivo.

Para nós, contudo, é propriamente essa abundância de informações e de interpretações – em primeiro lugar aquelas, divergentes, oferecidas por Platão e por Xenofonte, mas depois também aquelas atestadas nas tradições cínica, estoica, cética – representa um obstáculo quase insuperável para a reconstrução

---

1. "Conversazioni socratiche". (N. do T.)
2. "Dialoghi socratici". (N. do T.)

histórica do pensamento socrático. É provável que ao menos os diálogos "de juventude" de Platão, que são os mais próximos cronologicamente da morte do mestre, contenham alguns traços que possam ser atribuídos à sua personalidade histórica, mas é preciso não se esquecer, de qualquer forma, que o Sócrates platônico é sempre um personagem dialógico e não um retrato biográfico.

Antes de voltar a essa questão, e sobretudo ao aspecto que mais nos interessa – a abordagem de Platão acerca do mestre – podemos, com alguma segurança, tentar responder a uma outra pergunta: o que Sócrates *fazia*? Quais foram as razões do imenso impacto intelectual e também emotivo que ele causou, de modo positivo e negativo, no ambiente social e cultural ateniense?

Sócrates, sobretudo, discutia: "agachado numa esquina com três ou quatro jovens", segundo o desprezo de seu adversário, Cálicles (*Górgias*, 485d); ou no reduto do teatro de Dionísio (diz o coro dos espectadores nas *Rãs* de Aristófanes: "Que prazer não conversar continuamente ao lado de Sócrates, desdenhando a poesia, recusando os pilares da tragédia: perder tempo com vãs zombarias sobre assuntos pomposos e fúteis ninharias é de pessoas insanas", vv. 1491-1499); nos pontos de encontro da cidade, a praça e o mercado (*Apologia*, 17c), onde ele encontrava em público os políticos, os poetas, seus artesãos prediletos (21c-22d); enfim, no encontro com os intelectuais e com a juventude culta, como os ginásios ou as casas dos atenienses ricos (onde são ambientados diálogos platônicos como o *Cármides*, o *Protágoras* e o *Banquete*).

E sobre o que Sócrates discutia, em seu assíduo esforço de encontrar toda a cidade, num diálogo *face to face* com seus membros mais eminentes ou com seus jovens mais promissores? Para responder a essa interrogação, podemos nos fiar de modo razoável nas palavras que Platão lhe faz dizer em seu discurso de defesa diante do tribunal de Atenas.

Sócrates explica, então, ter submetido seus concidadãos a um exame crítico (*exetasis*) a fim de verificar e refutar (*elenchos*) suas pretensões de possuir conhecimentos seguros (*Apologia*, 23a-c). Ele, portanto, colocava em discussão os lugares comuns, os preconceitos socialmente aceitos, as não fundamentadas presunções de sabedoria. Era incansável, e também provocador, no mostrar aos atenienses, fossem humildes ou ilustres, que agiam com base em opiniões recebidas e repetidas de modo acrítico, das quais não compreendiam bem nem as razões nem o sentido nem as consequências. Esse assíduo trabalho de Sócrates assumia a forma de uma técnica de discussão, precisamente o *elenchos*, com frequência difícil de distinguir em relação à controvérsia "erística" dos sofistas, como seus interlocutores pretendem elaborar. A interrogação socrática partia da pergunta "o que entendes (*ti legeis*) quando falas de justiça, de coragem, de piedade, de virtude?" O interlocutor era assim constrangido a formular de modo explícito uma opinião, em geral um preconceito, que até então havia partilhado inconscientemente. Sócrates então mostrava como, desenvolvendo corretamente essa opinião, dela derivavam consequências contraditórias e inaceitáveis para seu interlocutor, ou mesmo parciais e inadequadas. Era preciso, então, reformular o ponto de partida, que seria submetido a uma nova interrogação crítica. Por exemplo, se à pergunta "o que entendes por 'justo'", o interlocutor respondia "restituir as coisas emprestadas", Sócrates observava que seria então justo restituir uma arma emprestada de um amigo que, enlouquecido, quisesse servir-se dela para cometer um crime (*República*, I: esse livro contém um dos melhores exemplos de refutação socrática no que tange ao problema da justiça). Ou, ainda, se à pergunta "o que entendes por 'belo'", responde-se "uma bela jovem", Sócrates objetava que uma bela jovem pode envelhecer e se tornar feia, e que de qualquer forma é feita em relação a uma deusa (*Hípias Maior*). O escopo da refutação socrática era comparado à arte da parteira, a maiêutica: dar à luz na mente do interlocutor ideias novas e mais adequadas, em suma, convidar os cidadãos ao exercício do espírito crítico, da livre reflexão, da conquista de maior consciência de julgamento. A refutação, para se distinguir da erística, pressupunha uma relação de amizade fraterna entre os dois interlocutores e visava a obtenção de um acordo, do consenso entre ambos: mas aqui Sócrates com frequência deparava-se com um jogo de xadrez, quase não se dando conta de que o dissenso em geral contrapunha ideologias rivais, formas de vida radicalmente contrapostas, conflitos de fundo que a simples conversação crítica não poderia de modo algum recompor. É propriamente isso que ocorre em alguns dos mais memoráveis embates de Sócrates com seus rivais "sofistas" representados nos diálogos platônicos, como aqueles com Cálicles no *Górgias* e com Trasímaco na *República*.

A prática socrática do exame e da refutação não se exauria, contudo, na dimensão crítico-conceitual: essa imagem nos fornece apenas metade da figura de Sócrates, provocativa, irritante, com certeza intelectualmente fecunda, mas não a mais original em relação a seu ambiente cultural. A outra metade consistia numa radical contraposição entre duas ordens de valores que talvez pela primeira vez Sócrates tenha feito divergir na cidade. Ele resumia da seguinte maneira, segundo Platão, o sentido do seu "incessante filosofar":

"Ó homem excelente, que sois cidadão de Atenas, a maior cidade e mais célebre por sua sabedoria e sua força, não te envergonhas de dedicar teus esforços às riquezas, para obter o máximo possível, à fama e às honras, enquanto não prestas nenhum cuidado e reflexão à inteligência, à virtude e à alma (*psyche*), a fim de aperfeiçoá-la o máximo possível?" E se alguém dentre vós responder dizendo que, ao contrário, disso cuida, não o deixarei partir logo nem o largarei, mas o interrogarei, o examinarei e o refutarei; e se me parecer que não possui virtude (*arete*), mesmo sustentando o contrário, o repreenderei porque tem em pouca conta as coisas de maior valor, mas preocupa-se com aquelas mais desprezíveis (*Apologia*, 29d-e).

Sócrates, portanto, contrapõe os valores reconhecidos e compartilhados pela tradição da cidade – riqueza, fama e poder

– a uma nova polaridade, que agora se distanciava daqueles valores: a interioridade da alma, o "verdadeiro eu" que não mais coincidia com o sujeito "exterior", socialmente reconhecível. É certo que deste modo Sócrates trazia à cultura da cidade um pensamento que lhe era estranho, aquele da prioridade da alma em relação à dimensão "exterior" do corpo e das relações sociais (já Aristófanes, de resto, havia descrito, como foi visto, o "covil" dos socráticos como o "pensatório das *almas* geniais"): um pensamento derivado provavelmente da tradição órfico-pitagórica, sem, por outro lado, que Sócrates compartilhasse com certeza – como Platão havia feito no *Fédon* – sua convicção de uma imortalidade da alma. Dizia, com efeito, aos atenienses, na *Apologia*, que

> o morrer é uma destas duas coisas: ou aquele que morreu não é mais nada e não tem mais qualquer percepção de nada, ou – como se diz – pode acontecer que a morte seja uma espécie de transformação, uma migração da alma deste para um outro lugar (40c).

Um evento apreciável em ambos os casos: um longo e agradável sono no primeiro, a oportunidade de novos encontros e novas conversações no segundo (40b-41a).

Contudo, independentemente da questão da imortalidade, a contraposição socrática da interioridade da alma individual à dimensão pública devia parecer perturbadora. A *virtude* não era mais concebida, como sempre havia sido, como a capacidade de oferecer serviços excelentes que estivessem em condições de obter o reconhecimento social, o orgulho e a honra; antes, consistia em uma certeza interior da justiça da própria conduta, em uma harmonia, uma paz consigo mesma, que garantia uma felicidade pessoal completamente independente da aprovação pública. Essa serenidade autônoma e autossuficiente do sábio era certamente também a condição para uma conduta pública inspirada na equidade e na justiça, mas o liberava da dependência dos outros, colocava-o na condição de criticar os valores compartilhados, dele fazia, enfim, um "indivíduo" separado, e eventualmente alternativo, em relação ao espaço coletivo. "Eu", alma e virtude vieram assim a constituir, no exame e na refutação a que Sócrates submetia seus conterrâneos, uma polaridade diferente em relação ao "nós" da cidade e de sua tradição. Os valores competitivos, agonísticos, que desde sempre a haviam constituído, eram agora postos em discussão. Virtude não é mais, segundo Sócrates, sucesso e excelência prestativa, mas "conhecimento" daquilo que é verdadeiramente bem e verdadeiramente mal para o eu interior, para a alma. Portanto, é melhor sofrer uma injustiça do que cometê-la, porque no segundo caso aquilo que é prejudicado é nossa alma, no primeiro somente nosso corpo, nossa exterioridade. E ainda, sustentava Sócrates, ninguém faz o mal voluntariamente, porque cada um deseja na verdade aquilo que é bom, aquilo que satisfaça nossa alma, portanto, nossa felicidade interior; o ímpio é somente aquele que não sabe compreender, por um erro intelectual, aquilo que é verdadeiramente "bom" para a alma, a justiça, que realiza a felicidade privada e, mediatamente, também a coletiva.

No entanto, não obstante esses seus paradoxos morais que podiam parecer escandalosos, ou mesmo provocar a irrisão e a acusação de *anandria*, de falta da virilidade própria do "verdadeiro homem", capaz de proferir golpe sobre golpe, de "fazer o bem aos amigos e punir os inimigos", segundo a moral agonística da tradição – não obstante tudo isso, Sócrates permanecida profundamente um homem da *polis*, um homem do século V. A comunidade dos cidadãos, a lei que a governa, continuava a ser para ele um horizonte intransponível.

Quando, no *Críton* de Platão, os amigos lhe propõem organizar uma fuga do cárcere onde aguardava sua execução, de modo a salvar-se a si mesmo e proteger sua família, Sócrates responde que ali se apresentavam, personificadas, as Leis mesmas da cidade na qual sempre viveu. Elas se apresentam como mais importantes, para qualquer cidadão, que seu pai e sua mãe: permitem o nascimento, a educação, a sobrevivência de cada um (50d-51b). Se não agradam a alguém, tem duas alternativas: ou convencer a cidade a modificá-las "segundo a justiça", ou abandonar a própria cidade, indo para uma outra com leis melhores (50c-51c). Mas Sócrates não fez nem uma nem outra coisa: como poderia, então, transgredir as leis que aceitara, justamente ele que passou toda sua vida sustentando que as coisas de maior valor são "a virtude e a justiça, aquilo que é legítimo e as leis?" (53c). Por isso, Sócrates estava convencido a aceitar o decreto da cidade, perfeitamente legal, que o condenava à morte.

A alma e a virtude por um lado, a cidade e as leis por outro, formavam, portanto, o horizonte não superável, embora polarizado por uma tensão potencialmente contraditória, no qual se desenvolvia a experiência socrática, com seu êxito trágico que poderia se mostrar como um destino.

No interior deste horizonte, os discípulos de Sócrates e seus sucessores identificarão e selecionarão a imagem do mestre mais aceitável para eles. Xenofonte representa-o como o moralista que identificava lei e justiça, obsequioso dos costumes compartilhados na cidade, fiel à tradição religiosa até o limite da falsa piedade. Cínicos e estoicos nele privilegiaram, ao contrário, a orgulhosa autonomia do sábio, a defesa intransigente de sua virtude e de sua liberdade interior diante de qualquer constrição e convenção social e política. A tradição cética insistirá no "não saber" socrático, na vigorosa crítica a qualquer presunção de posse de conhecimentos definitivos e fechados acerca do mundo e do homem.

Quanto a Platão, seu encontro juvenil com Sócrates certamente representou antes de tudo uma experiência traumática, destinada a deixar um traço indelével em sua vida antes mesmo que em seu pensamento: a experiência de uma verdadeira e própria "conversão", que retirou para sempre o jovem aristocrático do perfil de vida pré-formado de sua pertença social, de seu ambiente intelectual, dele fazendo um "filósofo" – na pluralidade de significados que esse termo assumirá aos poucos em sua reflexão (a própria palavra "filósofo", de resto, fora requalificada no ambiente socrático em seu valor de "amor pelo saber", portanto, de investigação aberta, em contraposição à *sophia*, à pretensão de um saber possuído de uma vez por todas).

Porém, nesse caminho para a filosofia, Sócrates tornou-se também para Platão um problema. O socratismo devia lhe parecer como uma fase de menoridade da filosofia, que era necessário amadurecer e chegar à idade adulta. São facilmente perceptíveis nos diálogos sinais de um afastamento crítico do discípulo em relação ao mestre, de uma abordagem irônica a seu respeito, por vezes até mesmo de uma crescente irritação – sinais atribuídos aos interlocutores de Sócrates, que sem dúvida falam em nome do autor, ou às frequentes "autocríticas" que faz o próprio personagem "Sócrates" pronunciar. Ao lado dessas, há ainda críticas explícitas, cujo alvo os receptores dos diálogos não podiam certamente se equivocar: atingiam a solidão e a impotência socrática, o caráter inconcluso e mesmo a periculosidade de uma prática da refutação sem desfechos positivos, enfim, a incompletude de uma experiência tão crucial quanto imatura.

O primeiro empreendimento de Sócrates de mudar sozinho a cidade, induzindo cada um dos seus cidadãos, no diálogo pelas ruas e praças, a converterem-se à virtude, assemelhava-se, segundo Platão, à ingenuidade trágica de quem, "sem aliados com os quais acorrer em defesa da justiça e com o apoio dos quais salvar-se", se encontrasse "como um homem debatendo-se dentre as feras com as quais não quer compartilhar a injustiça nem pode resistir sozinho a todas elas", e então corresse "o risco de perecer, sendo inútil a si e aos outros, antes ainda de ter feito algo à cidade e aos amigos" (*República*, VI, 496c-d). A linguagem de Platão é aqui de modo inequívoco político-militar: os "amigos" e os "aliados" (*symmachoi*) remetem à imagem das "etéreas" oligarquias (as associações em forma de "partido" que haviam promovido os golpes de estado de 411 e de 404, das quais a Academia platônica teria sido num certo sentido, como veremos na Lição 14, a herdeira "filosófica"). As leis da cidade não são aceitas, com a ressignificação socrática do *Críton*, mas modificadas segundo a justiça: "quem conhece leis melhores, opostas àquelas precedentes", não deve esperar "legiferar para ter persuadido sua própria cidade", mas pode, "também sem persuasão, impor com a força aquilo que é melhor", escreverá Platão no *Político* (296a-b). A *força* era, portanto, o primeiro suplemento que Platão considerava necessário trazer à solidão e à impotência socráticas.

O segundo era o *saber*. O caráter negativo da refutação socrática, que deixava o interlocutor apenas com as próprias incertezas, parecia não apenas intelectualmente inconclusivo, mas também moralmente perigoso. É como se – dizia Platão com uma metáfora eficaz – a um menino que cresceu no respeito aos pais alguém revelasse que na verdade é filho adotivo, sem em seguida indicar sua verdadeira família: perdida a confiança nos pais, ele se deixaria facilmente envolver por más companhias, sem nunca saber quem é nem quem poderia ser (*República*, VII, 538a-c). Em outros termos, a crítica das certezas socialmente compartilhadas, dos valores tradicionais, se não está em condições de substituir estas e aquelas com um sistema de crenças melhor fundamentadas, era moralmente irresponsável, abrindo o caminho para um "niilismo" sofístico do pior tipo. Em termos mais técnicos, a "refutação" dialética é conduzida, para Platão, "não segundo a opinião (*doxa*), mas segundo a essência (*ousia*)" (534c): não se perguntando, à maneira de Sócrates, "o que entendes por x" (uma solicitação para explicitar a opinião do interlocutor), mas "o que é x" (a solicitação é agora relativa à natureza objetiva da coisa pela qual se pergunta).

De ambos os pontos de vista críticos, um grande diálogo como a *República* pode ser interpretado como uma espécie de "romance de formação" do personagem "Sócrates", ou, caso se queira, como uma reeducação do mestre por parte do discípulo. Sócrates começa o diálogo "descendo ao Pireu" à noite, em direção à casa de Céfalo, onde se desenvolverá a conversação, com sua costumeira abordagem refutatória e maiêutica. Buscará mostrar como as opiniões sobre a justiça do velho artesão Céfalo, de seu filho Polemarco, e mesmo de um formidável adversário como o sofista Trasímaco, podem ser inconsistentes e inadequadas, recorrendo às suas analogias prediletas com os ofícios e as técnicas, contudo, sem pretender dizer algo de positivo – sustentando nada saber com a costumeira *ironia* que Trasímaco interpreta como pura dissimulação (*República*, I, 337a). Mas, no final do diálogo, o personagem Sócrates "ascende" em direção à luz do sol, dotado agora de toda uma série de saberes positivos: uma teoria da justiça pública e individual, um projeto político conforme tal concepção, uma psicologia, uma ontologia e uma epistemologia que fundam a primeira e o segundo. Um Sócrates platonicamente adulto, portanto, revisitado e "feito crescer" por seu discípulo no diálogo vivo com interlocutores como o próprio Trasímaco e os irmãos de Platão, Gláucon e Adimanto, por meio dos quais se exprimiam sem dúvida as demandas e exigências intelectuais do aluno-autor.

Platão, portanto, foi de algum modo o primeiro a processar Sócrates, absolvendo-o certamente pela retidão de suas intenções morais – "o homem mais justo entre os de seu tempo" – e pelo papel de fundador ao menos da abordagem filosófica diante da vida, senão de fato também da filosofia em sua maturidade intelectual e eticamente responsável.

O processo, entretanto, teria continuado a ser celebrado na história da cultura europeia. E ainda no século XIX, a absolvição não teria sido realizada. Hegel verá na experiência socrática a fase em que o espírito, na própria interioridade subjetiva, contrapõe-se à objetividade do Estado e à "substância ética compacta" da comunidade: uma fase certamente necessária, mas incompleta – porque floresce da "consciência infeliz" – e, sobretudo, no caso de Sócrates, intempestiva. "Esse princípio pelo qual o indivíduo confia-se a seu próprio interior preparou a ruína do povo ateniense, porque ainda não estava fundido com o ordenamento do povo; e o princípio superior deve parecer sempre algo que causa ruína quando não constitui ainda um todo com a substancialidade do povo". Com tons retoricamente mais vivos, mas não distantes da condenação hegeliana por causa da infelicidade socrática e seu papel de inversor da época heroica dos gregos, Nietzsche teria visto em Sócrates "uma verdadeira monstruosidade *per defectum*": "quem é este que ousa, sozinho, negar a natureza grega (...). Tu o destruíste, o belo mundo, com pulso forte; ele se precipita, ele se arruína!".

Na "trilha" socrática, continuam a se mesclar potência e impotência, solidão e eficácia, capacidade de destruir uma forma de vida sem poder substituí-la por outra – uma sensação talvez não muito distinta daquela que devem ter experimentado os atenienses reunidos no tribunal de 399, que decidiram pela condenação pela maioria de 280 votos contra 220, e que estava também no centro do "problema Sócrates" para seu divino discípulo, o filho de Perictione e Aríston (ou, talvez, de Apolo).

Nota

Dentre as recentes obras de conjunto sobre Sócrates podem ser destacadas: VLASTOS, G. *Socrate. Il filosofo dell'ironia complessa*. Trad. it. Firenze: La Nuova Italia, 1998 (trad.: *Sócrates. Ironia e filosofia moral*. São Paulo: Odysseus, 2019); BRICKHOUSE, T. C.; SMITH, N. D. *Plato's Socrates*. Oxford: Oxford University Press, 1994; cf. também GIANNANTONI, G.; NARCY, M. (org.). *Lezioni socratiche*. Napoli: Bibliopolis, 1997. Sobre a imagem de Sócrates, cf. LANZA, D. *Lo stolto*. Turim: Einaudi, 1997, e DE LUISE, F.; FARINETTI, G. *Felicità socratica. Immagini di Socrate e modelli antropologici ideali nella filosofia antica*. Hildesheim: Olms, 1997. Sobre a literatura socrática, cf. ROSSETTI, L. Le dialogue socratique *in statu nascenti*. *Philosophie antique*, I (2001) 11-35.

Os juízos de Hegel e Nietzsche sobre Sócrates estão respectivamente nas *Lições sobre história da filosofia* e na *Genealogia da moral*.

LIÇÃO 3

"PAIS" E RIVAIS

> Não gostaria de ser acusado de parricídio, mas é necessário que submetamos à tortura o discurso do pai Parmênides, para constrangê-lo a admitir que o não ser, em certo sentido, é, e vice-versa, que o ser de algum modo não é (...). Por isso, é agora preciso ter a coragem de atacar o discurso paterno.
>
> Platão. *Sofista*, 241d-242a.

> O sofista não é outro, ao que me parece, que o mercenário da técnica erística, que faz parte daquela antilógica, que pertence à controvérsia, que é parte das técnicas de aquisição obtida mediante o conflito e a competição.
>
> Platão. *Sofista*, 226a.

Platão tivera um mestre sem escrita e sem saber, que lhe havia consignado como sua própria herança sobretudo o testemunho de uma forma de vida, um espaço de interrogação, delimitado pela polaridade entre alma e cidade, e um método para tal interrogação, o discurso crítico.

Contudo, havia certamente na Atenas dos anos de formação de Platão outros elementos – na forma de textos escritos ou de memórias transmitidas – de uma sabedoria que mais tarde, por obra do próprio Platão e de seu aluno Aristóteles, será integrada nos incunábulos da "filosofia". Tratava-se das profecias de verdade dos sábios arcaicos, cuja recordação estava vinculada a uma aspiração à realeza, a uma condição mais que humana, que esses antigos mestres haviam encarnado.

Havia, em primeiro lugar, Pitágoras e sua seita, que por volta do final do século VI detiveram o poder em cidades da Magna Grécia, como Crotone e Metaponto, e cujos descendentes, após a expulsão violenta de sua sede, dispersaram-se pela Grécia continental. Seu pensamento místico acerca da alma havia provavelmente tocado Sócrates e, sem dúvida, tocará a Platão, como o *Fédon* testemunha. Algumas décadas mais tarde, de resto, muitos pitagóricos provavelmente confluíram na própria escola de Platão, a Academia.

Havia um enigmático sábio como Heráclito, herdeiro de uma função sacerdotal em Éfeso, cujo aluno, Crátilo, talvez tenha sido – como testemunha Aristóteles (*Metafísica*, I, 6) – uma espécie de "mestre secreto" de Platão, que dele teria aprendido a tese do fluxo contínuo, da perene instabilidade das coisas naturais. Havia ainda um grande naturalista e mago, Empédocles, venerado em Agrigento como uma figura semidivina, cuja memória é aproximada de Sócrates, como foi visto, tanto nas *Nuvens* de Aristófanes quanto no *Fédon* platônico (recorde-se que a primeira atestação pré-platônica da palavra "filosofia" é precisamente referida ao pensamento de Empédocles em um texto médico do final do século V, a *Antiga medicina*).

Dos traços deixados por todos esses sábios, Platão teria recebido, nos anos de sua formação e mais ainda durante o arco de meio século no qual são compostos seus diálogos, heranças importantes no tocante a temas acerca da natureza, do devir, da alma; e, sobretudo, acerca do nexo que devia vincular saber e poder.

Mas um só – Parmênides, sábio e legislador de Eleia, onde, no início do século V, teria fundado uma seita de profetas-guardiões – foi considerado por ele o "pai" da filosofia, no entanto com palavras não atribuídas a Sócrates, mas a um interlocutor importante dos diálogos de sua maturidade, chamado, não por acaso, de Estrangeiro de Eleia. Parmênides – num poema de fortes traços religiosos e iniciáticos – havia estabelecido os cânones abstratos e definitivos da *verdade*: a tautologia fundamental segundo a qual só o ser é, sendo pensável e exprimível, e o não-ser não é e não pode ser pensado e expresso segundo a verdade. A instância da estabilidade, univocidade, imutabilidade do sistema ser/verdade teria constituído, como veremos nas Lições 10 e 11, o eixo central do pensamento platônico, opondo-se de modo polar (sem, contudo, substituí-la) à tese do "mestre secreto" heraclítico acerca do perpétuo devir dos processos naturais. É certo que tal instância imposta por Parmênides foi, segundo Platão, desenvolvida e articulada, além de sua rigidez tautológica inaugural, para que o discurso da filosofia pudesse falar do mundo, da ciência, da cidade – conduzindo o herdeiro ao "parricídio" teórico daquele "ancião venerando e terrível" (*Teeteto*, 183e).

De toda essa tradição sapiencial, encontrada durante os anos de formação e ainda mais depois, Platão foi certamente herdeiro crítico, mas sobretudo o liquidador testamentário. Há uma passagem memorável do *Sofista* na qual o Estrangeiro eleata faz referência com um acento benevolamente irônico, em que, sem dúvida, reflete-se o *humour* do velho Platão, que merece ser transcrito por inteiro:

> Parece-me que Parmênides, e todas aqueles que se aventuraram em juízos que pretendem definir quantos e quais são os entes, o tenham tratado com um pouco de leviandade. Cada um deles nos narrou uma fábula (*mythos*) como se fossemos crianças, um dizendo que os entes são três, e que, por vezes, alguns deles se combatem entre si, mas depois, tornando-se amigos, trocam matrimônios, nascimentos e a criação da prole [Ferécides de Siro, Íon de Quio?]; outro declara, ao contrário, que são dois – o úmido e o seco ou o quente e o frio – fazendo-os coabitarem e unindo-os [Alcméon? Arquelau?]. Nossa estirpe eleática, que começa com Xenófanes, e talvez ainda antes dele, vem fabulando que aquelas

que se dizem "todas as coisas" não são senão um só ente [Parmênides]. Certas Musas da Iônia e, depois, da Sicília pensaram que seria mais seguro tecer as teses conjuntamente, dizendo que o ser é uno e múltiplo, e que permanece junto ao ódio e ao amor. A discórdia, com efeito, sempre se recompõe, dizem as Musas mais tensas [Heráclito], enquanto as mais relaxadas [Empédocles] alimentaram aquela perene tensão, dizendo que o mundo algumas vezes é uno e em amizade por obra de Afrodite, outras, múltiplo e hostil a si mesmo por causa de uma espécie de ódio. Seria difícil estabelecer se todos esses ditos correspondem mais ou menos à verdade, e equivocado mostrar, assim, pouca estima por homens célebres e antigos. Mas uma coisa, sem ofensa, pode-se, contudo, observar. Tiveram muito pouca consideração por todos nós, olhando-nos um pouco de cima para baixo: sem nenhuma preocupação em relação a se podemos acompanhar seus discursos ou se ficamos para trás, cada qual seguiu diretamente seu caminho (*Sofista*, 242c-243b).

As profecias de verdade dos antigos sábios são aqui definitivamente tomadas como uma mitologia ingênua, incapaz de estarem dotadas de um suporte argumentativo eficaz, de sair da linguagem da revelação oracular para adotar formas maduras, e universalmente compreensíveis, da discursividade filosófica.

Completamente diversa desse caso dos "pais" é o dos rivais – com os quais Sócrates havia se encontrado cotidianamente nos anos de formação do jovem Platão, e com cujo desafio jamais teriam cessado de medir-se ao longo de todo o percurso de seu trabalho filosófico. Trata-se, naturalmente, dos sofistas, os novos "mestres de sabedoria".

Eles representavam, sem dúvida, o fenômeno mais inédito e perturbador na vida cultural da Atenas da segunda metade do século V: intelectuais de profissão, de proveniência estrangeira, que ganhavam seu sustento ensinando os jovens aristocratas da cidade a retórica e as técnicas argumentativas, em primeiro lugar, e além disso, "cultura geral" e ética pública

– em suma, o conjunto das competências necessárias para se desempenhar um papel dirigente em um contexto político-social cada vez mais complexo e exigente. O primeiro escândalo da profissão sofística consistia justamente no fato de oferecer uma prestação de serviço intelectual em troca de pagamento: "caçador de jovens ricos", "vendedor de saber em poucas e grandes porções", Platão chamava o sofista no diálogo homônimo; de modo mais brutal, Xenofonte escrevia que "os sofistas são como prostitutas" (*Memorabilia*, I, 6.13). Esse escândalo parece de fato como excessivo (não era suscitado por outros profissionais pagos, como os médicos, considerados, contudo, de condição social inferior). Reflete-se, entretanto, o embaraço, a depreciação, a deficiência de uma aristocracia que tinha necessidade dos mestres sofistas, de modo que os hospedava, lisonjeava, retribuía-lhes ricamente, ao mesmo tempo que temia o potencial subversivo de sua cultura em relação à tradição autóctone da qual as grandes famílias se consideravam depositárias. Compreende-se, então, como a crítica mais perigosa que um autor tradicionalista como Aristófanes pudesse dirigir a Sócrates diante da opinião pública ateniense consistia em assimilá-lo – ele, que era cidadão – aos mercenários "mestres de sabedoria": uma acusação tanto mais crível quanto a prática refutatória de Sócrates podia facilmente ser assimilada às argumentações dos sofistas, senão na forma, na intenção.

No que diz respeito, de modo mais preciso, às figuras de cada sofista e de seu pensamento, estamos diante de uma situação paradoxal: a maior parte das informações de que dispomos a seu respeito provém de Platão, seu grande adversário – tanto que se pode tranquilamente afirmar que, para nós, uns e o outro são *construções* platônicas. Como explicar esse paradoxo? Platão certamente via no desafio trazido pela sofística um fenômeno intelectual relevante que requeria – diante dos contemporâneos e da posteridade – não apenas uma refutação, mas antes um trabalho de compreensão teórica e de interpretação de uma forma de vida e de ação. Por isso, Platão em primeiro lugar reconstrói, ou constrói, os pressupostos teóricos que na prática dos sofistas permaneciam provavelmente implícitos, seu sentido de conjunto, suas consequências, até atribuir a seus rivais uma potência de pensamento e uma consciência filosófica que talvez eles não tenham possuído e na qual sequer estavam interessados. Em segundo lugar, Platão plasmou os personagens dos sofistas – colocando em cena figuras memoráveis como Górgias, Protágoras, Pródico, Hípias e Trasímaco, e inventando outras, como Polo, Cálicles, Eutidemo e Dionisodoro – com a intenção de lhes interpretar, refutar ou convencer-lhes da validade da refutação à qual foram submetidos: de modo que ao menos diante do público dos diálogos, se não na vida de seu tempo e em suas conversas com Sócrates, os sofistas pudessem ser de uma vez por todas *compreendidos* e, por fim, talvez, *derrotados*. Empreendimento que não era fácil, se pensarmos que os mestres sofistas ocupam a cena dos diálogos desde aqueles mais precoces, tais como o *Protágoras* e o *Hípias Maior*, até alguns dos mais tardios, como o *Teeteto*, além do *Sofista*, no arco de um assíduo trabalho filosófico que durou ao menos quarenta anos.

Qual era, portanto, a natureza de tão formidável desafio para tornar necessário esse árduo trabalho de compreensão e refutação?

Seguindo Platão, e, no que diz respeito a Górgias, também uma tradição cética posterior, podemos reconstruir seus principais delineamentos filosóficos.

Górgias, de Leontinos, na Sicília, parece ter sido o primeiro a fundamentar teoricamente a *autonomia* da dimensão retórica, persuasiva, portanto, performativa, da linguagem, no tocante à sua tradicional – e parmenídica – referência à *verdade* das coisas e do ser. Górgias teria, então, sustentado – conforme o relato do cético Sexto Empírico – estas três teses. 1) "Nada existe" em sentido objetivo e absoluto; 2) "ainda que algo existisse, não seria apreensível pelo conhecimento humano", isto é, permaneceria totalmente externo em relação à experiência subjetiva; não há relação entre pensar e ser, pois senão existiria qualquer coisa que pudesse ser pensada, como um homem que voa ou um carro que anda sobre o mar; 3) "se, por fim, algo existisse e fosse compreensível, não seria comunicável aos outros", porque a "coisa" existente é radicalmente diferente da "palavra" comunicada, que deveria transmiti-la (Diels-Kranz, B 3). Aqui não interessam tanto os argumentos que Górgias teria adotado para argumentar sobre a tese ontológica (1), nem a gnosiológica (2). Interessa muito mais o efeito de conjunto produzido por sua posição. A linguagem da comunicação humana não apreende o mundo objetivo; ele não possui *verdade* se por esse termo entende-se uma descrição fiel do ser em si. Os discursos, portanto, não podem ser avaliados em termos de verdade e falsidade, como pretendia a lógica de Parmênides, com sua rígida identificação entre linguagem, pensamento e ser. Se não há sentido fazer exigências de verdade ao discurso, resta-lhe a eficácia, a capacidade persuasiva, a potência produtiva de representações, convicções, ações: em suma, diríamos, sua dimensão *pragmática*. Sobre as ruínas das pretensões de verdade do discurso, Górgias celebra então o triunfo de seus efeitos retóricos.

Nesse sentido, o poder da palavra persuasiva é imenso. Se a um doente apresentam-se um médico e um retórico, dizia Górgias no diálogo platônico que possui seu nome, não seria o primeiro, mas o segundo a ter maior probabilidade de convencê-lo de aceitar uma terapia dolorosa e perigosa; assim, diante de uma assembleia, não será o arquiteto, mas o retor que poderá persuadir a multidão acerca da oportunidade de aceitar um custoso programa de construções (*Górgias*, 455d-456c). E em seu exercício retórico que visa obter a absolvição póstuma de Helena da acusação de traição por ter acompanhado Páris e ido para Tróia, dizia Górgias que se Helena foi convencida por palavras não deveria ser considerada culpada, porque

> a palavra é um grande senhor (...). Pode, com efeito, fazer cessar o medo, suprimir a dor, infundir alegria, suscitar compaixão (...). Que, portanto, a persuasão, quando se agrega ao discurso, deixa

na alma a impressão que quer, é preciso entender considerando-se em primeiro lugar os discursos dos naturalistas dedicados às coisas celestes, que substituem uma opinião pela outra, eliminando esta e sustentando aquela, de modo que aos olhos da opinião venham a manifestar-se também coisas incríveis e obscuras; em segundo lugar, as acirradas argumentações jurídicas, nas quais um único discurso, escrito conforme os ditames da técnica retórica, não dito conforme a verdade, diverte e convence uma grande multidão; enfim, as disputas dos discursos filosóficos, nas quais se mostra também a rapidez da mente, capaz de tornar instável e mutável a crença em qualquer opinião (Diels-Kranz, B 11 8, 13).

Aquilo que discrimina entre si os discursos da ciência, da moral, da política, da filosofia, não é, portanto, sua respectiva verdade (que está fora de questão pela cisão operada por Górgias entre palavra, pensamento e realidade), mas sua eficácia retórica que se exercita em contextos competitivos, agonísticos, como aqueles da política, dos tribunais, das disputas científicas e filosóficas: a palavra persuasiva pode induzir-nos a crer, a fazer, a aprovar qualquer coisa que deseje. Quanto às finalidades pragmáticas da persuasão, estão confiadas, segundo Górgias, ao senso de responsabilidade do retor (ou de suas ponderações).

O segundo grande sofista, Protágoras de Abdera, não parece ter sido teoricamente tão radical como Górgias, mas, segundo Platão, foi certamente capaz de uma influência intelectual ainda mais perigosa. À parte as interpretações platônicas, dele nos restam apenas poucas linhas, dentre as quais está aquela que parece ter sido sua principal tese: "o homem é a medida de todas as coisas, das que são enquanto são, das que não são enquanto não são" (Diels-Kranz, B 1). O sentido dessa enigmática afirmação talvez possa ser assim interpretado (também com base na análise que Platão dela propunha no *Teeteto*): há um mundo exterior, mas cada sujeito é juiz inapelável da qualidade das coisas que dele fazem parte, conforme lhe aparecem (doce ou amargo, belas ou feias, justas ou injustas). O homem, o sujeito cognoscente e avaliador, decide, portanto, se algo é x ou y, ou se *não é* x ou y. Disso seguem algumas consequências importantes de ordem lógico-epistemológica e, sobretudo, ético-política. No que diz respeito às primeiras, cada afirmação – na medida em que descreve uma afirmação ou avaliação subjetiva, que não é suscetível de ser confrontada com um estado objetivo das coisas, do qual apenas o sujeito é "medida" ou critério – é verdadeira; daí decorre que a contradição não é possível. Se afirmo, escrevia Aristóteles, retirando as conclusões da tese protagórica, que isto é um trirreme, ninguém poderá objetar que se trata de um homem; é verdade que para mim é um trirreme tanto quanto para ele é um homem (ou, melhor, não se pode colocar a questão da verdade como correspondência do discurso a um estado de coisas) (Diels-Kranz, B 19).

No plano ético-político, o "homem-medida" torna-se uma entidade coletiva: temos, então, um sujeito plural, o "nós" da cidade ou da sua maioria reunida em assembleia, como critério definitivo dos valores. Por isso, "aquilo que cada cidade decide ser justo e belo, tal, com efeito, será para ela, a fim de que o considere assim" (*Teeteto*, 167c); e Platão comentava que as doutrinas de Protágoras

> para as coisas justas e injustas, morais e imorais, pretendem sustentar que nenhuma delas possui, na verdade, uma essência objetiva própria, mas que se torna verdadeiro aquilo que é sancionado pela opinião coletiva na medida em que é opinado e pelo tempo em que é opinado (172b).

Protágoras, todavia, não se detinha nesse êxito de extremo relativismo da verdade e dos valores; nele a dimensão pragmática da linguagem comunicativa também exercia um papel central. Com efeito, cada sujeito (seja individual ou coletivo), institui uma relação cognitiva e valorativa peculiar com o objeto, o estado exterior das coisas ($S_1 \rightarrow O_1$, $S_2 \rightarrow O_2$, $S_n \rightarrow O_n$). Não há nenhuma comunicação direta (verdadeira) entre os diversos "estados do mundo" O_1, O_2, O_n: não é, em resumo, uma realidade independente de suas percepções e avaliações subjetivas. Há, ao contrário, e é o que mais importa, uma relação discursiva, *comunicativa*, entre os sujeitos S_1, S_2, S_n. É nessa dimensão de interação comunicativa que o novo "sábio", o retor-sofista, encontra seu espaço de ação. Certamente, não é proclamando verdades inexistentes e valores objetivos, "porque não é possível" – sustentava Protágoras segundo Platão – "que alguém possa fazer com que aquele que tiver opiniões falsas torne-as em seguida verdadeiras" (*Teeteto*, 167a). Antes, "os retores sábios e eficazes podem de fato fazer com que as cidades decidam considerar como justas as coisas úteis em lugar daquelas coisas nocivas (...). Assim, o sábio obtém que os cidadãos estabeleçam em sua opinião como existentes coisas úteis em lugar daquelas que são danosas" (167c). Agindo sobre S_1, S_2, S_n, o sofista faz com que a eles pareça existente e possa ser compartilhado um estado do mundo (O_{1m}, O_{2m}, O_{nm}) "melhor" que o precedente – isto é, não mais verdadeiro ou mais justo em si, mas mais "útil" em relação a seus interesses individuais e coletivos.

Esse relativismo pragmático de Protágoras dava lugar, no diálogo platônico que tem seu nome, a um "mito fundador" da cidade democrática, que se contrapunha diretamente à crítica de incompetência, baseada no modelo das técnicas, formulada por Sócrates. Os dotes naturais foram distribuídos de modo desigual entre os vários animais, narrava Protágoras, deixando o ser humano desprovido de meios de defesa e de ataque diante das feras. Para isso foi encontrado um primeiro remédio com a invenção das técnicas, que dotavam o homem de armas e proteções. Mas, na ausência da "virtude política", isto é, da capacidade de coexistência colaborativa, mesmo as técnicas são insuficientes. Os homens armados, não apenas agregados em comunidade, davam início a um massacre recíproco, e eram constrangidos a novamente se dispersarem, acabando mais uma vez por sucumbirem às agressões dos animais selvagens. Zeus então intervém confiando a todos os seres humanos os dons do "respeito" (*aidos*), isto é, do reconhecimento recíproco, e da justiça, a capacidade de respeitar as regras da convivência comunitária. Todos, portanto, participam da "virtude política", diversificados pelas capacidades técnicas que são distribuídas diferentemente entre os indivíduos. Isso explica porque – sustentava Protágoras, respondendo a Sócrates – enquanto somente o médico pode decidir sobre a terapia, e somente o arquiteto pode projetar edifícios, todos os cidadãos podem indistintamente deliberar sobre as questões políticas da cidade, decidindo de modo legítimo pela maioria, por meio do confronto e da somatória das opiniões singulares, acerca daquilo que é justo e injusto, isto é, útil ou nocivo para a comunidade (*Protágoras*, 320c-322d).

Portanto, todos os cidadãos participam da competência política e estão em condições de contribuir para a formação daquela "opinião" coletiva que constitui a "medida" e o critério de justiça para a cidade a fim de que ela continue a fazer sua esta opinião. O funcionamento da cidade democrática estava, assim, plenamente justificado; entretanto, isso não excluía, segundo Protágoras, o papel da élite intelectual dos retores-sofistas que já havíamos visto delineado no *Teeteto*. Presente em todos, como condição necessária da existência da comunidade humana, a "virtude política" não é, contudo, desenvolvida de igual modo em todos. Cabe, então, a "educadores" especialistas, tais como os sofistas, a tarefa de aperfeiçoar nos cidadãos – sobretudo naqueles eminentes – essa competência de base, de modo que a concórdia reine na comunidade e que ela esteja em condições de assumir decisões "justas", isto é, como foi visto, úteis à sua prosperidade.

Niilismo gorgiano e *relativismo* protagórico delineavam assim, para Platão, um formidável desafio intelectual. No plano do conhecimento, eles convergiam em sustentar a impossibilidade de um saber objetiva e universalmente válido, capaz de descrever segundo a verdade o estado do mundo para além das crenças e das opiniões subjetivas. No plano ético-político, eles abandonavam as normas da justiça e do arbítrio das decisões em conflito dos indivíduos e dos grupos, negando a existência de critérios autônomos de referência que permitissem avaliar a exatidão dessas decisões (independentemente da vantagem de quem as tomava). No livro I da *República*, Platão faz o sofista Trasímaco sustentar uma tese radicalmente relativista, coerente com as premissas de Górgias e Protágoras: o "justo" consiste na conformidade à lei; mas a lei é imposta por quem tem o poder de fazê-lo (seja maioria democrática, oligarquia ou tirania), e ela é sempre instrumento para conservação do poder; a justiça, portanto, consiste no útil de quem detém a força – e, vice-versa, na opressão dos súditos (*República*, I, 338c-339a).

O trabalho filosófico de Platão consistirá em boa parte na tentativa de responder a esse desafio, a fim de reconstituir as condições de possibilidade da *verdade* do saber e da *objetividade* dos critérios do juízo ético-político. Com tal finalidade, ele foi constrangido a produzir uma imagem antigorgiana e antiprotagórica da realidade, recorrendo, entre outras, à imagem de um "pai" embaraçoso como Parmênides: uma realidade capaz de constituir o objeto de uma ciência e de uma ética "positivas", objetivas, desvinculadas da arbitrariedade da opinião – a condição necessária, a seus olhos, para reabrir um trânsito entre o ser e o discurso, de modo a liberar este último de sua destinação retórico-pragmática e reabilitá-lo em sua pretensão de verdade. Um empreendimento difícil e problemático, como testemunha a amplitude dos esforços que Platão lhes dedicará; um empreendimento talvez jamais levado a termo, porque, como veremos, a aspiração a uma verdade absoluta do discurso corre o risco de ser – em sua intenção antissofística hiperbólica – excessiva em relação às capacidades veritativas do próprio discurso, distanciando-o cada vez mais da obtenção de sua meta. Mas a dificuldade do empreendimento também dependia do fato de que a sombra dos grandes sofistas jamais estaria totalmente distanciada de seu adversário. De qualquer modo, Platão era *também* Górgias, Protágoras, Trasímaco; era também um grande retor e sofista, tanto mais capaz de compreender as teses de seus rivais na medida em que estes alimentavam seu próprio pensamento. De resto, como ele escrevia ainda no *Sofista*, este é perigosamente similar ao filósofo, tal como o lobo selvagem o é em relação ao cão manso, bem como são incertas as fronteiras entre eles (231a).

NOTA

Acerca dos sábios arcaicos, cf. DETIENNE, M. *I maestri di verità nella Grecia arcaica*. Trad. it. Roma-Bari: Laterza, 1977 (trad.: *Os mestres da verdade na Grécia arcaica*. São Paulo: Martins Fontes, 2016 – N. do T.), e VERNANT, J.-P. *Le origini del pensiero greco*. Trad. it. Roma: Editori Riuniti, 1976 (trad.: *As origens do pensamento grego*. São Paulo: Difel, 2019 – N. do T.). Para um quadro abreviado do pensamento pré-socrático, cf. VEGETTI, M. *La filosofia prima della filosofia. Il pensiero greco dalle origini a Socrate*. In: LANA, J.; MALTESE, E. V. (org.). *Storia della civiltà letteraria greca e latina*, vol. I. Turim: UTET, 1998. Sobre a relação entre Platão e Parmênides é fundamental a obra de PALMER, J. A. *Plato's Reception of Parmenides*. Oxford: Oxford University Press, 1999.

Sobre os sofistas, é indispensável a coletânea comentada de testemunhos e fragmentos feita por UNTERSTEINER, M. *I Sofisti*, 4 v. Firenze: La Nuova Italia, 1961. Para um quadro de conjunto, cf. KERFERD, G. B. *I Sofisti*. Bologna: Il Mulino, 1988 (trad.: *O movimento sofista*. São Paulo: Loyola, 2004 – N. do T.). Sobre as relações entre Platão e a sofística, cf. CAMBIANO, G. *Platone e le tecniche*. Roma-Bari: Laterza, 1991, e CASSIN, B. *L'effetto sofistico*. Milano, Jaca Book, 2002 (trad.: *O efeito sofístico*. São Paulo: 34, 2006 – N. do T.).

LIÇÃO 4
ESCREVER A FILOSOFIA

> Quem possui conhecimento científico das coisas justas, belas e boas, diremos que trata os próprios semelhantes com menos bom senso que o camponês? – E, então, não o escreverá seriamente na água, semeando-o com tinta, com uma pena, fazendo a seu respeito discursos incapazes de ajudar a si mesmos com a palavra, incapazes de ensinar o verdadeiro de modo adequado.
>
> Platão. *Fedro*, 276c.

> Qual seria o resultado evidente para todos os saberes caso fossem praticados aplicando regras escritas e não segundo a competência de seu especialista? – É claro que cada um de nossos saberes seria totalmente destruído, e que não mais poderia ser reconstruído por causa dessa lei que proibiria a investigação: de tal modo a vida, que já é difícil, se tornaria numa época assim absolutamente não vivível.
>
> Platão. *Político*, 299e.

Os diálogos platônicos, por sua própria existência, constituem um paradoxo. Trata-se do primeiro grande *corpus* de escritos filosóficos que a Antiguidade conheceu, e que chegou até nós em sua completude. No entanto, seu autor foi, em toda a tradição filosófica, aquele que negou com maior veemência a possibilidade de que o pensamento filosófico possa ser *posto por escrito*, refutando a aptidão da escrita para exprimir os modos, as formas, os conteúdos do saber.

Do ponto de vista da história cultural, na verdade, tal paradoxo não é surpreendente. Platão pertencia a uma geração intermediária, situada no limite entre duas épocas. Para a geração que o precedera, a escrita era socialmente difundida, mas ainda não aceita universalmente como meio primordial de comunicação cultural. Escreviam os poetas, os antigos sábios, os intelectuais profissionais, como os sofistas, alguns dos "técnicos", como os médicos; não escreviam, contudo, os cidadãos atenienses eminentes, os grandes políticos como Péricles, e seu mestre, Sócrates, nada havia escrito. Ao contrário, a geração dos alunos e sucessores de Platão – antes de todos, Aristóteles, cognominado "o leitor" dentre seus companheiros acadêmicos – recorrerá à escrita sem qualquer embaraço, em forma de tratado, como instrumento principal para a exposição e transmissão do saber filosófico. A esse processo de consolidação da prática da escrita filosófica acompanhará a constituição, em formas mais ou menos institucionalizadas, das "escolas" filosóficas, com seus professores, seus cursos e aulas, suas bibliotecas etc. Posto sob este diapasão, Platão – a quem se deve tanto o primeiro grande *corpus* de escritos filosóficos constituído por seus diálogos quanto a fundação da primeira escola de filosofia, a Academia – entretanto, olhava decisivamente para trás, para uma cultura do passado, na qual a filosofia era sobretudo um livre exercício do diálogo entre pessoas, e de tal ambivalência ressente-se profundamente, seja por sua abordagem da escrita filosófica, seja pelo ambiente de sua escola, do qual se falará na Lição 14.

Não obstante essa peculiar posição histórica, a questão da escrita filosófica em Platão permanece, contudo, como um paradoxo, um difícil enigma hermenêutico. A crítica à sua inadequação foi elaborada em um grande diálogo, o *Fedro*, e retomada na *Carta VII*. É verdade que as posições expressas no contexto específico de um diálogo (nesse caso, a crítica à retórica) não podem ser consideradas, senão com muita cautela, como representativas de todo o pensamento platônico; por outro lado, é verdade que a autenticidade da *Carta VII* (e, em particular da passagem relativa à escrita) não é indiscutível. Há, todavia, outros textos – sobretudo o *Político*, no qual Platão denuncia a rigidez da forma escrita como perigosa, seja para âmbito político, seja para os saberes científicos – que confirmam, em um certo sentido, as posições do *Fedro*. A crítica desenvolvida nesse diálogo não pode, portanto, ser tomada de modo isolado, e é assumida em todo seu potencial problemático.

Ela se abre com uma história narrada por Sócrates (sem dúvida, de cunho platônico) ambientada na remota antiguidade do Egito. Segundo a narrativa, um deus-pássaro, Theuth, havia inventado uma série de saberes combinatórios, o número e o cálculo, a geometria e a astronomia, os jogos do *backgammon* e de dados, e, principalmente, a escrita, submetendo-lhes à aprovação de seu rei, o sábio Thamous, recomendando-lhe em particular essa sua última descoberta como "remédio" para a memória e a sabedoria. Mas o rei o refuta com as seguintes palavras:

> A escrita introduzirá o esquecimento nas almas de quem a aprender. Eles não mais exercitarão a memória, porque, fiando-se na escrita, recorrerão ao conhecimento de modo exterior, por efeito de signos externos, não pela própria interioridade e por si mesmos. Portanto, não encontraste o remédio para a memória (*mneme*), mas o substituto para a memória (*hypomnesis*). Ofereces aos discípulos uma presunção de sabedoria, não a verdade: tornando-se, por sua causa, ouvintes de muitas coisas sem ensinamento, pensarão estar plenos de conhecimentos, embora sejam, em grande medida, ignorantes, e sua presença será insuportável, pois ao invés de sabedoria adquiriram presunção (*Fedro*, 274e-275b).

A primeira crítica do Thamous platônico à escrita era, portanto, de ordem psicológica e moral. A escrita oferece uma espécie de prótese externa à memória, tornando seu exercício supérfluo, atrofiando-a. Mas, com a memória, todos os processos da alma, as dinâmicas internas do pensamento, a relação viva do ensinamento de mestre a discípulo, são paralisados pela escrita – ela está sempre lá fora, pronta a oferecer um suplemento de saber a quem nada sabe porque nada aprendeu e nada pensou por conta própria.

Mas não há *verdade* nesses substitutos, se o lugar da verdade é a relação viva e direta entre os homens, o confronto dialético entre seus pontos de vista. Dizia Sócrates, agora tomando a palavra no lugar do rei Thamous:

> Isto, Fedro, tem a escrita de tremendo, verdadeiramente semelhante à pintura. Também suas imagens se erguem como se fossem vivas; mas, se lhes perguntamos algo, calam-se com muita solenidade. O mesmo ocorre com os discursos escritos: pensarias que eles falam como se tivessem alguma inteligência; mas se lhes é perguntado algo acerca do que dizem, com o desejo de aprender, seu significado é único, sempre o mesmo (...). Se um desses discursos é ofendido e injuriado talvez sem querer, tem sempre necessidade de que o pai o ajude: não é capaz de se defender nem de se ajudar por si mesmo (275d-e).

A escrita é, portanto, surda e muda, repetitiva, inerte: recusa o diálogo e o confronto, é impotente seja para demonstrar suas próprias razões, seja para considerar as dos outros. Na ausência de seu pai-autor, do qual, uma vez escrito o livro, distancia-se para sempre, sai irreparavelmente do vínculo comunicativo no qual se originam pensamento e verdade.

Contudo, insere-se em outro circuito, além de social, intelectualmente perigoso. "Uma vez escrito de modo definitivo, qualquer discurso circula por todos os lugares, ao mesmo tempo alcançando tanto quem o compreende quanto quem não é disso capaz; e não sabe a quem é preciso falar e a quem não" (275e). O texto escrito, de modo diverso ao do texto falado, não está em condições de selecionar seus destinatários: está à disposição de todos, "vulgariza" a circulação da cultura de modo socialmente irresponsável, porque subtrai tanto o autor quanto os leitores anônimos do controle recíproco e da comunidade. Uma dispersão em mil voos, portanto, esclerosado por um lado, capaz de efeitos imprevisíveis e incontroláveis por outro.

A esse saber escritural, o *Fedro* contrapõe "o discurso de quem sabe, vivo e animado, do qual o escrito poderia ser justamente chamado de uma espécie de imagem (*eidolon*)": trata-se do discurso "que é escrito com a ciência na alma de quem aprende, capaz de defender-se e em condições de saber diante de quem é preciso falar ou, ao contrário, calar" (276a). Em suma, o discurso que se pratica na comunicação direta, no diálogo face a face, entre alma e alma, no qual se produzem pensamento e verdade ao invés de seus simulacros externos depositados na escrita. É esse discurso que é abordado com "seriedade", é nele que podem ser elaboradas e transmitidas "as coisas de maior valor (*timiotera*)" para a filosofia (277e, 278d).

Ao discurso escrito diz respeito, por outro lado, a dimensão do "jogo" – ainda que, diz Fedro, fazendo uma clara referência à *República* – "um jogo belíssimo, aquele de quem é capaz de jogar com os discursos compondo narrativas sobre a justiça e sobre outras coisas sobre as quais tu, Sócrates, discutes" (276e). Um jogo ao qual é confiada a narrativa de "um tesouro de anotações", de auxílios à rememoração (*hypomnemata*), destinados a socorrer o esquecimento próprio da velhice (276d-e), a auxiliar a memória de quem já sabe os "discursos escritos na alma sobre o justo, o belo e o bom" (278a).

Na *Carta VII*, Platão – se esta passagem puder ser-lhe atribuída – retirava as consequências da crítica da inadequação filosófica dirigida à escrita no *Fedro*.

Não há nenhum escrito meu (*syngramma*) sobre essas coisas [aquelas de "maior valor" para a filosofia] nem jamais haverá. É um saber que não pode de modo algum ser expresso como os outros. Somente após uma longa experiência de vida e de investigação comum em torno de seu objeto, subitamente – como a luz acende de uma fagulha de fogo – ele se produz na alma, que então alimenta-se por si mesma. De resto, bem sei ao menos isto, que se pudesse ser por mim exposto, o seria do melhor modo, e que se, ao contrário, fosse exposto de modo inadequado por escrito isso me causaria não pouco sofrimento. Mas, de fato, se eu pensasse possível escrever tais coisas, exprimindo-as de modo adequado a muitos leitores, o que de mais belo teria podido fazer em minha vida senão confiar à escrita aquilo que é de grande utilidade para os homens e iluminar para todos a verdadeira natureza das coisas? (*Carta VII*, 341b-d).

É difícil subestimar o impacto problemático desses textos a respeito da questão do estatuto que Platão conferia a seus escritos filosóficos, isto é, ao *corpus* dos diálogos. É verdade que o *Fedro*, como foi notado, insere-se no contexto de uma polêmica contra os retores logógrafos (escritores de discursos judiciais para uso de outrem); é também verdadeiro que a passagem da *Carta VII* é de autenticidade duvidosa, e que, de qualquer modo, o termo *syngramma* pode ser compreendido como "tratado" filosófico (que, de fato, Platão jamais escreveu), logo, não se referiria aos diálogos. O problema seria de tal modo suscitado, mas não resolvido. A questão da existência de obras filosóficas escritas por Platão, diante de textos relevantes que põem em dúvida a adequação de qualquer forma de escrita filosófica "séria", nem sempre pode ser corretamente resolvida por essa via.

Na tradição hermenêutica, essas interrogações foram progressivamente se complicando porque nas respostas que foram sendo formuladas foram postas em jogo concepções diversas sobre aquilo que em geral a filosofia pode ou deve ser. Em um extremo do leque interpretativo, há a tese – de inspiração neokantiana – segundo a qual a crítica platônica dos limites do texto escrito significa a consciência da impossibilidade de fechamento sistemático do saber filosófico, de sua inevitável relativização em relação a contextos comunicativos e problemáticos. No outro extremo, há a tese dos intérpretes oralistas-esotéricos, para a qual a filosofia realizada assume necessariamente a forma de um sistema metafísico. Portanto, tomam a crítica à escrita de modo literal, remetendo-a aos próprios diálogos platônicos, aos quais é conferida uma função introdutória, propedêutica, à filosofia verdadeira e própria; a indicação acerca das "coisas de maior valor" teorizada por Platão seriam, por isso, buscadas não nos diálogos, mas nos testemunhos indiretos relativos a seu pensamento – encontradas sobretudo em Aristóteles – das quais seria possível retirar uma "metafísica dos princípios" transmitida somente por via oral a um círculo restrito de discípulos.

Em ambas as posições há provavelmente uma parte de verdade, tanto mais que possam referir-se de modo legítimo a opções já experimentadas em diversas épocas históricas desde a própria escola fundada por Platão, a Academia (em sua fase cética em relação à primeira tese, e naquela neoplatônica, em relação à segunda). Nenhuma delas, contudo, parece totalmente convincente. À primeira pode-se objetar que Platão parece ter insistido acerca da possibilidade de adquirir, "na alma" e após um longo exercício de ensinamento e de investigação, conhecimentos filosóficos descritíveis como *ciência* e *verdade*, dotadas, portanto, de uma plena e realizada consistência epistêmica; os limites atribuídos à escrita não parecem de resto, ao menos à primeira vista, se referirem ao saber filosófico conquistado mediante o "diálogo vivo" entre homens empenhados na reflexão. À segunda posição – que será mais amplamente discutida na Lição 5 – pode-se objetar desde já que muitas das análises realizadas por Platão nos diálogos não parecem resultar de "menor valor" em relação às "doutrinas não-escritas" (a menos não a ponto de privilegiar de modo apriorístico a dimensão sistemático-metafísica da filosofia). De resto, não é claro porque Platão – a quem era certamente estranha uma abordagem mistérico-esotérica de tipo pitagórica e que, como afirmou diversas vezes, não hesitava em expor nos diálogos doutrinas que a opinião pública podia considerar escandalosas – não teria querido escrever aquilo que, por outro lado, seus alunos, a partir de Aristóteles, consideraram perfeitamente divulgáveis por escrito.

A questão paradoxal da existência dos diálogos diante de uma severa crítica à escrita filosófica pode, contudo, ser abordada seguindo um percurso diferente, que não assuma preconceitos exegéticos e considere de modo mais próximo tanto as afirmações de Platão quanto a forma peculiar de seus textos. Esse percurso talvez possa evitar classificar os diálogos – ou seja, toda a filosofia platônica que conhecemos diretamente – no estatuto de um mero exercício propedêutico à "verdadeira" filosofia, sem, por outro lado, subvalorizar a crítica de seu autor aos limites estruturais da escrita filosófica.

Pode-se partir de uma passagem do velho Platão da *Leis*, a bem dizer, muito distante do clima intelectual do *Fedro*. Dizia o Ateniense protagonista do diálogo que as garantias das leis da cidade e os seus educadores, quando tomam conhecimento de discursos sobre a melhor legislação como aqueles ali postos em cena, não devem "deixar-lhes fugir" nem lhes relegar ao esquecimento, mas antes "fazer com que sejam transcritos" e impor aos mestres aprendê-los e ensiná-los a seus alunos (VI, 811e). Os discursos dos filósofos são, portanto, salvos do esquecimento, perpetuados e difundidos também na ausência de quem os pronunciou no diálogo "vivo" com os discípulos: e esse pode ser o caso dos "discursos de Sócrates" salvos, após a morte do mestre, por Platão e outros seguidores. A essa passagem pode-se acrescentar uma outra, do *Político*. Aqui, como foi visto, a rigidez da norma escrita, no campo da legislação e do saber, havia sido duramente criticada; a ela havia sido oposta a capacidade do verdadeiro governante, detentor de um saber autêntico, de adequar progressivamente as normas ético-políticas à fluidez das diversas situações concretas, aos desenvolvimentos mutáveis da vida e do conhecimento. Mas, na ausência desse "verdadeiro governante", "é oportuno que as constituições (...), uma vez estabelecidas suas leis, jamais façam nada contra as normas escritas e os costumes locais" (301a). O risco, por outro lado, seria entregar o poder ao arbítrio daquela falsificação do "verdadeiro governante", representada pelo tirano. Como nas *Leis*, a escrita dos discursos filosóficos era chamada a suprir a ausência do mestre, aqui, a das leis é um suplemento necessário à ausência do rei detentor do saber.

Pode-se observar que em ambos os casos a reavaliação parcial do discurso e da lei escrita não diz respeito às "coisas de maior valor" filosófico, mas à legislação e aos discursos a ela vinculados de âmbito ético-político. Essa limitação não pode, todavia, parecer muito redutora se for considerado um aspecto importante – não certamente o único – do sentido de conjunto da filosofia platônica. Desde o início, como foi visto, sua concepção e sua destinação eram guiadas por uma importante assunção da *responsabilidade pública*. A tarefa da filosofia consistia, em primeiro lugar, em oferecer a toda a cidade uma orientação ético-política, a serviço da qual, de um certo aspecto, eram postas também suas dimensões epistemológicas e ontológicas. O próprio esforço de responder ao desafio sofístico, ao qual Platão havia dedicado tão grande parte de seu trabalho filosófico, não podia senão ser trazido àquele cenário público a que os sofistas se dirigiam. Além disso, aquele trabalho e aquele esforço não podiam ser limitados a uma fruição *aqui* e *agora*, apenas a Atenas e a uma única geração, tanto menos ao círculo restrito dos companheiros de investigação e dos discípulos, mas deviam ser disponibilizados a outros lugares e outros tempos.

A tarefa pública da filosofia, por fim, tornava necessário jogar o "belíssimo jogo" que consistia em escrever "contos sobre a justiça"; era preciso oferecer uma imagem (*eidolon*) do discurso "vivo" do mestre, seu escrito (*hypomnema*) que estivesse em condições de assegurar sua permanência, garantindo-lhe acesso também a quem não pode ter deles fruído diretamente. Além disso, segundo *Fedro*, poderá ser considerado filósofo autêntico aquele autor de textos escritos que, mesmo no conhecimento de seu menor valor, lhes tenha composto "conhecendo o estatuto da verdade, e estando em condições de vir em auxílio de quem escreveu diante de qualquer refutação" (278c-d).

A escrita da filosofia aparece, portanto, como justificada – ainda que na função vicariante de substituto na ausência do diálogo "vivo" e direto entre as almas – por sua responsabilidade pública, por sua destinação ético-política. Seguindo os traços da natureza de *eidolon* e de *hypomnema* próprios da escrita filosófica, pode-se dar um passo adiante em direção à compreensão da forma específica que ela assume em Platão: a teatralização dialógica.

O prólogo do *Teeteto* oferece uma indicação sugestiva, ainda que certamente imaginária, da gênese dessa escrita dialógica. Na origem estava o "diálogo vivo" entre Sócrates e Teeteto, ocorrido trinta anos antes em relação ao momento em que é narrado por Euclides. Ele não pôde assisti-lo, mas o havia ouvido narrado pelo próprio Sócrates. Euclides, para garantir a recordação, havia tomado notas por escrito (*hypomnema*) das palavras de Sócrates, redigindo um relatório completo daquela antiga conversa. No final, no entanto, ele havia decidido restituir seu caráter de diálogo "vivo", suprimindo as partes narrativas e reconfigurando inteiramente a forma do discurso direto (143a-c): assim, na leitura do diálogo, voltava a ressoar a voz do mestre, já morto, salva por uma outra geração de discípulos. É certo que às costas da maior parte dos diálogos platônicos não estão verdadeiramente as conversas de Sócrates, mas antes, provavelmente, as discussões entre os companheiros de investigação da Academia: não muda, contudo, a destinação da escrita para a conservação, a perpetuação, a difusão daqueles discursos na ausência de seus primeiros interlocutores. E não muda a forma literária do diálogo, indicada com precisão pelo *Teeteto*.

No livro III da *República*, Platão havia circunscrito a diferença entre o gênero literário da poesia narrativa (*diegetica*) e o da poesia teatral (*mimetica*), pelo fato de que na primeira é sempre a voz do autor a falar, conduzindo a narrativa, enquanto na segunda, ao contrário, o recurso exclusivo ao discurso indireto faz com que o autor desapareça por trás das palavras de seus personagens. Há, ainda, um "gênero misto", diegético-mimético, que se dá pela combinação de ambas as formas (394b-c). Como mostra o *Teeteto*, é indubitavelmente a esse terceiro gênero que podem se inscrever os próprios diálogos platônicos, nos quais, todavia, a parte narrativa é muito reduzida (por vezes, mesmo de todo ausente), a ponto de tornar-lhes então assimiláveis à literatura teatral, a comédia e a tragédia, que é "mimética" porque imita, reproduzindo-os sem filtro narrativo, os discursos dos personagens postos em cena.

A constatação da natureza teatral dos diálogos estabelece, contudo, um novo paradoxo. A imitação teatral era considerada na *República* a pior e a mais perigosa entre todas as formas literárias; seus especialistas, sejam trágicos ou cômicos, serão postos à parte por uma cidade bem governada (III, 398a). As razões dessa condenação eram claramente indicadas: na "dimensão mimética" própria ao teatro (que inclui autores, atores, espectadores) anula-se a distância crítica entre autor e personagens, com os quais este se confunde; a força sugestiva da imitação induz a quem dela participa a uma identificação com os personagens representados, a compartilhar suas paixões, seus vícios, suas ações (395d, 396d). Essa identificação fragmenta o eu, desestabiliza-o, fazendo com que desapareça a consciência de si e a integridade moral. Mas, se é assim, o diálogo filosófico dificilmente pode se subtrair a essa censura da literatura imitativa. Ele havia escolhido a via da teatralização, permitindo-lhe subtrair-se ao menos em parte à crítica da escrita, propondo-se como imagem do diálogo "vivo" entre almas, entre mestre e discípulo, que é o único lugar do pensamento filosófico. Mas esse expediente – necessário e, em certa medida, como foi visto, legítimo – o consignava à ulterior e mais severa condenação da literatura imitativa. No entanto, é talvez exatamente a partir dos motivos dessa condenação que se podem apreender o sentido e a intenção dos quais se originam a forma dialógica da escrita platônica, sua teatralização da filosofia. A dinâmica da identificação induzida pela mimese poderia, em outros termos, ser suscetível de um bom uso filosófico.

Induzir àqueles que fruíam dos diálogos a se identificarem com seus personagens poderia ter, em primeiro lugar, o efeito de uma tomada de consciência, de um esclarecimento conceitual das próprias opiniões cujas premissas e consequências são em geral implícitas e opacas. Identificar-se com o Trasímaco da *República*, por exemplo, reconhecer-se nas teses sustentadas pelo sofista até então compartilhadas sem consciência teórica, comportava repensar profundamente, com coerência e rigor, suas próprias opiniões. Em segundo lugar, a identificação teria podido concluir-se com o reconhecimento da validade da refutação conduzida por Sócrates e essas teses e opiniões, quando o próprio personagem dialógico acabava por aceitá-las e compartilhá-las: o êxito poderia, portanto, consistir, junto ao receptor do diálogo, na purificação dos preconceitos e dos erros herdados do passado e de sua cultura, a abertura a um novo horizonte de possibilidades intelectuais e morais. Enfim, e descendo mais ainda na cascata dos efeitos desejados pela teatralização filosófica, o fato de que o receptor/leitor do diálogo fosse de tal modo, por meio do processo de identificação, convocado sempre de novo para sua cena, exigia que ele fosse mais uma vez tornado disponível à persuasão por parte do autor/mestre, submetido ao controle de sua palavra, quase a desafiar aquele limite estrutural da escrita que, como foi visto no *Fedro*, não pode selecionar seus leitores nem governar suas reações. "A ajuda do pai", da qual o livro não pode dispor, estaria, ao contrário, cada vez mais presente na imitação dialógica.

Platão havia escrito no *Górgias* que o teatro é uma forma de retórica dirigida a todo o povo (502c-d); e em suas *Leis* que o diálogo filosófico representa "a tragédia mais verdadeira" (VII, 811e). A teatralização da filosofia, se reage ao menos em parte à crítica da inadequação da escrita, constitui então, por outro lado, o instrumento para que ela possa desafiar em seu próprio campo a potência persuasiva da poesia; para que, em outros termos, a dinâmica de identificação mimética sejam endereçadas à verdade e à justiça. O diálogo platônico aceitava, portanto, o risco de mover-se nas linhas sutis que se distendem entre o "escrever na alma" e o escrever com tinta, entre a seriedade do primeiro e o jogo, ainda que agora "belíssimo", do segundo; e ainda entre a má mimese teatral e o bom uso, educativo e persuasivo, da "verdadeira tragédia". Imagem e substituto de menor valor do discurso filosófico "vivo", a escrita era, todavia, indispensável para salvá-lo, conservá-lo e transmiti-lo, como havia feito Euclides no *Teeteto*; e a escrita dialógica, desafiando os perigos da imitação, era, por sua vez, necessária para continuar de algum modo a interpelar e persuadir seu leitor, a "escrever na alma". Isso também era requerido, em Platão, pela assunção por parte da filosofia de uma responsabilidade pública para com a cidade e sua história, que não podia limitar-se nem à geração passada dos interlocutores das conversas socráticas, nem ao círculo de seus companheiros e discípulos da Academia.

Permanecia, portanto, o fato de que, como em todas as formas de escrita teatral, também nos diálogos o autor era de todo invisível por trás da imagem de seus personagens. Platão podia, portanto, dizer na *Carta VII*, como foi visto, que nunca teria depositado sua própria filosofia em um texto escrito (*syngramma*), diferentemente do que havia pretendido fazer o jovem tirano Dionísio II. Esse anonimato do autor estabelece para nós um quesito hermenêutico decisivo: onde está, nos diálogos – se está – a filosofia *de* Platão? E reciprocamente: nos diálogos há seguramente filosofia, mas ela teria muitas vozes (os personagens que sustentam as teses), mas nenhum *autor*. Essas questões metodologicamente cruciais serão discutidas na Lição 5.

Agora nos interessa uma outra consideração conclusiva. Como foi dito, a inquieta interrogação platônica sobre a escrita filosófica, sua dissimulação, que consistia em colocar por escrito as palavras de uma geração já distanciada pela morte de seus protagonistas, situa-se historicamente no breve intervalo que separa a época de Sócrates daquela de Aristóteles, do privilégio da palavra ao primado do texto, e da filosofia pública na cidade àquela profissionalizada da escola. Mas a postura de

Platão marca, por outro lado, um caráter permanente na Antiguidade grega e romana: foi uma civilização rica de escrita sem se tornar, contudo, nem uma civilização do Livro sagrado nem de livros, que jamais substituíram o papel cultura e social da palavra falada. Quanto à filosofia, a recusa socrática da escrita foi seguida de modo intransigente sobretudo no âmbito da tradição cética, de Pirro a Carnéades. O prodigioso e instável equilibro entre palavra e escrita realizado por Platão em sua teatralização dialógica da filosofia teve tantos paralelos quanto imitações, a partir dos autores contemporâneos das "conversações socráticas" até os diálogos do próprio Aristóteles e de Cícero. Mas em sua irrepetível unicidade, suspenso como era entre arcaísmo e profecia de um modo novo de viver e de pensar, ele permaneceu sobretudo uma miragem recorrente, um lugar perdido da nostalgia filosófica.

NOTA

Entre as contribuições para a discussão da escrita filosófica em Platão, destacam-se, no que concerne à interpretação oralista-esotérica, os trabalhos de GAISER, K. *Platone come scrittore filosofico*. Napoli: Bibliopolis, 1984, e SZLEZÁK, T. A. *Platone e la scrittura della filosofia*. Trad. it. Milano: Vita e Pensiero, 1988 (trad.: *Platão e a escritura da filosofia*. São Paulo: Loyola, 2009 – N. do T.). Essa interpretação foi criticada em diversos trabalhos por M. Isnardi Parente, entre os quais: *L'eredità di Platone nell'Accademia antica*. Milano: Guerini, 1989, de um ponto de vista neokantiano por WIELAND, W. *Platon und die Formen des Wissens*. Göttingen: Vandenhoek-Ruprecht, 1982, e recentemente por TRABATTONI, F. *Scrivere nell'anima*. Firenze: La Nuova Italia, 1994. Uma análise de conjunto encontra-se em JOLY, H. *Le renversement platonicien. Logos, episteme, polis*. Paris: Vrin, 1974; cf. ainda, a esse respeito, VEGETTI, M. Nell'ombra di Theuth. Dinamiche della scrittura in Platone. In: DETIENNE, M. (org.). *Sapere e scrittura in Grecia*. Roma-Bari: Laterza, 1989; CERRI, G. *Platone sociologo della comunicazione*. Milano: Il Saggiatore, 1991. Sobre a forma dialógica, cf., enfim, os ensaios recolhidos em CASERTANO, G. (org.). *La struttura del dialogo platonico*. Napoli: Loffredo, 2000, e em COSSUTTA, F.; NARCY, M. (org.). *La forme dialogue chez Platon*. Grenoble: Millon, 2000.

LIÇÃO 5
"SÓ PLATÃO NÃO ESTAVA"

> Quem estava presente, Fédon? – Dos atenienses estavam Apolodoro, Critóbulo e seu pai, e Hermógenes, Epígenes, Ésquines e Antístenes; estavam também Ctesipo de Peania, Menexeno e alguns outros daqui. Platão, creio, estava doente.
>
> Platão. *Fédon*, 59b

> Parece que Platão foi o primeiro a introduzir em Atenas os livros de Sófron, o autor dos *Mimos*, e que tenha constituído os próprios personagens à maneira de Sófron; esses livros teriam sido encontrados sob seu leito.
>
> Diógenes Laércio, III, 18.

Luciano de Samósata narra, na *História verdadeira*, uma viagem fantástica que fizera às "Ilhas dos bem-aventurados", onde havia encontrado as almas de todos os antigos filósofos, salvo um: "Só Platão não estava: segundo o que se contava, habitava na cidade que havia inventado, onde vivia segundo a constituição e as leis que havia escrito" (II, 17). Mas a ausência dessa espécie de "paraíso" filosófico não é a única, nem a mais glamorosa de Platão. Em seus diálogos, ele menciona seu próprio nome apenas uma vez (além de *Apologia*, 38b, em que Sócrates o cita entre aqueles que se dispuseram a contribuir com o pagamento de sua eventual pena pecuniária): e o faz no

Fédon para ali assinalar sua própria ausência, devido a uma indisposição, da cela onde Sócrates mantém sua última conversa e, no final, bebe a cicuta.

Nessa *ausência* está o segundo, e o maior, dos paradoxos hermenêuticos propostos pelo *corpus* dos escritos platônicos. Nele, o autor jamais fala em primeira pessoa (tal como acontece nos textos teatrais); as teses filosóficas que são ali discutidas são sempre atribuídas a outros (os personagens dialógicos), e esse anonimato do autor é precisamente sublinhado por sua ausência em um diálogo crucial como o *Fédon* – há, portanto, um *silêncio* do autor dos diálogos, demasiado retumbante para ter tantas vezes escapado à atenção dos intérpretes. Na verdade, há outros textos, não dialógicos, nos quais "Platão" falaria em primeira pessoa: trata-se das treze *Cartas* transmitidas com seu nome. Delas, contudo, doze são seguramente apócrifas, falsas fabricações de fases posteriores da filosofia antiga, como o neopitagorismo, que visavam dar credibilidade às próprias doutrinas fazendo-as passar pelo nome prestigioso do antigo filósofo. Somente a *Carta VII*, como já se acenou, pode ser considerada com alguma probabilidade autêntica. Mas as teses filosóficas que ali são expostas repetem, no aspecto político, as posições da *República*, e no que diz respeito à crítica da escrita, as do *Fedro*; a passagem mais propriamente teórica (342a-344b) parece tão distante das posições presentes nos diálogos que foi considerada com boas probabilidades como uma interpolação da época médio-platônica, ainda que seja o caso de se considerar o resto da epístola como atribuível a Platão ou a um de seus primeiros discípulos.

Em todo caso, permanecem abertas as questões cruciais: onde está, nos diálogos, *a filosofia de Platão*? Ou, em outros termos: *quem fala por Platão?*

A resposta tradicional e mais óbvia encontra naturalmente em Sócrates o "porta-voz" de Platão. Contudo, a ela se opõe uma primeira dificuldade: Sócrates está ausente em um diálogo, as *Leis*, cujo protagonista é um Ateniense anônimo. Em outros, sua posição é de todo secundária, como nos diálogos "eleáticos", o *Parmênides* (dominado pelo velho "pai" da filosofia), o *Político* e o *Sofista* (onde o protagonista é um Estrangeiro de Eleia), e no "pitagórico" *Timeu*, em cujo centro está este personagem de Lócrida. A tradição antiga se dividia diante desse problema: Galeno, por exemplo, considerava somente Sócrates como autêntico representante de Platão, considerando os outros protagonistas, como o próprio Timeu, porta-voz de uma filosofia não científica, mas retórica (*De placitis*, IX, 7). Essa posição galênica pode também ser corroborada pela consideração de que a língua e o estilo do *Timeu* e das *Leis* são muito diversas daquelas dos outros diálogos. Ao contrário, Diógenes Laércio (III, 52) reconhecia também nos outros protagonistas maiores (o Ateniense, o Estrangeiro, Timeu) legítimos expoentes do pensamento platônico.

A tese de Diógenes é aquela recebida, de modo mais ou menos consciente, por grande parte da tradição interpretativa, a partir dos comentadores médio e neoplatônicos. Mas a ela, como de resto, ainda que em menor medida, aquela de Galeno opõe dificuldades que nenhum intérprete que considera os textos platônicos com um olhar isento de preconceitos pode subvalorizar.

Em primeiro lugar, o "personagem" Sócrates põe em cena nos diálogos estilos diversos. Em alguns (como, por exemplo, o *Cármides*, o *Laques*, o *Protágoras*, o *Teeteto*), ele reafirma a própria profissão de "não saber" no que tange aos argumentos discutidos, e seu estilo é essencialmente refutatório e aporético: trata-se de mostrar a inadequação das opiniões sustentadas pelos interlocutores e de convidar-lhes a uma reflexão crítica ulterior. Certamente, são dados passos posteriores na investigação, mas nesses diálogos não se chega a nenhuma conclusão definitiva. Em outros (como o *Fédon*, a *República*, o *Filebo*), Sócrates adota um estilo filosófico assertório, com uma segurança de saber e de pensamento que pode mesmo parecer dogmática: esses diálogos propõem teses positivas e, em certa medida, conclusivas. É difícil pensar que ambos os estilos filosóficos possam ser simultaneamente referidos ao pensamento de Platão, que, em ausência de qualquer esclarecimento sobre a relação entre eles, padeceria, então, de uma espécie de esquizofrenia metodológica.

Mais grave, contudo, é a segunda ordem de dificuldades. As teses sustentadas por Sócrates nos diversos diálogos (para não falar daquelas de outros protagonistas) não são agrupáveis em um conjunto filosófico orgânico, como ocorreria com os diversos capítulos de um tratado. Em alguns casos, Sócrates argumenta com posições fortemente diferenciadas sobre o mesmo tema (por exemplo, como veremos, a teoria da alma exposta no *Fédon* é profundamente diversa daquela da *República*). Em outros casos, problemas discutidos em um diálogo são retomados em outros sem que seja indicado qualquer nexo entre os diversos textos: assim ocorre, por exemplo, com a discussão sobre a coragem, discutida no *Laques* e novamente desde o início na *República*, e com a discussão sobre a *temperança* (*sophrosyne*) analisada no *Cármides* e depois na *República* de um ponto de vista diverso sem que seja assinalado o precedente. Ocorre, além disso, que em algumas passagens Sócrates declare sua própria incapacidade de tratar a fundo temas teoricamente relevantes (é o caso do "bom" no livro VI da *República*, e da dialética no livro VII do mesmo diálogo), temas que são elaborados em outros lugares sem qualquer embaraço (como no caso do "bom" no *Filebo*, e da dialética no *Fedro* e no *Sofista*). Se o personagem Sócrates "representa" o pensamento de Platão, como é possível pensar que este último oscile tão confusamente entre posições diversas, fragmentos de análise não correlatos entre si, incertezas e seguranças?

Para superar essa dificuldade, desde o século XIX foi formulada uma hipótese evolutiva: o pensamento de Platão teria conhecido um desenvolvimento, ou seja, as fases em que tal pensamento é representado pelas diversas posições sustentadas por Sócrates e por outros protagonistas dialógicos. Deslocadas no tempo, suas contradições deixam de existir para se tornarem, nesse sentido, etapas de um processo de pensamento. Os diálogos eram, portanto, divididos em três grupos principais: o primeiro compreendia os diálogos refutatórios e aporéticos, pertencentes à produção juvenil de Platão, nos quais as teses peculiares ao Sócrates "histórico" seriam refletidas de modo próximo; o segundo, dos diálogos da "maturidade" platônica, nos quais o personagem Sócrates representaria agora as posições do autor; o terceiro, enfim, incluía os textos da velhice, na qual Platão, por meio de Sócrates e outros protagonistas, operaria uma revisão da filosofia desenvolvida nos diálogos centrais.

Cabe dizer que essa hipótese evolutiva parece em alguns aspectos plausível e razoável, não obstante ela tenha sido diversas vezes posta em discussão. É difícil pensar que um trabalho filosófico que durou meio século, em contextos culturais variáveis e aberto a influências filosóficas diferenciadas, não tenha conhecido uma dinâmica evolutiva própria: isto é verdadeiro para todo filósofo do qual tenhamos conhecido a biografia e a cronologia das obras. No caso de Platão, contudo, a hipótese evolutiva torna-se problemática em suas capacidades explicativas pela dificuldade de se estabelecer esta cronologia. Para se evitar que ela seja derivada de um modelo apriorístico daquilo que sua filosofia *deveria* ser (produzindo assim um círculo vicioso entre esse modelo e a cronologia dos diálogos sobre a quais ele deveria fundar-se), foram feitos estudos "estilométricos", visando registrar estatisticamente as variações estilísticas ocorridas ao longo do tempo nas formas da escrita de Platão. Para esse fim, escolheu-se um diálogo de referência, as *Leis*, cuja cronologia nos é conhecida por que se trata do último texto platônico. Os diálogos que apresentam uma recorrência de formas estilísticas similares àquelas das *Leis* seriam cronologicamente próximos desse diálogo; quanto mais essas recorrências se tornassem raras, mais estariam dele distanciada no tempo, até que se chegasse aos diálogos de juventude, nos quais são praticamente ausentes. O método estilométrico oferece indicações úteis, que, grosso modo, confirmam a tripartição dos diálogos da qual se falou. Isso não pode, todavia, produzir uma cronologia segura e definitiva, porque a localização de diversos diálogos importantes deixa em aberto muitas incertezas, e isso por duas razões de princípio. Sabemos que o diálogo-parâmetro, as *Leis*, foi deixado incompleto por Platão e redigido em sua forma definitiva por um de seus colaboradores e secretário, o pitagórico Filipe de Opunte: portanto, há o risco de que o ponto de referência da análise estilométrica não seja constituído pela escrita do Platão idoso, mas, ao menos em parte, pela de Filipe. Além disso, não há para os diálogos de Platão – como para todos os escritos antes da invenção da imprensa – uma "data de publicação" após a qual permaneceriam invariáveis. O autor estava a qualquer momento livre para retomar e rever seus textos, e nos é atestado que mesmo no dia de sua morte Platão estava empenhado em reelaborar o início da *República*. Essas revisões podem ter introduzido variações estilísticas capazes de comprometer, ao menos em parte, os resultados das estatísticas estilométricas.

O conjunto das pesquisas sobre a cronologia dos diálogos, contudo, teve algum êxito ao menos plausível, embora com amplas margens de incerteza. É possível indicar, portanto, três grupos maiores. O primeiro inclui, como se disse, os diálogos refutatórios-aporéticos, entre os quais o *Críton*, o *Cármides*, o *Laques*, o *Lísis*, o *Íon*, o *Protágoras*, o *Hípias Maior*, o *Primeiro Alcibíades* (esse elenco não constitui naturalmente uma ordem cronológica interna ao grupo).

Há, em seguida, alguns diálogos que podem ser considerados de transição entre o primeiro e o segundo grupo: *Eutidemo, Mênon, Górgias*.

O grupo intermediário compreende, em ordem cronológica incerta, o *Fédon*, o *Banquete*, o *Fedro*, a *República*, o *Crátilo*, o *Teeteto* e o *Filebo*.

No terceiro grupo podem, enfim, ser inscritos os diálogos nos quais o personagem Sócrates exerce um papel marginal ou desaparece completamente: trata-se do *Sofista*, do *Político*, do *Parmênides*, do *Timeu/Crítias*, e das *Leis*.

Ainda que útil, esse agrupamento cronológico dos diálogos não torna mais fácil o reconhecimento, nas teses progressivamente sustentadas por Sócrates e pelos outros protagonistas, das fases da "filosofia de Platão" ao longo de sua evolução. Com efeito, ocorre que diálogos pertencentes ao mesmo grupo cronológico sustentem posições diferentes no que concerne ao mesmo problema, algumas delas, inclusive, retomadas em diálogos de outros grupos (assim ocorre com a teoria da alma da *República*, que é muito distante daquela do *Fédon*, e, por outro lado, similar àquela desenvolvida no *Timeu*). Ainda, influências filosóficas de matrizes diversas são perceptíveis de modo transversal em diálogos referentes a fases cronológicas distantes entre si (tal como o pitagorismo no *Fédon* e no *Timeu*, o eleatismo na *República* e no *Parmênides*). Ainda que seja considerada a hipótese evolutiva, portanto, não é possível identificar de modo exclusivo a "filosofia de Platão" nas teses expostas pelo personagem Sócrates (e, com maior razão, naquelas de outros protagonistas dialógicos).

Diante desse conjunto de dificuldades interpretativas, desenvolveu-se nas últimas décadas uma atenção crítica para com a natureza específica dos textos platônicos que consiste, em substância, na decisão hermenêutica de *levar a sério* seu caráter dialógico, sua referência estrutural aos problemas e aos personagens envolvidos nos diálogos, e, sobretudo, a ausência de seu autor, o anonimato filosófico de Platão. Mas dessa abordagem comum derivaram, em seguida, opções historiográficas profundamente diversas entre si.

A tendência oralista-esotérica, mencionada na Lição precedente, considera que Platão não expôs nos diálogos os vértices de sua filosofia, por causa da inadequação da escrita para exprimir "as coisas de maior valor" e do despreparo dos interlocutores para recebê-las. Segundo esses interpretes, esses diálogos oferecem sinais precisos dessa sua incompletude: Sócrates parece muitas vezes reticente na abordagem de temas decisivos do pensamento platônico, omitindo uma articulação sistemática (isso ocorre, por exemplo, na *República*, a propósito da ideia do bom[1] e da dialética). Os diálogos constituiriam, portanto, exercícios filosóficos preliminares e propedêuticos em relação ao núcleo metafísico de sua filosofia, que Platão teria revelado em forma oral a um círculo restrito de discípulos, os únicos considerados em condições de compreender seu sentido último. Não é, portanto, nos diálogos, mas nos testemunhos indiretos sobre esse ensinamento oral – transmitidos sobretudo por Aristóteles com o nome de "doutrinas não-escritas" (*agrapha dogmata*) de Platão – que conteriam o essencial da filosofia platônica. Ele consistiria em uma metafísica fundada sobre dois princípios, o Uno e a Díade (origem da multiplicidade), de cuja interação se geraria – em níveis sucessivos de pluralização – todo o cosmo: uma primeira cisão em relação ao Uno daria lugar às ideias, delas, por sua vez, se originariam os entes matemáticos e finalmente um processo ulterior de pluralização engendraria as coisas do mundo sensível. Em todo ente estariam presentes – em proporções diversas de acordo com o nível ontológico – o princípio de unidade e o da pluralidade. Na medida em que o Uno deve ser identificado com o Bem, daí se depreende que a Díade é o princípio metafísico do Mal, que consistiria na pluralidade; Bem e Mal estariam, portanto, presentes no mundo ainda que em proporções variáveis conforme o maior ou menor nível de unidade dos entes (mais próximas do Bem, logo, das ideias; e as coisas de nosso mundo, do Mal). Observou-se que mais do que a metafísica do neoplatonismo, que reconhece em só princípio, o Uno-Bem, esse modelo apresentaria alguma afinidade com o dualismo gnóstico, cujo desenvolvimento no âmbito do pensamento antigo teve lugar muitos séculos depois de Platão e em um contexto cultural totalmente diverso.

À interpretação oralista-esotérica, contudo, foram feitas muitas outras críticas pertinentes e amplamente persuasivas. Em primeiro lugar, as reticências e as omissões presentes nos

---

1. "Idea del buono". Cf. Apêndice 1 (N. do T.).

diálogos podem ser interpretadas como sinais de dificuldades teóricas efetivas, como aporias filosóficas em torno das quais se poderia conduzir a investigação, mais do que como ocultações retóricas de uma verdade que se possui, mas não se quer comunicar. A concepção da filosofia como busca aberta da verdade, em oposição à "sabedoria" revelada dos pensadores arcaicos, parece ser de resto a mais autêntica herança do espírito "socrático" preservada por Platão.

Em segundo lugar, estão presentes nos diálogos – logo, de forma escrita – análises teóricas muito próximas de certos traços das doutrinas "não-escritas": assim, por exemplo, o *Filebo* trata do Bom-Uno[2] como princípio ontológico de ordem e "medida", e o *Parmênides* discute amplamente as relações entre uno e múltiplo. Porque, então, a escrita e os interlocutores dos diálogos seriam adequados para exprimir e para receber essas dificuldades teóricas, mas *não* a "metafísica dos princípios"?

Ainda: parece certo que a concepção platônica da filosofia, e em particular aquela da dialética – com a relação necessariamente problemática que ela institui entre discurso e verdade, da qual se falará nas Lições 12 e 13 – exclua por princípio a possibilidade de um *fechamento* definitivo da investigação filosófica na forma de um sistema metafísico completo. Essa tarefa seria assumida apenas muitos séculos mais tarde, pelas denominações do médio e do neoplatonismo, cuja tentativa de sistematizar o pensamento filosófico exposto nos diálogos de resto não recorreu às assim chamadas "doutrinas não-escritas".

A todas essas considerações pode-se acrescentar uma mais geral: o desequilíbrio entre a imensa riqueza da problemática filosófica discutida nos diálogos e a pobreza esquemática daquelas "doutrinas" é tal que torna verdadeiramente pouco plausível a tese de que a primeira sirva simplesmente de introdução propedêutica à segunda. Tudo isso não significa negar a validade e a importância dos testemunhos aristotélicos sobre

---

2. "Buono-Uno" (N. do T.).

os ensinamentos orais de Platão. Pretende-se somente colocar em dúvida que nelas esteja o núcleo essencial de seu pensamento, capaz de tornar a investigação filosófica conduzida nos diálogos preliminar e subalterna. É razoável, por outro lado, considerar que naqueles ensinamentos Platão tenha realizado *experimentos de pensamento* paralelos àqueles que são tema nos diálogos; a decisão de não colocá-los por escrito pode ter sido devida ao fato de que eles – bem longe de representarem a realização final de sua filosofia – apareciam, ao contrário, ainda mais provisórios e controversos para serem submetidos à discussão de um círculo mais amplo de interlocutores; ou talvez ainda, como foi sustentado, ao desejo "socrático" de Platão de não parecer um pensador dogmático à maneira daqueles mestres arcaicos que, como foi visto, ele havia ironizado no *Sofista*.

A tentativa de preservar a filosofia de Platão *dos de fora* dos diálogos, proposta pela tendência oralista-esotérica, portanto não parece resolver o problema, e se recoloca a questão de identificar seus traços nos próprios diálogos.

Foi recentemente proposta uma nova hipótese, de caráter simetricamente oposto àquela evolutiva, a fim de resolver as dificuldades suscitadas por este problema. Segundo Charles Kahn, Platão teria concebido desde o início o conjunto de "sua" filosofia, tal como é exposta em um determinado diálogo, a *República* (mas por que não o *Timeu* ou as *Leis*?). Os textos precedentes teriam um caráter "proléptico", isto é, de uma preparação progressiva voltada a introduzir gradualmente os interlocutores à compreensão do desenvolvimento final do pensamento do mestre. Essa hipótese parece, contudo, ainda menos plausível que a precedente: o trabalho filosófico do autor já teria sido inteiramente realizado em seus anos de juventude, antes mesmo de começar a escrever, e teria sido exposto ao longo de ao menos duas décadas, tornando assim completamente irrelevantes os contextos problemáticos e os estímulos culturais externos. Um extenso "curso universitário", portanto, cujo sentido parece ainda menos claro se for considerado que os diálogos não eram endereçados a um público sem preparo e genérico, mas ao grupo acadêmico dos "companheiros de pesquisa" de Platão, aos quais ele teria decidido, entretanto, manter oculto seu verdadeiro pensamento por tão longo período.

O princípio, em si mesmo correto, da dependência do conteúdo filosófico dos diálogos em relação aos interlocutores neles envolvidos, foi de resto recentemente utilizado de modos ainda mais arbitrários – sempre, no entanto, fundados no pressuposto de que exista "uma" filosofia de Platão, que seja a cada vez adequada, camuflada, em função do contexto dialógico. O arbítrio consiste aqui no fato ser o intérprete quem decide qual é, neste ou naquele caso, a "verdadeira" filosofia platônica, e quais, por outro lado, são os aditamentos retóricos àquele contexto. Assim, Blössner e Annas supuseram que todo o projeto político da *República*, por eles considerado não *verdadeiramente* atribuível a Platão, mesmo porque diferente daquele das *Leis*, tenha sido exposto com a única finalidade de metaforizar, tornando-a mais facilmente compreensível aos interlocutores, a teoria da alma ou da moral individual discutida no diálogo (mas porque não poderia ser verdade o contrário, visto que a teoria da alma da *República* é, por sua vez, diferente daquela do *Fédon*?).

É o caso de notar que a abordagem interpretativa segundo a qual os desenvolvimentos filosóficos dos diálogos dependem de seus interlocutores é tão antiga quanto o grande comentador neoplatônico da *República*, Proclo, que escrevia no século V d.C., ou seja, cerca de mil anos após Platão: segundo ele, a reticência de Sócrates em expor na *República* a "verdadeira" doutrina platônica sobre a ideia do bom se deve à presença entre seus interlocutores de sofistas como Trasímaco, indignos de recebê-la; ela teria sido, por outro lado, adequadamente exposta no *Parmênides*, na digna presença do mestre eleático (*Dissert.*, XI, 273 s. e 286). Em nossa época, essa questão foi generaliza e levada ao limite da assim chamada abordagem "irônica" dos diálogos, que se inspira no método hermenêutico elaborado por Leo Strauss.

"Ironia" significa aqui dissimulação do autêntico pensamento do autor por traz da superfície de seus textos: pode-se, então, haver toda uma gama interpretativa, que em suas variantes pode estabelecer a hipótese de que o autor não escreve tudo aquilo que pensa, ou ainda, que escreve o contrário do que pensa, ou mesmo que expõe doutrinas com a finalidade de se autorrefutar, mostrando sua inexatidão (este seria, por exemplo, conforme Leo Strauss, o caso das teses políticas da *República*, aditadas propositalmente como absurdas pelo próprio autor). O motivo dessa dissimulação irônica pode ser aquele de fugir da censura pública, por causa do risco de perseguição, ou então selecionar entre os leitores aqueles que são de fato capazes de compreender, além da letra, as verdadeiras intenções do filósofo, discriminando-as dos ingênuos que ficam na superfície explícita do texto. Pode-se observar que se reativa deste modo uma forma interpretativa já conhecida na Idade Média, cujos intérpretes, como Bernardo de Chartres, diante dos textos platônicos que lhes eram inaceitáveis, supunham que o autor ali se exprimisse de um modo dissimulado, *per involucrum* ou *sub velamen*. Mas, sobretudo, aos dois motivos da suposta dissimulação platônica pode-se opor, por um lado, que Platão sustentava de um modo explícito em seus textos opiniões provocatórias e perigosas diante da opinião pública de seu tempo (como, por exemplo, na *República*, a abolição da propriedade privada e da família), e, por outro lado, que os receptores dos diálogos eram já selecionados desde o início, porque se tratava, em primeiro lugar, dos "companheiros" acadêmicos. Há também aqui a suspeita de uma petição de princípio, que consiste no decidir aquilo que *não pode* ser genuinamente platônico e que, portanto, deve ser considerado como mero fruto de dissimulação irônica; a atenção justamente dedicada às formas expressivas, aos sinais hermenêuticos presentes nos diálogos corre o risco, assim, de vir invertida em um drástico enfraquecimento de seus conteúdos filosóficos explícitos.

Isso não significa certamente negar que haja "ironia" nos diálogos. Há uma ironia de Sócrates dirigida a qualquer pretensão de saber, e, portanto, também para si mesmo como pretenso sapiente. E há uma ironia de Platão tanto em relação a Sócrates quanto a outros interlocutores: ela comporta, sem dúvida, um distanciamento do autor em relação a seus personagens e seus textos, assinalando seu desejo de não se deixar aprisionar por nenhuma tomada de posição que pretenda apresentar-se como definitiva, e que seja expressa – como por vezes ocorre também com o personagem Sócrates – com tons muito enfáticos. Essa ironia do autor é, portanto, interpretada como uma confirmação de seu anonimato, como um sinal de ausência, uma insistência sobre o fato de que "só Platão não estava".

Voltemos por essa via à questão da qual partimos: se Platão está ausente, onde está sua filosofia? Parece necessário, para dissolver esses *impasses* interpretativos sobre os quais se discutiu, assumir a "abordagem dialógica" em toda a sua radicalidade – isto é, sem enfraquecê-la com a hipótese de que a filosofia platônica seja colocada na realidade diante, acima ou atrás dos diálogos. Há, então, três evidências indiscutíveis e incontornáveis: 1) os diálogos são ricos de teses filosóficas , diversas e contrapostas, sustentadas por Sócrates e outros protagonistas (o Estrangeiro, Parmênides, Timeu, o Ateniense), seja por seus interlocutores e rivais (por exemplo, Protágoras, Teeteto e Filebo nos diálogos homônimos, Polo e Cálicles no *Górgias*, Trasímaco e Gláucon na *República*, Crítias no *Cármides*); 2) nenhuma dessas teses é imediata e diretamente atribuível a Platão; 3) Platão é o autor de todos os seus personagens e, portanto, de todas as suas teses.

A partir dessas evidências, nas últimas décadas, muitos intérpretes (entre os quais, Griswold, Frede, Press, Thesleff), propuseram, de pontos de vistas diversos, respostas novas a esse quesito que colocamos. Se é possível tentar uma reelaboração de conjunto que identifique as linhas mestras de uma "abordagem dialógica" radicalizada.

Em primeiro lugar, Platão é considerado não como aquele que sustenta *uma* filosofia, mas como o autor de um *gesto fundador* no qual, pela primeira vez, é posta em cena a filosofia em ação, em seu constituir-se como âmbito problemático específico, povoado de teses rivais, e em via de dotar-se de seus próprios métodos argumentativos, instrumentos de indagação, e mesmo de um "estilo de vida" peculiar. Os diálogos, em seu conjunto, representariam, portanto, a emergência de uma nova forma intelectual e moral em busca de uma autonomia própria, na diferença e de modo inevitável também no conflito com outras dimensões culturais preexistentes que ocupam o espaço e o primado (por exemplo, a poesia, a retórica, a política). Isso comporta que à pergunta: "onde está, nos diálogos, a filosofia de Platão?" é preciso responder em primeira instância "em toda parte"; e que à outra questão: "quem, nos diálogos, fala por Platão?" é preciso responder de modo análogo "todos os personagens". A intenção dominante do autor, segundo essa perspectiva, era, portanto, delimitar o campo da investigação filosófica – questões sobre a *verdade*, questões sobre o *valor* – identificar seus predecessores e seus rivais – pitagóricos, eleatas, sofistas –, definir as linguagens e os métodos pertinentes – em primeiro lugar, a *dialética* –, muito mais do que oferecer conclusões ou teoremas definitivos. Os diálogos são por norma *open-ended*, de conclusão aberta, ou seja, disponíveis à elaboração e à decisão teórica do receptor/leitor: assim, Platão se subtraia, "socraticamente", à possível acusação de professar uma sapiência dogmática, sem, contudo, recair no *niilismo* cético dos sofistas, porque propunha a investigação da verdade como metodicamente praticável.

Essas indicações exegéticas podem dar lugar a regras para uma leitura correta dos diálogos, que levem em conta sua natureza mimética, com a consequente dinâmica de identificação da parte dos receptores: eles são postos à disposição para a refutação e a reabertura da reflexão, que pode agora ocorrer segundo modalidades especificamente filosóficas, envolvendo, conforme o caso, "profanos" que exercem um papel significativo na vida da cidade, rivais intelectuais como os sofistas ou os poetas (é o caso de Íon no diálogo homônimo), enfim, também acadêmicos "ingênuos" como os "amigos das ideias" no *Sofista* ou o próprio Sócrates no *Parmênides*.

A primeira dessas regras consiste em assumir uma, embora relativa, *autonomia* de cada diálogo, que não podem ser lidos de modo cumulativo como capítulos de um tratado sistemático e que dependem tanto dos respectivos contextos problemáticos quanto das situações culturais em que são ambientados e dos interlocutores envolvidos. A autonomia é relativa porque se trata, em todo caso, de textos de um só autor, mas não superável – a menos, como veremos, que eles apresentem sinais explícitos em sentido contrário –: portanto, não é correto, por exemplo, interpretar a *República* com base no *Fédon* ou nas *Leis*, e ainda menos pelas assim chamadas "doutrinas não-escritas".

A segunda regra consiste no reconhecimento da autonomia dos personagens dialógicos: eles não são – como pretendeu uma longa tradição interpretativa da qual é derivado uma intolerável improvisação teórica na leitura dos textos platônicos – meros pretextos oferecidos à refutação, para não dizer à ironia, por parte de Sócrates (e de seus pretensos e presunçosos continuadores). Trata-se, ao contrário, no mais, de testemunhos de posições culturais, de teses teóricas, mesmo, por vezes, de formas de vida, que resultam de uma condensação *forte*, operada por Platão talvez também além da consciência de seus referenciais "históricos": esse é, sem dúvida, o caso, por exemplo, de Cálicles no *Górgias*, de Trasímaco na *República*, de Símias e Cebes no *Fédon*, de Protágoras no *Protágoras* e no *Teeteto*, dos "amigos das ideias" e dos "amigos da terra" no *Sofista*. Cada um desses personagens merece sem dúvida seu lugar autônomo na história das ideias filosóficas – certamente naquela que Platão põe em cena em seu teatro filosófico, mas em muitos aspectos também além dela.

A autonomia dos personagens em relação a seu autor diz respeito certamente a Sócrates, para não falar dos protagonistas dialógicos que ocupam seu lugar. Em alguns casos, Platão utiliza outros interlocutores, como Trasímaco, Gláucon ou Parmênides, para assinalar a própria distância crítica em relação ao personagem do mestre. Na *República*, é dele traçado um verdadeiro "romance de formação": Sócrates entra no diálogo apegado a seus princípios de moral individual, no fundo também religiosos, para confrontar-se com o formidável desafio da cultura ético-política da cidade, representada tanto pelos sofistas quando pelos próprios irmãos de Platão, Gláucon e Adimanto, dali saindo no final radicalmente transformado, ou seja, provido de uma ética, uma política, uma ontologia e uma epistemologia filosoficamente adquiridas.

A terceira, e consequente, regra consiste em considerar Platão como o autor (ou, à maneira do *Fedro*, como o "pai") de todos os seus personagens, exatamente como Sófocles o é de Édipo ou Jocasta, de Tirésias e Creonte, de Antígona e Teseu. O autor Platão é por isso reconhecido em todos os personagens: ele está presente tanto em Cálicles e Trasímaco quanto em Sócrates e Parmênides, mas está sobretudo presente no desafio teórico que eles enfrentam para decidir sobre a filosofia, seu papel e seu sentido.

Na esteia dessas regras, por outro lado, metodicamente bem fundadas, dever-se-ia renunciar a qualquer pretensão de isolar a "filosofia de Platão" do conjunto das teses filosóficas progressivamente discutidas nos diálogos. É, todavia, talvez possível tentar um percurso intermediário entre a total dissolução daquela filosofia na polifonia dialógica e sua reconstrução que seria inevitavelmente apriorística e arbitrária – em suma, uma "terceira via" entre um Platão socrático-cético e um Platão sistemático e dogmático. Esse percurso deve seguir, com atenção e cautela, os sinais disseminados nos diálogos, que parecem indicar a direção. É, portanto, importante aqui inventariá-los.

1. Estão presentes nos diálogos núcleos teóricos, segmentos doutrinais explicitamente exigidos, resumidos, discutidos, reelaborados em uma pluralidade de outros textos. Esses núcleos recorrentes são, portanto, ao menos parcialmente postos no plano da contextualização dialógica e apresentam uma constância transversal. Dois são os casos principais.

1.1. A teoria política exposta nos livros IV e V da *República* é resumida uma primeira vez por inteiro no mesmo diálogo no livro VIII; sumários similares reaparecem no *Timeu* (17c-19a), no *Crítias* (110c-d), nas *Leis* (V, 739b-d) e, enfim, na *Carta VII* (326 a-b).

1.2. A teoria da alma e de sua imortalidade é discutida no *Fédon*, retomada com profundas variantes nos livros IV e X da *República*, e novamente no *Timeu* (69c-71b) e nas *Leis* (livro X). Alguns ecos aparecem também no *Mênon* e no mito do *Fedro*.

Esses dois segmentos doutrinais – sujeitos, é certo, por sua vez, a flutuações e variantes teóricas – podem, portanto, ser inscritos com alguma probabilidade em um âmbito de pensamento especificamente platônico.

2. Outro importante sinal dialógico consiste em apresentar alguns teoremas filosóficos como tais por terem obtido o "consenso" (*homologia*) por parte dos interlocutores (certamente companheiros de investigação na Academia). Essa *homologia* é um pré-requisito relevante, porque a obtenção do consenso marca o sucesso – porquanto sempre provisório – da pesquisa dialética. Tal consolidação consensual dos resultados da investigação é com frequência sublinhado, nas palavras de Sócrates, pela passagem da primeira pessoa a um "nós", que assinala justamente o compartilhamento do teorema enunciado.

2.1. A *homologia* refere-se principalmente à "teoria das ideias", cujos delineamentos essenciais são estabelecidos no *Fédon* (veja-se, por exemplo, 100b-c), e retomados na *República* (VI, 507a-b, depois nos livros VII e X, 596a). A teoria é repetidamente atribuída a Sócrates e a seus companheiros por outros interlocutores dialógicos, como Parmênides (*Parmênides*, 132a) e o Estrangeiro de Eleia (*Sofista*, 246b, 248a). Também ela – embora em suas flutuações e revisões – pode, portanto, ser reportada a um núcleo filosófico especificamente platônico.

2.2. Estritamente conexa ao consenso e à permanência da "teoria das ideias" é a identificação do método filosófico necessário para sua construção e sua pesquisa: a dialética. A definição desse método é um tema constante e recorrente nos diálogos, dos livros VI e VII da *República* ao *Fedro*, até o *Parmênides* e o *Sofista*. Trata-se, certamente, de um legado socrático cuja reelaboração filosófica constitui, contudo, um eixo teórico transversal no tocante aos diálogos. É lícito pensar que o tema da dialética como forma metódica da filosofia represente uma preocupação "de autor", uma estrutura que diz respeito à sua exposição polifônica pelo pensamento filosófico em ação.

O conjunto das teorias relativas à cidade, à alma, às ideias e à dialética poderá, portanto, ser razoavelmente exposto, nas Lições seguintes, sob o nome de "Platão", ainda que sejam apresentadas nos diálogos por Sócrates e outros personagens.

3. Há, enfim, outras constantes mais gerais que permanecem de modo transversal em relação aos contextos dialógicos. Elas dizem respeito a um *estilo de pensamento* mais que a seus conteúdos teóricos específicos. Parece propriamente platônica uma tendência à *polarização* em dois níveis no campo do ser, do pensar, dos valores. Há um nível "alto", consignado pela permanência, transparência, universalidade, e um "baixo", instável, opaco, fragmentado. São produzidos a partir dessa escansão duplas polares como ser/devir, verdadeiro/falso, ciência/opinião, eternidade/tempo, bom/mal. As polaridades "altas" desses pares são conexas entre si, assim como ciência e verdade podem ser dadas somente em relação ao ser, e há um vínculo estreito entre verdade e valor; de modo recíproco, ao devir e ao tempo pertencem as formas cognitivas inferiores da opinião, e a ausência de valor. Até aqui – é lícito observar – mais do que uma postura própria de Platão parece tratar-se de uma reativação da herança parmenídica. É, contudo, peculiar ao *estilo de pensamento* platônico a interposição sistemática, entre os dois níveis das duplas polares, de um terceiro elemento intermédio, ou seja, de uma função de *mediação*, que abre um trânsito, uma possibilidade de comunicação entre as polaridades que em Parmênides permaneciam contrapostas. Assim, entra a unidade e a estabilidade

do ser (ideal) e as variáveis multiplicidades do mundo empírico são interpostos os entes matemáticos, derivados do nível "alto", mas capazes de formar estruturas de ordem pelo "baixo"; assim, entre a universalidade e a verdade da ciência e a carência de fundamento da opinião coloca-se a "opinião verdadeira", que pode fundar-se sobre a primeira e orientar a secunda; assim também, enfim, entre o mundo da eternidade e o do empírico age como por intermédio a função móvel da "alma".

Esta se articula, por sua vez, em diversas figuras. No mito do *Timeu* há um artesão divino, o *demiurgo*, a mediar entre a eternidade do ser e o devir espaçotemporal, plasmando-o em um cosmo ordenado na medida do possível. Na relação entre o âmbito das ideias e o mundo histórico dos homens, a figura de mediação – tanto cognitiva quanto política – é, ao contrário, representada pelo *filósofo*: que está em condições, por um lado, de trazer a este mundo o conhecimento do eterno e do verdadeiro, e, por outro, de plasmar o próprio homem e sua história – mediante a educação e a política – sob o modelo da verdade e do ser ideal. Emerge aqui um outro traço constante do estilo do pensamento platônico: seu *artificialismo*, ou seja, a atitude de pensar que o mundo, o saber, a sociedade, o homem são, em certo sentido, "manufaturados", produtos possíveis (e perfectíveis) de uma intencionalidade, de uma *função da alma*, transformadora, que opera sobre aquilo que é mutável referindo-se a um modelo imutável e eterno.

Essas considerações permitem remeter ao autor Platão – apesar de sua ausência dialógica – segmentos doutrinais, teoremas e métodos filosóficos recorrentes, estilos e atitudes de pensamento que lhes parecem ser peculiares. Mas não autorizam de modo algum remover, esconder ou sanar arbitrariamente os deslocamentos, as variações, as mudanças de perspectiva, as tensões teóricas que se manifestam também no interior desse campo textual restrito.

Trata-se antes, se possível, de interpretá-los. Não tanto com base em uma "evolução" que dificilmente pode subtrair-se a preconceitos interpretativos, quanto em ordem a razões rigorosamente textuais. Razões "internas" à teoria, por um lado – pode-se pensar na dinâmica teórica que percorre a teoria da alma entre *Fédon*, *República*, *Timeu* e a daquela que interessa à teoria das ideias do *Fédon* e da *República* ao *Parmênides* e ao *Sofista* – e razões "externas" e contextuais do outro, como as mudanças do ambiente histórico-político, afetando diálogos como a *República*, o *Político*, as *Leis*, a variação das influências culturais sobre Platão e a Academia, marcadas pela percurso dos interlocutores explícitos (dos intelectuais atenienses na *República* aos "eleatas" e aos pitagóricos) e implícitos (talvez Eudoxo no *Filebo*, e o próprio Aristóteles ainda no *Filebo* e nas *Leis*). Dinâmicas internas às teorias e variações de contextos histórico-culturais são, de resto, inevitáveis em um trabalho filosófico que se estende no arco de meio século, e considerá-los é uma exigência interpretativa incontornável.

Uma "terceira via" hermenêutica entre o Platão cético e inalcançável, e o Platão dogmático e sistemático parece, portanto, factível, na consciência de que aquilo que é possível atribuir-lhe não excede um conjunto de *redes locais* de problemas e soluções teóricas, embora instáveis e revisáveis, e um estilo geral de pensamento "do autor" que governa a produção do teatro filosófico representado nos diálogos. No mais, a tradição confirma – como se verá na Lição 15 – que não se pode ir além dessa imagem móbil e problemática do platonismo. Houve um platonismo cético na Nova Academia e um platonismo sistemático-metafísico no âmbito médio e neoplatônico: ambas representações não infundadas nem arbitrárias, mas certamente produzidas por opções filosóficas ligadas às suas épocas. Houve, além disso, muitos "platonismos" ligados à tradição de diálogos específicos ou grupos de diálogos: assim, o platonismo espiritualista derivado do *Fédon* é diferente daquele cosmológico inspirado no *Timeu*, o platonismo político e utópico em relação à *República* é deferente daquele dialético-metafísico que remonta ao *Parmênides*.

Tudo isso confirma como não é possível, nem metodologicamente correta, a hipótese de um "Platão" sistematicamente unitário não obstante a estrutura polifônica dos diálogos. A plurivocidade do teatro filosófico do qual ele foi autor é deliberada e intencional; em outros termos, Platão não partilhava da concepção – parcialmente realizada por Aristóteles e sobretudo pelas escolas helenísticas – da filosofia como sistema unificado e coerente de doutrinas. Isso não significa – como se buscou mostrar – que não se possa e não se deva tentar reconstituir, no interior dos diálogos, um núcleo de teorias e um perfil do estilo filosófico especificamente "platônicos". E nem mesmo significa que, dada a plurivocidade intrínseca a seus textos, qualquer interpretação do "pensamento de Platão" seja plausível do ponto de vista historiográfico. Em um e no outro sentido, a regra a ser seguida é, em última instância, a da rigorosa exploração dos textos. Lidos com atenção, eles assinalam, como foi visto, aquilo que pode ser, embora com cautela, atribuído diretamente a seu autor. Indicam, além disso, os confins além dos quais as interpretações se tornam arbitrárias, não plausíveis, e, propriamente por isso, filosoficamente pouco interessantes. Conforme essa regra, e em respeito a esses confins, se tentará agora falar do pensamento de Platão.

Nota

Acerca da atribuição ao médio-platonismo do *excursus* filosófico da *Carta VII*, cf. TARRANT, H. Middle Platonism and the Seventh Epistle. *Phronesis*, 28 (1983) 75-103.

Sobre a discussão da hipótese evolutiva e das pesquisas estilométricas, cf. THESLEFF, H. *Studies in Platonic Chronology*. Helsinki: Societas Scientiarum Fennica, 1982, e NAILS, D. *Agora, Academy and the Conduct of Philosophy*. Dordrecht: Kluwer, 1995.

Acerca do enquadramento oralista-esotérico, além das já citadas obras de G. Reale e de T. A. Szlezák. Cf. SZLEZÁK, T. A. *Come leggere Platone*. Trad. it. Milano: Rusconi, 1991 (trad.: *O prazer de ler Platão*. São Paulo: Loyola, 2005 – N. do T.), e KRÄMER, H. J. *Platone e i fondamenti della metafisica*. Trad. it. Milano: Vita e Pensiero, 1982. Para uma discussão crítica dessa questão, cf. VEGETTI, M. Cronache platoniche. *Rivista di Filosofia*, 85 (1994) 109-129. Sobre a questão das "doutrinas não-escritas", cf. também a análise de FERBER, F. *Die Unwissenheit des Philosophen oder warum hat Plato die "ungeschriebene Lehre" nicht geschrieben?* Sankt Augustin: Academia Verlag, 1991.

A hipótese de C. H. Kahn é discutida em *Plato and the Socratic Dialogue. The Philosophical Use of a Literary Form.* Cambridge: Cambridge University Press, 1996. Uma importante discussão crítica encontra-se em GRISWOLD, C. L. *E pluribus unum?* On the Platonic 'Corpus'. *Ancient Philosophy*, 19 (1999) 361-367.

Interpretações retórico-metafóricas são sustentadas, de pontos de vista diversos, por BLÖSSNER, N. Kontextbezogenheit und argumentative Funktion. Methodische Anmerkungen zur Platondeutung. *Hermes*, 126 (1998) 190-201, e ANNAS, J. *Platonic Ethics Old and New.* Ithaca (N.Y.): Cornell University Press, 1999.

A interpretação irônica foi inaugurada por STRAUSS, L. *The City and the Man*, Chicago (Ill.): University of Chicago Press, 1964.

Para a abordagem dialógica, cf. GRISWOLD, C. L. (org.). *Platonic Writings, Platonic Readings.* New York: Routledge, 1988; FREDE, M. Plato's Arguments and the Dialogue Form. *Oxford Studies in Ancient Philosophy. Methods of Interpreting Plato*, supl. vol., 1992, 201-219; PRESS, G. A. (org.). *Plato's Dialogues. New Studies and Interpretations.* Lanham (Md.): Rowman and Littlefield, 2000; THESLEFF, H. *Studies in Plato's Two-level Model.* Helsinki: Societas Scientiarum Fennica, 1999.

Sobre a "terceira via", cf. GONZALES, F. J. (org.). *The Third Way. New Directions in Platonic Studies.* Lanham (Md.): Rowman and Littlefield, 1995.

LIÇÃO 6
A CIDADE DOENTE E SEUS MÉDICOS

> Observemos como nasce uma cidade repleta de luxo (...), uma cidade inflamada.
>
> Platão. *República*, II, 372e.

> Como se poderia defender um médico acusado por um padeiro diante de um júri de crianças? (...) Se dissesse a verdade: "Crianças, tudo aquilo que fiz, foi feito para vossa saúde", não crês que aqueles juízes fariam grande alarido?
>
> Platão. *Górgias*, 521e-522a.

> Se um médico, mesmo sem convencer seu paciente, mas com correto domínio de sua ciência, obrigasse um menino ou um homem, ou uma mulher, a fazer aquilo que é melhor para eles, qual será o nome dessa violência? É certo que não se trata de um erro contra a ciência, isto é, que cause alguma doença. E aquele que sofreu essa violência poderá dizer qualquer coisa, exceto que tenha sofrido, por parte dos médicos que lhe fizeram violência, efeitos contrários à sua ciência, ou seja, prenúncios de doença.
>
> Platão. *Político*, 296b-c.

Para Platão, a cidade estava doente. O próprio projeto de toda a civilização grega, culminado na experiência ateniense, de construir uma comunidade política, a *polis*, homogênea em seu interior, isenta de conflitos, capaz de representar o lugar primário de identificação e de autorreconhecimento do indivíduo como "cidadão", para além das diversas pertenças de ramo e clã familiar – tal projeto parecia ter chegado à sua falência. O primeiro diagnóstico dessa crise, dessa doença da comunidade da *polis*, já havia sido oferecida por seu maior historiador, o ateniense Tucídides. A política imperialista de Atenas – que havia financiado sua prosperidade e a paz social por meio da exploração brutal das comunidades sujeitas a ela – havia feito dela, segundo as palavras de seu maior *leader*, Péricles, referidas por Tucídides, uma "cidade tirana" (*polis tyrannos*, II, 62.3). Esse imperialismo havia levado – nos anos da juventude de Platão – à guerra do Peloponeso, um embate decisivo entre as coalizões atenienses e seus adversários guiados por Esparta; e o embate havia logo se tornado também um conflito transversal, com base social e ideológica, entre a parte democrática, que se remetia a Atenas, e aquela oligárquica, sustentada por Esparta. O incêndio internacional havia então se reverberado no interior de cada comunidade particular de cidadãos, fazendo eclodir o conflito civil, a *stasis*, que despedaçava o pacto social sob o qual eles se regiam, e destruía o respeito comum da lei da *polis*. A guerra do Peloponeso havia por isso representado, segundo Tucídides, um "mestre violento" (III, 82.3) capaz de dissolver a ilusão (à maneira protagórica) de uma cidade para sempre pacificada e coesa graças à aquisição da "virtude política". O historiador era um lúcido intérprete da lição desse "mestre". Em situações de conflito e de tensão manifesta-se a "natureza necessária" do homem (V, 105.2), em condições normais, forçosamente detida pela lei: essa natureza é dominada por um instinto incoercível de *pleonexia*, o desejo de "ter mais" prevaricando sobre os outros e violando as leis comuns, e por uma *philotimia* inata, gana de sucesso e de poder absoluto (III, 82.2, 6, 8). O conflito pelo poder é, portanto, o movente secreto da conduta humana, e sua única regra é a força. Para os deuses e para os homens, sustentavam os atenienses segundo Tucídides, vige na verdade uma única lei, conforme a qual "quem tem força comanda" (V, 105.2), independentemente do direito e da moral.

Partindo dos mesmos sintomas, Platão chegava a um diagnóstico ainda mais drástico, juntamente com um prognóstico mais otimista da doença da cidade. A despeito de qualquer coesão ilusória, ela jamais havia sido "una": no interior de seus muros sempre coexistiram ao menos "duas cidades, inimigas entre si, a dos pobres e a dos ricos"; cada uma delas, em seguida, subdividia-se em muitas outras, como as "casas" de um jogo de tabuleiro (*República*, IV, 422e-423a), em tantos quantos fossem os núcleos de interesses privados, as famílias, os *clãs*, as "heterias". Com base nesse caráter conflituoso endêmico, em cujas rochas havia naufragado o projeto grego, e ateniense, de construção de uma *polis* unida, desprovida de *stasis*, estava – é verdade – uma estrutura antropológica profunda, dominada, como Tucídides havia visto, pela *pleonexia*. Segundo Platão, isso se devia à configuração da "alma" – do eu interior – no qual prevaleciam os elementos irracionais do desejo e da ambição, tensionados para a aquisição de riqueza, glória, poder, em suma, a gana de autoafirmação *contra* os outros, e não *junto* com eles.

Nesse ponto, contudo, o prognóstico de Platão divergia daquele de Tucídides. A natureza humana não é "necessária", ou seja, imodificável. A alma pode ser suscetível de um condicionamento educativo capaz de alternar seus equilíbrios interiores, reforçando sua racionalidade colaborativa em detrimento das pulsões competitivas e agônicas. Essa talvez tenha sido também a esperança de Sócrates, mas, para Platão, o círculo era percorrido em sentido inverso. O fracasso socrático resultara da ilusão de poder mudar a cidade agindo diretamente sobre a "alma" dos indivíduos que dela faziam parte. Platão pensava, ao contrário, que o recondicionamento educativo de cada um fosse possível somente como êxito de um projeto coletivo, que a própria cidade devia gerir. Não seria o homem justo quem tornaria a cidade justa; somente uma cidade justa estava em condições de tornar justos, isto é, racionais, seus cidadãos

– mas isso corria o risco de se tornar um círculo vicioso, pois a condição de possibilidade de uma cidade justa estava na justiça de seus membros. A saída do círculo vicioso não poderia senão consistir na questão do *poder*, a cidade doente tinha necessidade de médicos capazes de curá-la.

Esses médicos deveriam ter sido os políticos que governavam a cidade; mas eles, conforme Platão, haviam sido até então cúmplices, e, portanto, partícipes de sua doença. Dizia Sócrates dirigindo-se a Cálicles no *Górgias*:

> Louvas os homens que ofereceram aos atenienses banquetes servindo-lhes aquilo que desejavam. E então dizem que fizeram grande a cidade, porque não se deram conta de que ela está inflada e infectada por causa daqueles velhos políticos. Sem preocuparem-se de fato com a sabedoria e a justiça, encheram a cidade de portas, arsenais, muros, tributos dos subordinados, e de outras banalidades similares. Mas quando os atingir o ataque dessa doença, colocarão a culpa nos conselheiros de agora, e continuarão a louvar a Temístocles, a Címon e a Péricles – eles, que são as causas dos males. As atribuirão talvez também a ti, se não estiveres atento, e a meu companheiro Alcibíades, quando lhes tomarão também os antigos bens além das aquisições recentes, ainda que não sejam culpados dos males, embora talvez corresponsáveis (518e-519b).

Todo o grupo dirigente da história ateniense era aqui posto em causa: ao invés de agir como médico da cidade, era ele, em última instância, a causa de sua doença. Isso se deve, no caso específico do regime democrático, à inevitável vocação demagógica de sua *leadership*, levada a agradar ao público intelectualmente infantil de cujos favores eleitorais depende seu poder. Tal como o padeiro, que se faz amar pelas crianças dando-lhes suas tortas, que as engordam morbidamente; o médico, que, ao contrário, prescreveria dietas salutares e purgantes, jamais poderia obter o consenso. A democracia é, portanto, o regime em que o grupo dirigente "adula" o povo, atendendo a seus desejos irracionais e mórbidos ao invés de curá-lo com uma terapia rigorosa, na esperança de ganhar seu favor. Mas a oligarquia não lhe é superior, porque aqui o grupo dirigente está a serviço dos interesses da riqueza. Nesses regimes há, portanto, uma dupla servidão: os políticos são sujeitos ao próprio desejo de poder, e esse lhes torna, por sua vez, servos dos interesses daqueles dos quais seu poder depende. Não eram, portanto, estes – os governantes da democracia e da oligarquia – os médicos que estavam em condições de curar a doença da cidade. Tanto menos quando por trás deles estavam mestres de pensamento ainda piores.

Esses maus mestres haviam sustentado teorias sobre a virtude pública da justiça que pretendiam desmascarar as ideologias moralistas revelando a *verdade* sobre a natureza humana, e, portanto, sobre a real função da pretensa "justiça". O mais importante entre eles provavelmente havia sido o grande "sofista" Antifonte, retor de primeira ordem e protagonista da tentativa de *golpe* oligárquico em Atenas em 411 (Tucídides, VIII, 66-70). Mas suas teses eram representadas por uma série de extraordinários personagens dialógicos: Cálicles no *Górgias*, Trasímaco e Gláucon na *República*. A eles Platão confiava a tarefa de expor – em diversos níveis de profundidade teórica – doutrinas fortes sobre a gênese da comunidade política, da lei e da justiça: doutrinas em que se tratava, em primeiro lugar, de elaborar e de compreender se a elas se quisesse contrapor de modo sério, superando-as em seu próprio terreno.

A versão de Cálicles representava mais de perto as nostalgias "heroicas", as veleidades de "super-homem" de uma aristocracia tradicional incapaz de aceitar as regras de convivência na cidade democrática. Há uma única lei da natureza, sustentava Cálicles, fazendo eco às palavras de Tucídides, e é aquela em que "o mais forte é destinado a ter mais (*pleon echein*) que o fraco" (*Górgias*, 483b-d): a lei "necessária" da *pleonexia*. Mas a multidão dos fracos (com uma espécie de revolução nietzschiana na moral) passou a chamar "injustiça" a essa *pleonexia* natural dos fortes. A fim de se proteger inventou sua lei, a lei da igualdade entre fortes e fracos, e procurou impô-la, pela educação pública e pelos costumes comunitários, a ideologia segundo a qual é nessa igualdade que consistem "o belo e o justo" (484a). Contra esse engano, Cálicles evocava a espera da aparição de um homem "leonino", capaz de

> sacudir e quebrar essas cadeias e se libertar de todos esses grilhões: ele pisotearia nossas escrituras, as magias e encantos e todas as leis antinaturais. Ele, que era um escravo, se levantaria e apareceria com um senhor – e então resplandeceria a justiça segundo a natureza (484a).

Entretanto, a violência com a qual Cálicles evocava o direito natural à *pleonexia* representava mais uma escolha de vida, uma esperança de libertação dos vínculos da moral e da lei igualitária, do que um argumento teórico verdadeiro e próprio. A "força" evocada por Cálicles era uma qualidade natural, e, por isso, absoluta, própria de uma classe, de um tipo de homem. Mas, no plano histórico-social, essa força se apresentava em verdade como uma fraqueza: o homem "leonino" é de fato um perdedor, um fraco, diante da força coletiva da maioria dos fracos, como Sócrates retorquia (488d-489b).

A agressão de Cálicles à justiça da cidade era retomada, com força teórica bem diversa, por Trasímaco no livro I da *República*. Desapareciam nele tanto a ideologia da oposição entre "lei da natureza" e lei da cidade, quanto o mito do super-homem libertador dos fortes. A "verdade" de Trasímaco consistia, ao contrário, em um rigoroso *teorema do poder*: "a justiça não é senão a conveniência do mais forte" (338c). O teorema poderia ser assim demonstrado: "justo" é aquilo que é sancionado como tal pela lei, que torna obrigatória sua observância; mas a lei emanou daquele que tem a força para fazê-lo, isto é, que detém o poder na comunidade política, quer se trate de uma maioria política, de uma oligarquia ou de uma tirania; toda forma de poder emana leis instrumentais no tocante ao interesse primário da própria conservação (338d-e). Reformulando essa tese, Platão escreverá nas *Leis*:

> As leis, dizem [os maus mestres], é imposta na cidade sempre pela parte mais forte. E crês, dizem, que uma democracia vitoriosa, ou outra força política, ou ainda um tirano, crês que quererão formular leis com outra finalidade primária senão para obter a vantagem de manter seu próprio poder? (IV, 714c-d).

Portanto, concluía Trasímaco, se a justiça consiste no respeito às leis, e se as leis são instrumento de poder, conclui-se então que a justiça é a vantagem do mais forte (e, reciprocamente, um dano para seus subordinados, porque lhes obriga a sofrer a opressão e a espoliação por parte dos poderosos, 344a-c). O poder é sempre de algum modo tirânico, e sua forma extrema, justamente a tirania arbitrária e absoluta, representa então sua *verdade*. O teorema de Trasímaco não era em substância refutável em sua férrea conexão entre força, poder, lei e justiça, e de fato as objeções formuladas por Sócrates no livro I da *República* conseguiram apenas arranhá-lo. Isso colocava um desafio para Platão, que seria abordado nos livros seguintes da *República* e também no *Político*: a necessidade de pensar uma forma de poder "não trasimáica", isto é, destinada não ao interesse de quem o detém, mas a serviço da comunidade sobre a qual se exerce.

O desafio de Trasímaco foi posteriormente desenvolvido, no livro III da *República*, por Gláucon, o irmão de Platão, que declarava dar voz a posições credíveis e difundidas de quem reconhecia o fascínio intelectual, embora não as compartilhasse moralmente. A atitude natural dos homens, sustentava Gláucon retomando desse ponto de vista as teses de Tucídides, de Antifonte e de Cálicles, se exprime na *pleonexia*, na pulsão primária a exercer uma violenta opressão sobre todos os outros para adquirir glória, poder, riqueza (358e). Mas – e aqui estava a originalidade da posição de Gláucon, que faz dele um extraordinário precursor de Hobbes e do pensamento contratualista – a agressividade natural gera um sentimento de medo igualmente universal: não há super-homens, tais quais evocava Cálicles, cada um é demasiadamente fraco para poder esperar exercer a violência sobre os outros sem dever deles sofrer uma violência ainda maior. Desse temor nasce então o "pacto de justiça", que consiste na renúncia recíproca à violência e no compromisso comum em respeitar as leis. A lei e a justiça constituem, portanto, a proteção dos fracos, mas não há, como pensava "homericamente" Cálicles, fracos e fortes por natureza: a fraqueza, e o medo que dela advém, são uma condição universal dos homens em sociedade, que lhes constringe a renunciar à condição primária, ao *basic instinct* da violência (359ª).

Ao menos de modo aparente, porque essa renúncia diz respeito apenas à superfície civilizada do cidadão que tem necessidade da aprovação dos outros. Sob essa superfície, subjaz a ferocidade originária do "verdadeiro homem" (359b). A pulsão da *pleonexia* toma, então, a via oculta do complô, da sociedade secreta, sob a proteção pública da riqueza, dos bons advogados, de cúmplices fiéis, da exibição das virtudes cívicas, capazes de garantir a impunidade a quem é devido perseguir a prevaricação sobre os outros e sua submissão (361a-c). Se alguém possuísse o anel mágico do pastor Giges, que lhe conferia a invisibilidade, quem não fosse louco se comportaria como ele, assassinado seu rei e usurpando-lhe o trono e a mulher (359d-360b).

Instrumento de poder em Trasímaco, a justiça aqui se tornava, ao contrário, a máscara sob a qual se buscavam as próprias aspirações. O desafio de Gláucon reforçava, portanto, aquele trasimáico e era ainda mais severo na medida em que lhe dava voz um membro do círculo familiar de Platão – talvez uma parte de sua própria inteligência.

Estes maus mestres – os teóricos da *plenonexia*, os desmistificadores da justiça em nome da *verdade* da força e do poder – não estavam certamente em condições de curar a doença da cidade, nem de guiar seus políticos, que haviam fracassado nessa tarefa, mas ofereciam um diagnóstico penetrante dessa doença, que deveria ser realmente levado em conta. Platão, com efeito, partia da lição principal de Trasímaco, a redução da questão da justiça à questão do poder, tentando, contudo, inverter seu sentido. Se é possível pensar um poder "justo", então ele promulgará leis "justas", construindo assim uma comunidade cujos membros se tornarão homens "justos". É verdade que a natureza humana, entregue a si mesma, é afetada pela *pleonexia*; mas, segundo Platão, essa natureza é plasmável, pode ser retificada por um ambiente social que de fato constitua – conforme o projeto, jamais realizado, da Atenas de Péricles – um empreendimento educativo coletivo. O *artificialismo*, como foi visto, um dos traços salientes do pensamento platônico, passou para o primeiro plano no âmbito ético-político: um bom governo pode mudar a cidade e uma boa cidade pode mudar o homem, melhorando sua natureza. Em outros termos, a terapia da cidade e dos cidadãos depende de seus médicos: é preciso substituir os maus e incapazes por verdadeiros médicos, capazes de conduzir a *polis* àquele estado de saúde que é representado pela justiça – a virtude que permite uma coexistência pacificada e colaborativa voltada ao bem da comunidade.

Onde encontrar esses bons médicos? Como construir as condições para um poder justo? É o caso de aqui antecipar a resposta platônica, formulada no livro V da *República*, na conclusão de uma ampla análise que ocupa a primeira metade do grande diálogo.

A menos que os filósofos reinem na cidade, ou que aqueles que hoje são ditos reis e "poderosos" se dediquem de modo autêntico e adequado ao filosofar, e que sejam reunificados o poder prático e a filosofia – sendo impossível que, como agora ocorre na maior parte dos casos, as duas formas de vida procedam de modo separado uma da outra – não haverá remissão dos males da cidade, e, creio, tampouco do gênero humano (473c-d).

Mas quem são estes "filósofos" – os novos médicos da cidade – e como se pode construir seu poder terapêutico? Trata-se, evidentemente, de um grupo de governo *não-trasimáico*, a cuja definição "no discurso" são dedicados os livros de II a V da *República* (além de, em alguns aspectos, também o *Político*).

A cidade madura (ou seja, a cidade doente, "inflada de luxo" e de *pleonexia*) dispõe de um grupo dirigente político-militar. Nela precisar-se-ia realizar uma seleção e em um recondicionamento moral e educativo. Note-se de imediato que esse *se* impessoal torna-se no discurso um *nós*, indicando os interlocutores do diálogo que constroem a nova cidade "com palavras" – mas, como veremos, esse *se* e esse *nós* constituem um problema ao se pretender passar do discurso ao projeto político, das "palavras" aos "fatos": o sujeito da seleção e da reeducação não pode ser senão a própria *polis*, de modo que seria o doente a formar seus próprios médicos. Seguindo, no entanto, por ora a ordem do discurso platônico, a educação do novo grupo de governo deveria consistir – conforme a tradição grega – por um lado em uma preparação atlética adequada para assegurar a harmonia dos corpos, também em função pré-militar, por outro em uma formação literária e musical para se plasmar a alma. Certamente de uma poesia e de uma música emendadas naquelas características que Platão considerava perigosas porque suscitavam as paixões e desestabilizavam o eu, sendo destinadas, ao contrário, a propor modelos de comportamento edificantes e virtuosos. A discussão dessa emenda educativa da literatura (cujos objetivos polêmicos eram, em primeiro lugar, relativos a Homero, a Hesíodo e aos poetas trágicos) e dos modos musicais ocupa grande parte dos livros II e III da *República*, e poderia mesmo parecer muito extensa se não se considera o papel preponderante exercido pela poesia nos processos formativos tradicionais dos grupos dirigentes gregos.

Uma série de *testes* de tipo moral e intelectual deveria isolar, no interior do grupo de governo em formação, os indivíduos melhor dotados, aos quais seria confiada a tarefa de sanar e refundar a cidade. Mas para que esse grupo não recaia, não obstante sua reeducação, nos velhos vícios da demagogia e da *pleonexia*, é preciso intervir de modo drástico sobre sua própria forma de vida, para evitar o risco de que os "cães de guarda" do corpo social se transformem em lobos ferozes e inimigos de seu próprio rebanho (*República*, III, 416a). A única garantia possível contra o uso do poder a serviço dos interesses de seus detentores, à maneira trasimáica, não poderia senão consistir, segundo Platão, na radical separação entre propriedade privada e funções de governo: isto é, na negação do direito à posse privada de quaisquer tipos de bens e riquezas para quem fosse destinado ao governo.

Somente a eles, dentre os cidadãos, não será lícito manipular ouro ou prata nem habitar sob um teto que possua (...). E assim poderão salvar-se e salvar a cidade: se eles tivessem a posse privada de terras, casas e riquezas, ao invés de "defensores" da cidade se tornariam administradores e agricultores, e de aliados dos outros cidadãos se transformariam em seus odiosos senhores. E assim passariam a vida inteira odiando e sendo odiados, tramando e sofrendo insídias, temendo muito mais os inimigos internos do que os externos – dirigindo-se, enfim, para a inevitável ruína de si mesmos e de toda a cidade (III, 417a-b).

Estava assim identificada a primeira raiz dos males da cidade, a confusão entre poder e riqueza, e, juntamente com ela, sua terapia "cirúrgica" (ainda que a renúncia à propriedade privada não fosse, como veremos na próxima Lição, o único sacrifício que Platão requeria dos novos governantes da cidade curada).

Assim, reeducado e "recuperado" dos interesses privados, o novo grupo dirigente seria, em seguida, submetido a uma seleção ulterior. Os membros em cuja estrutura psíquica – conforme a relação especular entre alma e cidade que será exposta na Lição 9 – prevaleceram as características da agressividade e da afirmação orgulhosa do eu (na linguagem platônica, o "espírito colérico") eram especificamente destinados à função militar, que lhes permitiria colocar seus dons, potencialmente perigosos, a serviço da comunidade. O pequeno grupo nos quais, ao contrário, prevalecia a racionalidade, aquela "forma de saber que não se ocupa dos interesses particulares na cidade, mas dela em seu conjunto, e é capaz de compreender como ela deve se conduzir em relação a si mesma e às outras cidades" (IV, 428d), será destinado à função de governo. Trata-se de um "grupo naturalmente muito pequeno", "ao qual cabe praticar aquela ciência que, única entre todas as outras, deve ser chamada de 'sabedoria'" (IV, 429a). Essa ciência é, por enquanto, não mais que uma competência política, de governo, que possui a capacidade intelectual de compreender o bem comum da cidade e a dedicação moral necessária para obtê-lo. Mas a *República* mostrará em seguida que, em sua versão "forte", ela se identifica com a *filosofia*, ou seja, com aquele saber que legitima a destinação de seus detentores ao exercício do poder político, e deles faz os únicos médicos capazes de curar os males da cidade. Eles conhecem o "paradigma evidente e veríssimo", que consiste nos *modelos ideais* invariantes e absolutos, referindo-se aos quais "do modo mais rigoroso possível" podem estabelecer no âmbito histórico-político "as normas daquilo que é belo, justo e bom" (VI, 484c-d). O conhecimento específico do pensamento filosófico (do qual se falará de modo mais amplo nas Lições 10 e 11) é capaz de garantir a referência a parâmetros de valor não arbitrários – portanto, não protagóricos – com base nos quais se orientar e governar a vida da comunidade política. Ela pode, além disso, eventualmente alcançar a compreensão daquela *ideia do bom*, "valendo-se das coisas justas e tornando as outras úteis e vantajosas" (VI, 505a) visando a felicidade coletiva; e na referência ao "bom em si" que os filósofos no poder, "valendo-se dela como de um paradigma, garantirão a boa ordem da cidade, de cada cidadão e de si mesmos" (VII, 540a-b; sobre a questão da ideia do bom veja-se o Apêndice I).

O grupo *filosófico* de governo deveria, portanto, dispor, segundo Platão, em ordem crescente: 1) de um conhecimento dos interesses gerais da comunidade, unida à decisão moral de colocar-se a seu serviço; 2) do conhecimento das normas ideais de justiça, objetivas e invariáveis, que devem regular as condutas públicas e privadas; 3) da referência a um critério e princípio de valor supremo, a ideia do bom. Essa complexa dotação intelectual e moral necessária ao grupo dirigente da nova cidade explica porque ele seria de modo inevitável "por natureza" muito reduzido. Mas quanto? Em mil homens, dizia Platão no *Político*, é difícil encontrar cinquenta bons jogadores de *backgammon*. Quanto, então, seriam verdadeiros políticos? Provavelmente, um, talvez dois, ou ainda muito poucos (292e); no contexto da *República* e das *Leis*, pode-se pensar em no máximo uma dezena.

Mais numeroso poderia, sem dúvida, ser o grupo combatente, do qual eram requeridos não tanto dotes intelectuais quanto morais de coragem e de fidelidade; algumas indicações presentes na *República* (e em Aristóteles) permitem enumerá-lo em torno de mil homens. Um exército pequeno, sem dúvida, mas composto de homens "rijos e magros", não mais pesados por riquezas e interesses privados, portanto, combativo e eficaz (IV, 422b-d).

Estava assim delineado – ao menos "no discurso", ou seja, no nível da possibilidade normativa – a classe dirigente da cidade saudável: uma classe que, por sua vez, articulava-se em dois grupos funcionais, aquele, restritíssimo, destinado ao governo, e outro habilitado às tarefas de defesa militar. O resto dos cidadãos, todos aqueles que haviam sido descartados por falta dos dotes necessários, era confiado a um terceiro grupo, certamente o mais numeroso. Este compreendia os que eram aptos ao trabalho agrícola e artesanal bem como ao comércio: a eles competia a produção da riqueza social, destinada também a prover a manutenção dos grupos político-militares de governo, aos quais, como foi visto, não era lícito possuir bens privados, e que por isso resultavam em certo sentido "mercenários" sustentados para o serviço da comunidade. Esse terceiro grupo de produtores podia, ao contrário, dispor de riquezas privadas, porque em sua base psíquica prevaleciam justamente os desejos pré-políticos e não socializáveis da riqueza e dos prazeres que ela permite, movendo-a à satisfação das pulsões primárias de matriz corpórea.

A tripartição da cidade não era, segundo Platão, diga-se, de tipo fechado ou formada por "castas": era sempre possível que um membro dos grupos de governo se revelasse indigno de sua função e fosse expulso para baixo, e também que indivíduos do terceiro grupo fossem integrados por aqueles mais elevados caso possuíssem dotes adequados (IV, 423c-d). Não obstante essa relativa mobilidade interna, permanece todavia verdadeiro que a subdivisão dos cidadãos em grupos funcionais diversos e hierarquicamente dispostos correspondia a uma convicção antropológica fundamental de Platão: os homens *não são iguais por natureza*, sua qualificação intelectual e moral é radicalmente diferenciada, de modo que nem todos podem exercer as mesmas funções sociais. É verdade que os dotes naturais, ainda que excelentes, devem ser consolidados pela educação, mas é também verdade que a educação não pode desenvolver dotes que faltam, como uma boa semente não pode crescer em um terreno hostil. A desigualdade natural entre os homens – ideologicamente oculta, segundo Platão, pela mitologia democrática à maneira de Protágoras – constituía, portanto, o pressuposto sobre o qual fundar o projeto de reabilitação político-educativo da cidade (trata-se, vale notar, de um pressuposto antropológico difícil, que pode ser tanto contestado no plano teórico quanto aceito do ponto de vista da tradição cristã posterior, liberal e democrática).

O corpo social assim tripartido apresentava uma constelação peculiar de "virtudes", ou seja, de *excelências de desempenho*. O primeiro grupo possuía de modo eminente a "virtude" do "saber político"; o segundo, aquela da coragem, unida a uma fidelidade indispensável para o governo (ainda que a aliança entre "políticos" e "militares" estivesse sempre exposta ao risco de uma rebelião violenta desses, caso seu espírito agressivo voltasse a prevalecer sobre a educação recebida). A virtude do terceiro grupo era mais problemática, pois se tratava de um dote de autocontrole e não de uma capacidade específica: a *sophrosyne*, a "moderação" ou "temperança". Ela consistia na renúncia desse grupo de produtores e detentores de riqueza a usurpar as funções político-militares de comando, isto é, na compreensão de que sua própria subordinação aos outros dois grupos – em razão da dotação intelectual e moral inferior – era em função do interesse comum do corpo social. Essa aceitação espontânea por parte do grupo mais vasto da própria sujeição aos outros dois mostrava-se problemática, como observará Aristóteles: por que, ele – entre outras coisas, excluído do processo de condicionamento educativo – nunca colocaria o próprio número e a própria riqueza a serviço de uma pretensão ao poder, provocando o retorno da doença social da *stasis*? Platão não oferecia uma resposta explícita a essa pergunta: segundo ele, a unidade do grupo dirigente era uma garantia suficiente para a coesão de todo o corpo social (V, 465b) – o que pode significar que ele propunha uma forma de vida comunitária tão universalmente feliz que convenceria mesmo os subordinados de que sua aceitação era em vista do interesse comum, ou que dispunha de uma força coercitiva suficiente para impor a hierarquia social, ou, mais provavelmente, ambas as coisas.

Na distribuição hierarquicamente articulada das funções sociais e na comum aceitação dessa diversidade de papéis, Platão circunscrevia ainda a resposta ao problema de se estabelecer o que é a *justiça* na cidade. Ela consistia substancialmente, como foi dito, na construção de um *poder justo*, e no consenso a ela tributado por todas as componentes do corpo social. Era sua premissa a *sophrosyne*, a sábia moderação, "que faz cantar em uníssono a mesma canção aos mais fracos, aos mais fortes e àqueles do meio, diversos conforme a inteligência, se quiseres, ou se quiseres conforme a força ou o número, ou a riqueza ou qualquer outra qualidade similar", isto é, que garantia "um acordo segundo a natureza entre quem é inferior e quem é superior acerca de qual deles deve ter o comando da cidade" (IV, 432a).

Sobre essa base, a justiça política consistia então na distribuição hierarquizada e consensual das diversas funções sociais:

o respeito do próprio papel (*oikeiopragia*) por parte do grupo adequado às atividades econômicas, daquele encarregado das tarefas militares e daquele do governo – com base nas funções que cada um deles desempenha na cidade e lhe são próprias – não constituirá a justiça e não tornará justa a cidade? (IV, 434c).

Se as qualidades intelectuais e morais dos homens são diversas por natureza e educação, a cidade justa será aquela em que cada um exerce seu papel para o qual é mais apto psicologicamente, e além disso compreende que esta distribuição hierárquica das funções é a única coisa que pode garantir a vantagem comum; a injustiça, ao contrário, consiste na tentativa de subversão dos papéis – por exemplo, a pretensão ao comando por parte dos detentores da riqueza ou da força militar.

A justiça assim concebida garantia, segundo Platão, a saúde da cidade (e analogamente, como veremos, a da alma pessoal). "produzir saúde no corpo significa instituir entre seus elementos uma relação de poder segundo a natureza; ao contrário, a doença consiste no fato de que eles exerçam o comando ou lhe sejam submetidos contra a norma natural" (IV, 444d): de modo análogo, a correta distribuição dos papéis de poder e de subordinação constitui, na cidade e na alma, a saúde/justiça. Ou seja, em última instância, o bem-estar, a felicidade coletiva e individual. Platão respondia assim à pergunta crucial formulada por Gláucon e por seu irmão Adimanto: por que ser "justo", em outras palavras, por que respeitar as regras de uma convivência social pacificada e colaborativa, renunciando às vantagens oferecidas pela *pleonexia*: riqueza, poder, satisfação? A resposta platônica era que somente a justiça assegura a persecução do mesmo fim que a *pleonexia* visava, embora de maneira vã: a *felicidade*. Só se poderia ser pessoalmente feliz vivendo em uma comunidade feliz, e somente é feliz uma comunidade saudável, ou seja, justa. O sacrifício da pulsão primária da satisfação recíproca era então compensado com a promessa de um bem-estar mais sólido, duradouro, harmônico, não ameaçado pelos males de outro modo inevitáveis do *medo* universal e da *insaciabilidade* individual.

A contraprova dessa teoria da justiça como saúde e felicidade pública e privada foi oferecida pela realidade dos regimes políticos injustos – igualmente síndromes da doença da cidade. O livro VIII da *República* constrói uma fenomenologia dessas formas "degeneradas", a partir da decadência da cidade justa que era suposta como um *prius* lógico e fenomenológico. Essa decadência é inevitável: deriva de uma deterioração na composição de seu grupo dirigente, submetido à dupla pressão deformante da temporalidade histórica e dos fatores degenerativos inextirpáveis da natureza humana. O primeiro passo da decadência consistia na reapropriação privada das riquezas por parte de seus membros: "privatizando e repartindo entre si as terras e as casas, reduzem à servidão aqueles que antes protegiam considerando-os homens livres e amigos" (547b-c). Dessa primeira degeneração no exercício do poder se originava a deriva das "constituições" padecentes de injustiça. A primeira era a "timocrática", na qual o conflito tem como objetivo a glória e o poder; a segunda era a "oligárquica", na qual o grupo dirigente busca a acumulação da riqueza, causando assim o empobrecimento de seus subordinados; a revolta destes conduzia à terceira forma, a "democrática", na qual reina a mais absoluta anarquia; a instabilidade democrática, o temor dos pobres de serem novamente subjugados pelos ricos oligarcas lhes induz, por fim, a confiar o poder a um só homem, o *tirano*. Este logo se revela um senhor feroz e insaciável, que reprime com sangue o dissenso social e compromete a cidade em guerras contínuas para defendê-lo contra os inimigos externos. Cada constituição injusta, desviante em relação ao paradigma da saúde pública, desliza de modo inevitável para aquele tremendo regime da tirania que, conforme Trasímaco, era inerente à lógica mesma do poder. A oligarquia, o poder dos ricos, a democracia, o poder dos pobres, e a tirania, o poder absoluto de um só que, segundo o *Político*, representava, como foi visto, o trágico contraponto do comando do "verdadeiro político", são, portanto, os aspectos degenerativos e sequenciais do abandono do paradigma da justiça – e constituem, além disso, em seu conjunto, as únicas formas constitucionais historicamente conhecidas dos gregos, os quadros clínicos de doenças das cidades, os nomes de sua infelicidade.

Seus médicos – os filósofos, na acepção peculiar que Platão dava a essa forma de vida e de conhecimento – e sua terapia – a construção de uma sociedade justa porque fundada sobre a distribuição das funções segundo as qualidades humanas dos diversos grupos de cidadãos –, eram assim delineados "com palavras" na *República*. Acrescenta-se a isso uma importante condição terapêutica. Os novos "pintores de constituições", "após ter posto, como se fossem uma mesa, a cidade e os costumes dos homens, em primeiro lugar a limpariam", ou seja, "não aceitariam tocar nem nos indivíduos nem na cidade ou escrever-lhes as leis, se antes não a tiverem recebido pura ou eles mesmos não a tiverem purificado" (*República*, VI, 501a). Limpar a cidade antes de iniciar sua refundação, significava zerar as leis, modos de vida, formas de governo sedimentadas pela tradição. Uma *catarse* do corpo social, uma purgação terapêutica que o *Político* descreve deste modo:

> Se também [os novos governantes] purificassem a cidade para seu próprio bem, executando ou exilando alguns cidadãos, ou se a tornassem menor, deportando colonos como enxames de abelhas, ou ainda se a aumentassem, tornando cidadãos a outros chamados do exterior, – a fim de que, valendo-se do saber e da justiça, salvassem a cidade tornando-a boa de má que era, devemos então sustentar que esta, forjada no respeito a semelhantes critérios, é a única forma correta de regime (293d-e).

Ainda mais drástica era a purificação catártica do corpo social prevista na *República*:

Todos os que estiverem na cidade e tiverem mais de dez anos de idade serão enviados ao campo; tomarão seus filhos subtraindo-os dos costumes atuais – os de seus pais –, e lhes educarão conforme as novas formas de vida e as novas leis, que analisamos. E assim, do modo mais rápido e fácil serão fundadas as cidades e as constituições das quais falávamos, assegurando ao povo que se constitua a felicidade e as maiores vantagens (VII, 541a).

Este atalho platônico para a purificação terapêutica da cidade e sua refundação pareceu a muitos intérpretes de tal modo violenta e inaceitável que leva a pensar que não poderia ser tomada a sério, fornecendo um indício em prol de uma leitura "irônica" da *República*. Pode-se, todavia, observar que deportações e subjugações de massa não eram desconhecidas da história política grega. Basta pensar, no decorrer da guerra do Peloponeso, nos casos de Plateias, de Sícion e de Milos; de resto, o próprio Crítias havia posto no centro do programa de seu golpe de estado de 404 uma espécie de "ruralização" de Atenas, com a expulsão para o campo daquele proletariado urbano sobre o qual se apoiava a democracia da cidade. Na linguagem platônica, "mandar para o campo" a população adulta significava provavelmente colocá-la coletivamente no terceiro grupo social, formado sobretudo de camponeses, a fim de iniciar, a partir dos jovens, o trabalho de condicionamento e de seleção educativas; permanece, sem dúvida, o radicalismo revolucionário de uma "limpeza" indiscriminada do corpo social, que atingia tanto ricos quanto pobres, a aristocracia e o povo.

A terapia da cidade, os novos médicos, as medidas preliminares estavam assim definidas com clareza. Deviam, contudo, ainda ser esclarecidas duas questões fundamentais: quais eram exatamente as formas de vida e de saber que legitimavam ao novo grupo de poder "filosófico" seu governo terapêutico; e sobretudo: quais eram as condições de possibilidade do novo poder justo, de sua passagem do "discurso" normativo à realidade histórica? À resposta a essas duas perguntas estratégicas são dedicados os livros centrais da *República*, o V e o VI.

NOTA

Sobre a problemática política dos séculos V e IV, cf. GASTALDI, S. *Storia del pensiero politico antico*. Roma: Laterza, 1998, capítulos III-VI; ROWE, C.; SCHOFIELD, M. (org.). *The Cambridge History of Ancient Political Philosophy*. Cambridge: Cambridge University Press, 2002. Sobre Platão, cf. também NESCHKE-HENTSCHKE, A. *Platonisme politique et théorie du droit naturel*, v. I. Louvain-Paris: Éditions de l'Institut Superieur de Philosophie, 1995.

Sobre as teorias da justiça de Platão e de seus rivais, cf. os ensaios reunidos em VEGETTI, M. (org.). *Platone. 'Repubblica'*. Tradução e comentário, v. I-III. Napoli: Bibliopolis, 1998. Cf., ainda, ADKINS, A. W. H. *La morale dei Greci*. Trad. it. Bari: Laterza, 1964; VLASTOS, G. The Theory of Social Justice in the Polis of Plato's *Republic*. In: NORTH, H. F. (org.). *Interpretations of Plato*. Leiden: Brill, 1977, 1-40; _____. *Platonic Studies*. Princeton: Princeton University Press, 1981; WILLIAMS, B. The Analogy of City and Soul in Plato's 'Republic'. In: LEE, E. N. et al. (org.). *Exegesis and Argument*. Assen: Van Gorcum, 1973, 196-206. Para uma ulterior bibliografia sobre a relação alma/cidade, cf. a Nota à Lição 9.

LIÇÃO 7

"A CIDADE MELHOR, SE POSSÍVEL"

> A primeira forma de cidade, a constituição e as leis melhores, são aquelas em que em toda a cidade age, na medida do possível, o antigo dito segundo o qual as coisas dos amigos devem ser de fato comuns. Se, portanto, isso ocorrer agora ou no futuro – que sejam comuns as mulheres, comuns os filhos, comuns todas as riquezas, e de todo modo tudo aquilo que se diz "privado" seja totalmente extirpado da vida – (...), as leis que tendem a tornar a cidade a mais unida possível serão valorizadas como extraordinariamente virtuosas e não se poderia impor um critério mais correto e melhor do que este. Em tal cidade – nela habite uma comunidade de deuses ou de filhos de deuses – se viverá desse modo alegremente (...). Mas isso excede o modo atual de gerar, de criar e de educar os homens.
>
> <div align="right">Platão. <i>Leis</i>, V, 739b-740a.</div>
>
> Belo, mas impossível.
>
> <div align="right">Aristóteles. <i>Política</i>, II, 3, 1261b 31.</div>
>
> Nesta cidade a vida parece ser completamente impossível.
>
> <div align="right">Aristóteles. <i>Política</i>, II, 5, 1263b 9.</div>

O livro V da *República*, que delineia a grande utopia da cidade justa, é também o livro das provocações e do escândalo.

Disso Platão já estava consciente, tanto que atribuía a Sócrates, por diversas vezes, o temor de ser submerso pelo riso e pelo escárnio suscitados por suas propostas subversivas em relação aos costumes tradicionais (cf., por exemplo, 452a); e isso fazia com que Gláucon previsse que Sócrates teria sido agredido e espancado por uma multidão indignada de homens armados (473e-474a). E o escândalo não teria cessado de ressoar em toda a tradição dos críticos da utopia, de Aristóteles a Cícero, dos cristãos aos modernos, de tal modo a fazer muitos pensarem que o grande Platão não poderia de fato ter acreditado nestes paradoxos, não poderia ter lhes sustentado "seriamente".

No entanto, a construção da utopia é argumentada de um modo rigorosamente consequencial, e fundada sobre uma cadeia de raciocínios condicionais do tipo "se... então". A premissa da argumentação consistia no delineamento da finalidade a ser alcançada – como sabemos, uma sociedade política justa, sadia, feliz, por isso verdadeiramente unitária, isenta de conflitos, das doenças da *pleonexia* e da *stasis*. Essa premissa era retomada com clareza e levada rigorosamente ao extremo limite. É o caso de lê-la por extenso:

> O ponto de partida de nosso acordo não consistirá em perguntarmos qual é o maior bem que estamos em condições de mencionar em relação ao alicerce da cidade – aquele que o legislador deve ter em vista ao estabelecer as leis – e qual o maior mal? (...) Podemos indicar um mal maior para a cidade do que aquilo que a despedaça, fazendo-a de uma, muitas? Ou um bem maior do que aquilo que a reúne e a torna una? – Não podemos. – E não é, portanto, a comunhão dos prazeres e dores que devem ser unidas – quando todos os cidadãos gozam e se condoem do modo mais uniforme possível pelos próprios nascimentos e as próprias mortes? (...) A cidade na qual muitos dizem da mesma coisa e segundo o mesmo ponto de vista "meu" e "não meu" não será aquela melhor governada? – E muito. – Portanto, não é também aquela que mais se aproxima da condição de um único homem? (462a-c).

A unidade do organismo era, portanto, assumida por Platão como um modelo para a coesão pacificada da comunidade política (um grau excessivo de unificação, sustentará Aristóteles na *Política*, porque a comunidade deve ser regida por uma troca entre indivíduos e grupos diversos; mas necessário, segundo Platão, pois o conflito de interesses rivais constituía precisamente o terreno de cultura do conflito social).

Como vimos na Lição precedente, a primeira condição da unidade da cidade consistia na coesão de seu grupo dirigente, porque se seus membros "não estão em conflito entre si, não se deve temer que o resto da cidade se divida por desacordos em seus confrontos ou em seu próprio interior" (465b). O peso da argumentação se desloca então para análise das condições necessárias para se garantir essa coesão. Seu principal inimigo consistia, segundo Platão, e de resto também segundo toda a tradição do pensamento da *polis*, na *privatização* dos interesses – patrimoniais em primeiro lugar, mas também afetivos. Basicamente, o obstáculo decisivo à unidade da cidade e de seu grupo dirigente era o *oikos*: a "casa", o *clã* familiar no interior dos quais se produziam a acumulação e a transmissão dos patrimônios e dos vínculos afetivos aos que eram de fora, e contrário aos vínculos comunitários. Para que haja unidade da cidade é preciso evitar que os membros de seu grupo dirigente

> a despedacem falando de "meu", não em referência à própria coisa, mas a coisas diversas uns dos outros – de tal modo que ele guardará na própria casa aquilo de que pôde se apropriar separadamente dos outros, e aquele outro em uma casa diversa e sua propriedade, e considerem como próprios mulher e filhos diversos, que, vivendo na privacidade, procurem prazeres e dores privados – ao invés de compartilhar uma única opinião sobre aquilo que é "próprio", tendendo todos ao mesmo fim, de modo a provar na medida do possível as mesmas experiências de dor e de prazer (464c-d).

O desenraizamento do *oikos*, condição de unidade do grupo de governo e, com isso, de toda a cidade, comportava, por sua vez, medidas "subversivas" em relação ao costume vigente, mas necessárias para a construção da nova forma de vida comunitária: trata-se das primeiras duas "ondas" que Sócrates deveria enfrentar tentando não se afogar. A primeira consiste na superação da tradicional diferença de papéis sociais entre homens e mulheres – a primeira, e mais radical, divisão do corpo social. A inferioridade feminina (convicção indiscutível na cultura grega) dependia, segundo Platão, somente da falta de uma educação adequada das mulheres, vinculadas como eram às casas, a se desenvolver no interior da "casa", da procriação e da criação da prole. Mas não é talvez verdade que as fêmeas dos cães de caça ou de guarda participam dessas atividades ao lado de seus machos? Não há nenhuma razão "natural" para que isso também não ocorra no gênero humano. Se educadas de modo adequado, as melhores mulheres podem ser integradas no grupo dirigente da nova cidade ao lado dos melhores homens:

> Não há, portanto, no âmbito da gestão da cidade nenhuma ocupação que seja própria da mulher porque é mulher, nem do homem porque é homem, mas na medida em que os dotes naturais são igualmente distribuídos em ambas as formas de vida, segundo a natureza a mulher deve participar de todas as funções, e de todas o homem,

embora a mulher seja fisicamente em todo caso mais fraca que o homem (455d).

Trata-se, como é fácil de se ver, da mais radical declaração de igualdade de direitos e de deveres entre os sexos que a Antiguidade formulou. Mas também essa emancipação das mulheres e sua integração funcional no grupo de comando da nova cidade requeriam, segundo Platão, a destruição do *oikos*. Matrimônios, procriação e criação dos filhos deveriam ser retirados do domínio privado se as capacidades femininas deveriam ser postas a serviço da comunidade. E esta era a segunda "onda" enfrentada de modo provocativo por Sócrates. Homens e mulheres,

tendo em comum casas e alimentos, enquanto ninguém possui de modo privado nada desse gênero, viverão juntos e, misturando-se, na ginástica e em qualquer outro tipo de treino, por uma necessidade inata serão levados a se unirem um ao outro (458d).

Mas essas uniões não deverão recair na privacidade familiar. O governo estabelecerá, por sorteio, os tempos e os *partners* das uniões nupciais, destinados a durar, por assim dizer, *l'espace d'une nuit*. Tão logo tenham vindo ao mundo, os filhos serão retirados dos pais e das mães – de modo que estes não possam reconhecê-los, restabelecendo de tal modo o caráter privado dos vínculos afetivos e de descendência – e entregues, para criação, às amas públicas que lhes criarão em asilos comunitários, até o momento em que serão confiados às instituições educativas da cidade.

Desse modo seria radicalmente modificada a forma da vida coletiva, e com ela também a linguagem parental. Os jovens chamarão "pais" e "mães" a todos os adultos da faixa etária de seus possíveis pais, e de modo recíproco estes chamarão "filhos" a todos os jovens nascidos durante seu período procriativo. No interior dessa faixa etária, todos os cidadãos serão chamados entre si "irmãos" e "irmãs" – o lema *liberdade, igualdade, fraternidade* jamais encontrou uma motivação tão radical. De tal modo, tornava-se impossível, segundo Platão, recair naquele erro radical, e destruidor da unidade da cidade, que ocorre na vida e na linguagem "quando na cidade não se pronunciam em uníssono expressões como 'meu' e 'não meu'" (462c): não haveria mais as "minhas" e as "outras" riquezas, a "minha" esposa e as dos "outros", os "meus" filhos e os dos "outros".

A essa segunda onda Platão acrescentava um corolário que será destinado a suscitar um eco sinistro na modernidade. Visto que as uniões nupciais serão feitas por sorteio, os governantes – comportando-se segundo as práticas dos criadores de cães e de cavalos de raça – deverão aproveitar essa oportunidade para tornar e manter "pura" a raça dos homens e das mulheres destinados ao poder (460c). Deverão manipular secretamente os sorteios de modo que "os melhores se unam com as melhores o máximo possível, e o contrário em relação àqueles outros" (459d), de forma que "de bons pais nasça cada vez mais uma prole ainda melhor, e de quem é útil à cidade filhos que o sejam cada vez mais" (461a-b). Por mais que o eugenismo platônico possa parecer repugnante à consciência moderna, deve-se, todavia, recordar que ele não apresenta qualquer aspecto "racial" em sentido biológico, tratando-se de selecionar os indivíduos melhores e os mais aptos ao governo da comunidade pelos dotes intelectuais e morais. Em todo caso, este é um dos muitos exemplos do *artificialismo* platônico: a qualidade humana é decadente por natureza, mas ela é plasmável pela inteligência político-filosófica. Assim como é possível melhorar a alma individual mediante a educação e a sociedade por meio de um poder justo, deve também ser possível reformular as qualidades do gênero humano, ou ao menos de uma parte dele, controlando seus mecanismos de seleção reprodutiva, conforme o exemplo que fora proposto da criação dos animais de raça, tão importante aos olhos da aristocracia antiga. É interessante notar que o *Político* propunha uma outra variante da eugênica platônica. Agindo desta vez segundo o modelo do tecelão e não do criador, o bom governante deveria garantir, por meio de uniões matrimoniais, uma "trama" justa dos caráteres humanos, uma tecitura que compusesse de modo harmônico os espíritos moderados e temperantes com aqueles corajosos e agressivos, de modo a exercer o próprio poder sobre uma cidade feliz e ligada harmonicamente pelos vínculos da harmonia recíproca (310b-311c).

A sequência condicional da argumentação estava, portanto, conclusa. *Se* a cidade deve ser unida, *então* deve sê-lo primordialmente seu grupo dirigente. Mas *se* ele deve ser unido, *então* é preciso extirpar todos os elementos de divisão e de conflito em seu interior: deverão, portanto, ser comuns as mulheres, os filhos, as riquezas, em suma, tanto a esfera afetiva quanto a patrimonial, ambas enraizadas no verdadeiro inimigo da cidade justa e pacificada, o *oikos* familiar. Aos olhos de Aristóteles, e dos muitos críticos que o seguirão, tudo isso tornaria a "a vida totalmente impossível", pois a natureza humana funda-se precisamente sobre aquilo que Platão pretendia extirpar: o cuidado e a afeição primária por aquilo que é "próprio" (*Política*, II, 4, 1262b 23 ss.), sobre o "prazer inenarrável" que consistia, segundo Aristóteles, em poder reconhecer algo como "meu" tanto na esfera dos afetos quanto na dos patrimônios (II, 5, 1263a 40). Do ponto de vista platônico, todavia, renunciar à tentativa de reformular em sentido comunitário tais aspectos da natureza humana significava deixá-la entregue ao destino inevitável do conflito entre interesses rivais, à *pleonexia* e à *stasis*, reconhecendo assim que a lição do "mestre violento" e de seus intérpretes à maneira de Cálicles e de Trasímaco não poderia ser de nenhum modo contradita.

Na *República*, restava ainda enfrentar uma terceira e decisiva "onda", o problema, em certo aspecto, mais relevante. Por mais provocativas que pudessem parecer as propostas de comunidade dos bens, de mulheres e de filhos, nada era mais temido por Platão que o "ridículo" suscitado por quem constrói "castelos no ar", "desejos piedosos", sonhos de olhos abertos. Uma utopia séria não pode furtar-se ao compromisso de declarar as condições de sua própria possibilidade de realização – e muitas vezes fora requerido de Sócrates essa tarefa ao longo do diálogo, propriamente por Gláucon, o perspicaz e exigente irmão de Platão. Esta era sua resposta: "Se formos capazes de descobrir como uma cidade pode ser dotada de uma forma de governo que se aproxima ao máximo daquela da qual falamos, deveremos admitir que encontramos a possibilidade de realização que exiges" (V, 473a). É preciso, portanto, descobrir "qual seria a mudança mínima graças à qual uma cidade poderia aproximar-se desse tipo de construção": se tratará de "uma única mudança, nem pequena nem fácil, mas possível" (473b-c). Essa mudança no vértice do poder, capaz de colocar em movimento todo o processo de transformação social e moral da cidade, consistia – como sabemos – na reunificação de política e filosofia, ou seja, na tomada de poder pelos "autênticos" filósofos ou na conversão à filosofia de quem já o detivesse (473d).

A proposta do governo filosófico era considerada escandalosa e também perigosamente paradoxal por parte dos interlocutores de Sócrates. Por que esta temida indignação por parte da opinião pública ateniense? Com o nome de "filósofos" ela conhecia personagens considerados moralmente nocivos, potenciais "malfeitores" como os sofistas e – o processo o demonstrava – como o próprio Sócrates; ou então indivíduos excêntricos e estranhos, como os herdeiros da tradição sapiencial, fossem pitagóricos ou empedocleanos; em todo caso, o "filósofo" representava um tipo de homem marginal e inútil, senão danoso, para a cidade. Boa parte do livro VI da *República* era destinado a responder a essa opinião difusa, que Platão considerava não desprovida de fundamento. Se a prática "atual" da filosofia era com frequência degenerada ou socialmente inútil – porque situava-se em um contexto público hostil ou indiferente – contudo, era possível, segundo Platão, formar um tipo de homem que dispusesse de ambos os grupos de qualidades necessárias a legitimá-lo no governo. Por um lado, portanto, as tradicionais "virtudes" morais próprias do bom cidadão: coragem, auto- domínio, experiência nos negócios públicos, dedicação ao bem comum; por outro, as novas qualidades intelectuais requeridas de um poder não-trasimáico: conhecimento das normas objetivas e dos parâmetros "ideais" de justiça, capacidade de orientar-se segundo o critério supremo de valor, a ideia do bom, e de empregá-la como paradigma na prática em vista da felicidade individual e coletiva.

Platão corria o risco de recair dessa forma em uma espécie de círculo vicioso. A formação do novo tipo de homem legitimado a governar a cidade não poderia ser senão o resultado de um empreendimento coletivo gerido pela comunidade citadina. Mas, historicamente, essa comunidade era hostil ou ao menos desinteressada na filosofia, e o poder filosófico poderia modificá-la somente salvando simultaneamente a cidade e a filosofia (497d). O círculo vicioso poderia ser interrompido somente de uma maneira: formulando a hipótese da tomada de poder por um pequeno grupo de filósofos formados "espontaneamente" (VII, 520d), não obstante contra a cidade: trata-se, como dizia o *Político* (259b), de "homens reais" ainda que aconteça de viverem em uma condição de "cidadãos privados". É preciso então pensar que essa autoformação dos filósofos constituía o núcleo central do programa que Platão confiava a uma instituição "privada" como a Academia: assumindo o poder, seus membros realizariam aquela "mudança mínima" que poderia constituir o círculo virtuoso de uma cidade transformada que, por sua vez, promoveria a formação coletiva de seus novos governantes. Mas como pensar nessa tomada de poder por parte dos filósofos acadêmicos? Platão não excluía que em circunstâncias excepcionais uma comunidade citadina pudesse convencer-se de aceitá-los no governo (501c-502a), como a antiga Atenas havia feito com Sólon. Mais provável, e certamente mais rápida, poderia, contudo, parecer a segunda via indicada no livro V: que um poderoso ou o filho de um detentor do poder pudesse ser convertido à filosofia e, assim, dispor-se a aceitar o conselho e a guia dos bons "filósofos" autoformados. Essa via foi provavelmente aquela tentada por Platão e pelos acadêmicos em suas relações com os tiranos de Siracusa, embora sem sucessos duradouros. Mas, como se verá na Lição 14, nem todos os acadêmicos faliram em sua tentativa de convencer as cidades, ou os seus tiranos, de aceitar ainda que parcialmente um guia filosófico.

Tudo isso, contudo, diz respeito ao destino histórico dos projetos "jacobinos" de Platão e da Academia. Na teoria, a grande utopia delineada na *República* apresenta problemas relevantes que aqui devem ser discutidos. O primeiro diz respeito aos limites da forma de vida comunitária que constitui seu fulcro. No livro IV, ela estava inequivocamente restrita ao grupo político-militar de comando, enquanto que o grupo mais amplo dos produtores – que não possuía as qualidades morais e intelectuais para praticá-la – permanecia vinculado ao caráter privado da família e da propriedade: isso determinava uma diversidade radical nas formas de vida presentes no interior do próprio corpo social, e Aristóteles, como visto, não teria deixado de assinalar seus riscos de conflito. A mesma situação aparece substancialmente confirmada no livro V, não obstante algum aceno marginal para o fato de que a vida comunitária poderia dizer respeito a "todos os cidadãos" (462b). Todavia, a perspectiva muda se forem consideradas duas importantes passagens do livro IX da *República* e do livro V das *Leis*. No primeiro (590d-591a), Platão sustenta a necessária subordinação de quem tem a alma privada de um princípio racional forte àqueles em que, ao contrário, ele é hegemônico: essa subordinação faz com que ambos os tipos de homem sejam iguais na comum submissão à razão, interior para o segundo tipo, mediada por uma espécie de "prótese" externa nos primeiros. Do mesmo modo, continua Platão, assim se comporta com as crianças: são governadas pelos pais e pelos mestres até que tenham construído na própria alma uma "constituição" justa, cujo poder é entregue ao princípio racional; nesse momento elas podem ser libertas da tutela dos adultos. Isso poderia levar a pensar que o governo educativo do grupo dirigente fosse transitório e destinado a favorecer o amadurecimento moral e intelectual dos subordinados; uma vez realizada, então eles seriam capazes de autogoverno e, portanto, de adquirir o direito de participar no governo da comunidade e de compartilhar a forma de vida coletivista própria de seu grupo dirigente.

Quanto às *Leis* (740a), o resumo que foi oferecido sobre esta forma de vida, que havia sido descrita na *República*, mencionava, junto com a comunidade de mulheres e filhos, o "cultivo comum da terra". Isso parece indicar que o velho Platão, interpretando à distância a utopia da *República*, tenha lido não a exclusão da propriedade para os governantes, mas a coletivização da posse da terra; e, sobretudo, o conferir da função produtiva também ao grupo dirigente, e não mais somente aos "camponeses" incluídos no terceiro grupo, com o efeito, portanto, de uma forte unificação de todo o corpo social.

Pode ser, portanto, que no próprio pensamento platônico houvesse alguma oscilação em torno do caráter permanente ou transitório da limitação da forma de vida comunitária apenas ao grupo dirigente da nova cidade, e que ela fosse agora concebida como potencialmente universalizável para todo o corpo social – em suma, que o "semicomunismo" platônico pudesse se transformar em um "comunismo" completo. Entretanto, é difícil pensar que este seja o elemento predominante em Platão, mesmo além das evidências textuais: seu pessimismo antropológico era de tal modo enraizado que tornava dificilmente concebível que – não obstante qualquer esforço educativo – as qualidades morais e intelectuais necessárias para viver na fraternidade comunitária pudessem por fim estender-se a todos os homens. De resto, sua própria concepção de justiça, como foi visto, era eminentemente hierárquica, fundando-se em uma distribuição desigual, ainda que compartilhada, dos papéis de comando; provavelmente, o máximo de unificação do corpo social que se pudesse esperar consistia propriamente em um consenso difuso sobre essa desigualdade de funções, aceita porque posta a serviço dos interesses comuns e da felicidade coletiva. O acesso à forma de vida do grupo de poder permanecia aberto aos membros do terceiro grupo, mas somente em casos individuais atentamente selecionados pelos processos educativos da cidade.

Mais importante é a segunda questão, relativa ao grau de desejabilidade e de viabilidade que Platão conferia à grande utopia delineada na *República*. Nenhum de seus muitos críticos duvidou que ela, por mais que fosse discutível, fosse *desejável* aos olhos de seu autor, como sendo a melhor forma política.

Somente no século XX, os autores de inspiração liberal e anticomunitária, que a consideravam inaceitável e que, contudo, ao mesmo tempo não pretendiam recusar a autoridade de Platão, incontestável nume fundador da "tradição ocidental", elaboraram a assim chamada interpretação "irônica", que tendia a absolver Platão de si mesmo, visto que ele não teria professado *seriamente* as doutrinas expostas na *República*. Contudo, tal interpretação desvia de qualquer boa regra de interpretação historiográfica de leitura dos textos: muitas vezes (cf., por exemplo, *República*, V, 457a, VI, 502c; *Leis*, V, 739b ss.), Platão reafirmava que as soluções propostas eram as melhores possíveis com vistas à unificação e à felicidade da comunidade política. Desse modo, ele se colocava certamente em uma posição diversa daquelas elaboradas pelo pensamento moderno de orientação liberal e anticomunitária; não obstante isso, ele pode ser considerado um dos fundadores da "tradição ocidental", a menos que se considere que esta deva necessariamente desembocar em uma espécie de "pensamento único" ditado por aquela orientação.

Mais séria, e mais complexa, entretanto, é a questão do nível de possibilidade e de *viabilidade* que Platão conferia a seu desenho utópico. Deve-se dizer, antes de tudo, que ele considerava esse problema como central: nada de mais ridículo a seus olhos do que os irrealizáveis "desejos piedosos", das fantasmagorias impraticáveis (cf., por exemplo, *República*, VI, 499c, 502c). Isso não significava, contudo, de modo algum que a viabilidade da utopia fosse apresentada em termos de um programa político de breve ou médio prazo. Sua possibilidade era primeiramente argumentada em termos de *não impossibilidade*: era certamente "difícil, mas não impossível" (499d, 502c), e não o era por duas razões principais: porque o desenho utópico era *conforme a natureza*, embora contradissesse os costumes vigentes – isso vale, por exemplo, para a igualdade entre homens e mulheres, e para o governo dos indivíduos mais bem dotados racionalmente –, e porque era construído segundo uma sequência lógica rigorosa, que enunciava as condições necessárias para realizar os objetivos que eram efetivamente desejáveis. Não havia, portanto, nenhuma razão de princípio que levasse a considerar "impossível" sua realização. A passagem da possibilidade à realização subjazia, entretanto, a dois tipos diversos de vínculos, histórico-político e teóricos.

No primeiro sentido, Platão operava o trânsito da não impossibilidade da utopia para a sua viabilidade em um grau de probabilidade diferente de zero mediante um movimento radical: ele consistia na dilatação infinita da escala espaçotemporal na qual poderia ocorrer o evento dessa realização.

Afirmamos que nem a cidade, nem a constituição, nem mesmo um indivíduo jamais atingirão sua perfeição antes que aqueles poucos filósofos, que agora são chamados não de maus, mas de inúteis, sejam investidos, por uma fortuita necessidade, do cuidado da cidade, quer queiram quer não; a menos que surja alguma inspiração divina nos filhos daqueles que hoje detêm o poder ou o reino, ou neles mesmos, um verdadeiro amor pela verdadeira filosofia (...). Se ocorreu *no infinito tempo passado*, ou também hoje ocorre em alguma região bárbara ignorada por nós por causa de sua distância, ou se *ocorrerá no futuro* que alguma necessidade induza quem é excelente na filosofia a governar uma cidade, então estamos prontos a sustentar na discussão que quando esta Musa predomina em uma cidade, a constituição por nós descrita *existiu, existe ou ao menos existirá*. Com efeito, não é impossível que ela se realize, e nós não dissemos coisas impossíveis: difíceis, sim, sobre isso também estamos de acordo (499b-d).

(...) Alguém pretenderá talvez sustentar contra nós este outro ponto, que não possam nascer filhos de reis ou de poderosos dotados de uma natureza filosófica? (...) Alguém talvez possa afirmar que, embora sendo de tal natureza, é de todo necessário que eles se corrompam. Que dificilmente podem salvar-se, também nós o admitiríamos: *mas que, ao longo de todo o curso do tempo*, entre todos nenhum jamais poderá se salvar, quem poderá sustentá-lo? (502a-b).

A "mudança mínima" no vértice do sistema do poder que garante as condições para a realização do projeto utópico é, portanto, considerado possível em algum ponto indeterminado do espaço e do tempo humanos: uma inserção subitânea no curso da história de uma linha vertical, da polaridade "alta" dos valores, que nela produz o corte e a realização. É claro que esta dilatação espaçotemporal do advento da utopia não poderia satisfazer as exigências de um programa político imediato. É também claro, contudo, que isso estimulava, no plano psicológico mesmo antes que no político, a espera – que, diferentemente da teoria, não podia ser senão impaciente – da ocasião propícia, do manifestar-se da "fortuita necessidade" capaz de abrir a via para a prática de sua realização. Os sinais dessa ocasião afortunada poderiam então ser lidos, por exemplo, nos eventos siracusanos, com a cooperação de um jovem tirano bem disposto para com a filosofia como Dionísio II, ou nas propostas que várias cidades fizeram a Platão e aos acadêmicos para reescrever suas leis. Os erros de avaliação no que tange a esses sinais cometidos por um e por outros relacionam-se, contudo, com uma dimensão biográfica (psicológica e política), não com a implementação da teoria e com a argumentação do nexo entre não-impossibilidade e probabilidade de realização do desenho utópico.

Do ponto de vista filosófico, entretanto, essa realização podia ser pensada somente no interior de limites não superáveis. A utopia delineia, "no discurso", um *modelo ideal* perfeito da cidade justa, a forma da "bela cidade" (*kallipolis*), que constitui um ponto de referência capaz de orientar a prática ética e política. Mas qualquer tradução do modelo "nos fatos", qualquer realização na dimensão histórica, não pode senão comportar uma *de-formação*, devido à temporalidade, à "materialidade" na qual ele será inscrito. A *kallipolis* histórica será, portanto, uma aproximação inevitavelmente imperfeita daquela ideal, podendo no máximo tender a aproximar-se "no máximo grau possível" (V, 473a-b; VI, 501b-c). Isso comportava um razoável grau de flexibilidade nas eventuais tentativas de reprodução do modelo ideal em âmbito histórico-político, e, por outro lado, impedia considerar como realizado e definitivo qualquer eventual resultado (que deveria ser considerado não apenas imperfeito, mas também instável em razão da intrínseca mutabilidade das condições históricas e antropológicas).

No entanto, a eficácia ético-política do modelo utópico não deve ser adiada à indeterminação espaçotemporal do evento possível de sua realização. Seu delineamento em um ato discursivo dotado de verdade teórica e de autoridade persuasiva, como era o grande diálogo como a *República*, constituía em si mesmo um gesto *imediatamente eficaz* em relação a quem quer que o tivesse compreendido e compartilhado – então e para sempre em sua posteridade. Dizia Sócrates no livro IX da *República* que o homem justo, o "filósofo", consentirá participar intensamente da atividade política somente em "sua" verdadeira cidade, não naquela onde nasceu. Gláucon observava: "Referes-te àquela cidade cuja fundação discutimos: uma cidade que existe apenas em nossos discursos, porque não creio que exista em nenhum lugar no mundo". A resposta de Sócrates era de crucial importância:

> Mas talvez no céu exista dela um modelo para quem queira contemplá-la e fundá-la ele próprio a partir dessa visão. Não faz qualquer diferença se essa cidade existe ou esteja destinada a existir: ele dedicará sua prática somente a ela e a nenhuma outra (592a-b).

O delineamento do modelo paradigmático no "céu" da teoria constitui, portanto, uma vez ocorrido, o ponto de referência decisivo da prática, tanto no sentido ético de fundação da subjetividade quanto no sentido político de projeto de realização. Aqui estava, segundo Platão, sua eficácia imediata: alguém se torna justo apenas se reforma seu próprio perfil de vida conforme o desejo da cidade justa, e esta, por sua vez, começa a existir ali onde existem homens justos que a intencionam como sua própria finalidade. Dessa conversão inicial ao "paradigma no céu" pode começar aquela "viagem de mil anos", evocada nas últimas linhas da *República*, que conduz os homens "daqui" para "lá", do mundo da *pleonexia* para aquele da justiça. Esta viagem – muitas vezes iniciada ao longo dos séculos – é de qualquer modo já em si mesma uma forma de existência histórica da "bela cidade" e do tipo de homem destinado a habitá-la, que não depende do sucesso factual do empreendimento.

Nas *Leis*, o velho Platão ainda considerará o modelo da *kallipolis* como o melhor, e talvez viável em um futuro indeterminado (V, 739c), mas provisoriamente impossível, porque "muito superior" à *atual* condição humana (740a). Persistia aqui um último traço de sua convicção da plasmabilidade do gênero humano, individual e coletiva, conforme um paradigma ideal de perfectibilidade de sua "natureza", embora já apoiada na resignada consciência de uma graduação necessária devida a uma resistência à transformação bem superior àquela imaginada na *República*.

Aristóteles, ao contrário, considerou aquilo que é atual e "normal" na condição humana como *natural* e por isso também *normativa*: uma transformação radical da existência histórica era *impossível* porque entrava em conflito com a natureza humana que nela se havia sedimentado, e por isso nem mesmo *desejável* porque um projeto contranatural acaba por violar qualquer critério ético-político aceitável (*Política*, II, 2-5). Na esteia de Aristóteles se moveram por séculos os críticos da grande utopia platônica, até o ponto de considerá-la, como foi visto, indigna de seu próprio autor.

Por outro lado, em todos os tempos os platônicos se mostraram prontos a empreender a longa viagem, no tempo e no espaço, para a meta indicada na *República*. Narra o historiador bizantino Agátias que no século VI d.C., após o fechamento da Academia em Atenas por obra da intolerância cristã de Justiniano, os filósofos neoplatônicos que ali ensinavam convenceram-se finalmente de que "o domínio dos romanos não se inspirava na melhor doutrina". Puseram-se então em viagem – Damáscio, Simplício, Prisciano e outros – em direção da longínqua Ctesifonte, capital do rei persa Cosroes, porque consideravam que lá – um daqueles "lugares remotos e bárbaros" dos quais a *República* havia falado – "como quer o discurso de Platão, a filosofia e o reino estavam unidos" (II, 20, 3). Não encontrariam sua meta em Ctesifonte, como mil anos antes Platão não a havia encontrado em Siracusa. Tomaram, contudo, um caminho que muitos novamente empreenderão, em lugares diversos, mas com a mesma expectativa.

NOTA

Sobre os problemas da utopia platônica, cf. os ensaios reunidos em VEGETTI, M. (org.). *Platone. 'Repubblica'*. Tradução e comentário, v. IV. Napoli: Bibliopolis, 2000. Cf., além disso, os ensaios de BERTELLI, L. L'utopia greca. In: FIRPO, L. (org.). *Storia delle idee politiche, economiche e sociali*. v. I. Torino: UTET, 1982, 463-581, e ____. L'utopia. In: CAMBIANO, G.; CANFORA, L.; LANZA, D. (org.). *Lo spazio letterario della Grecia antica*. v. I, tomo I. Roma: Salerno, 1992, 493-524. Cf. também DAWSON, D. *Cities of the Gods. Communist utopias in greek thought*. Oxford: Oxford University Press, 1992; BURNYEAT, M. Utopia and fantasy. The practicability of Plato's ideally just city. In: HOPKINS, J.; SAVILE, A. (org.). *Psychoanalysis, Mind and Art*. Oxford: Oxford University Press, 1992, 175-187; QUARTA, C. *L'utopia platonica*. Bari: Dedalo, 1993; FINLEY, M. I. Utopie antiche e moderne. In: ____. *Uso e abuso della storia*. Trad. it. Torino: Einaudi, 1981, 267-289 (trad.: *Uso e abuso da História*. São Paulo: Martins Fontes, 2003 – N. do T).

LIÇÃO 8

A MORTE DO MESTRE E OS PARADOXOS DA IMORTALIDADE

– És evidentemente um homem e tens uma alma.
– Segundo Platão, não sei ao certo, mas suspeito tê-la.

Crátinos, In: Diógenes Laércio, III, 28.

– A minha parte mortal foi dissecada junto com o corpo, mas a imortal lançou-se no ar.
– Mas esta não é a escola de Platão?

Alexis, In: Diógenes Laércio, III, 28.

O pensamento da centralidade da alma (*psyche*) chegava a Platão de duas fontes diversas. Por um lado, estava a antiga e autorizada tradição pitagórica. Nela, a alma representava, no complexo psicossomático do indivíduo vivente, a polaridade "pura", divina, imortal, contraposta ao corpo, o fator de mortalidade e de contaminação, origem dos desejos e dos prazeres da carne. A alma era, contudo, segundo os pitagóricos, um dêmone[1] transindividual, condenado por sua culpa original a um ciclo de reencarnações, do qual podia, no final, eximir-se graças a um progressivo exercício ascético de libertação dos vínculos da corporeidade, em cujo termo poderia retornar à sua condição divina

---

1. No original, "demone". Mantivemos o termo "dêmone" para traduzir *dáimon*, também adotado na tradução de A. L. de Almeida Prado, In: Platão. *República*. São Paulo: Martins Fontes, 2006. (N. do T.)

originária. Por trás de tudo isso estavam talvez experiências de *transe* xamânico, de suspensão da vida corpórea e de separação da alma, que se colocava de tal modo em condições – já ao longo de sua vida terrena – de realizar "viagens" alucinatórias no além, reportando-se a formas mais do que humanas de conhecimento.

Por outro lado, havia a lição socrática, que fazia da alma o princípio da interioridade individual, o "verdadeiro eu" que se contrapunha ao eu público e exposto à atração do sucesso e do prestígio social. Fazia parte dos bens da alma, tomada nesse sentido – a sabedoria, a consciência serena e equilibrada de sua própria justiça – de modo que era preciso, segundo Sócrates, cuidar de si, muito mais do que dos bens exteriores (riqueza, poder, fama), se alguém pretendia buscar uma felicidade autêntica e duradoura para o eu, posta à parte da alternância dos acontecimentos da sorte. Sócrates, portanto, estava interessado – como vimos na *Apologia* – em uma concepção de alma individualizada e moralizada, muito mais do que no tema de sua imortalidade.

Contudo, a reflexão de Platão conduzia o pensamento sobre a alma muito além das influências que provinham da tradição pitagórica e do magistério socrático. A alma agora constituía o elemento móbil da *mediação* entre as polaridades em que se articulavam seu pensamento: a eternidade e o tempo, as ideias e o mundo empírico, em suma, o "alto" e o "baixo"; ela garantia a possibilidade de trânsito e de comunicação entre os dois níveis, e com ela o lugar em que se constituía a especificidade da *condição humana*, tanto do ponto de vista ético-prático quanto do cognitivo, como disponibilidade aberta à ascensão e à queda. Assim, Platão situava a alma no centro de uma complexa trama de relações – em cujo interior se desenhavam tanto sua estrutura quanto, sobretudo, suas funções. Mas esse papel mediador da alma, e esta sua pluralidade de relações, pareciam impor como decisiva a exigência de sua *imortalidade* – sempre novamente evocada nos textos platônicos, não obstante as recorrentes dificuldades de argumentá-la de modo teoricamente satisfatório.

A alma *deveria*, segundo Platão, ser pensada como imortal sobretudo por duas ordens de razões: morais por um lado, por outro, epistemológicas. Do primeiro ponto de vista, a imortalidade da alma individual, com a consequente espera dos prêmios ou das punições que lhe caberiam no além por obra do juízo divino, em relação ao tipo de vida conduzida durante a existência terrena, aparecia para Platão como uma motivação irrenunciável à virtude. Somente a promessa ao homem justo de uma felicidade ultraterrena e a ameaça das penas eternas ao injusto pareciam poder compensar a frequente evidência nesta vida de uma sorte desventurada para o primeiro, e de prosperidade e sucesso para o segundo: o destino da alma no além constituía, portanto, uma garantia para a conduta justa, uma espécie de "prótese" persuasiva do discurso moral. Nesse sentido, também autoconsolatório, Sócrates recorria aos mitos de além-túmulo no final do *Górgias*, diante da implacável agressão de Cálicles. No Hades, "sofrem eternamente as penas mais dolorosas e terríveis" as almas dos "tiranos, reis, poderosos, governantes da cidade, que se ocultaram das maiores culpas e mais ímpias por seu poder absoluto" (525c-d): esse é, portanto, o destino que aguarda os "fortes", os super-homens da *pleonexia* dos quais Cálicles havia vangloriado o sucesso. Por outro lado, os juízes do Hades enviam às "ilhas dos bem-aventurados" as almas dos justos que "viveram no respeito à piedade e segundo a verdade", como o filósofo que seguiu fielmente sua vocação (526c). Essa era, portanto, a esperança destinada a confortar Sócrates diante das ameaças de Cálicles, que tomava o destino trágico nesta vida. "Certamente isso que contam a ti parecem fábulas de uma anciã e as desprezas; e não haveria nada de estranho nesse desprezo se estivéssemos em condições de encontrar outras e mais verdadeiras" (527a): mas uma solução melhor – após o áspero confronto moral conduzido no *Górgias* – não parecia possível a Sócrates, constrangido a regredir à fé nos mitos da tradição órfico-pitagórica.

Não era diferente a conclusão do *Fédon*:

Agora que a alma se nos mostrou imortal, não pode haver para ela nenhum refúgio dos males, nenhuma salvação, se não o tornar-se o máximo possível boa e sábia. A alma não se detém no Hades senão com sua educação e seu modo de vida, e são justamente eles – pelo que se diz – a trazer a quem morreu os maiores prêmios ou as maiores punições já no início de sua viagem no além (107d).

Como no *Górgias*, também no *Fédon* Sócrates reconhecia a escassa plausibilidade desse recurso "moral" à mitologia do além, entretanto, reafirmava sua necessidade:

> Sustentar de modo decidido que as coisas sejam tais como as descrevi não cabe a um homem que tenha inteligência; mas que esta, ou algo similar, seja a condição de nossa alma e de suas moradas no além – a partir do momento em que a alma nos pareceu ser imortal – parece-me que seja o caso de correr o risco de crê-lo (114d).

Entretanto, Platão confia justamente a seu irmão Adimanto, no livro II da *República*, a tarefa de formular a crítica mais devastadora contra o recurso aos mitos do além-túmulo como proteção e garantia das obrigações morais. Dizem os moralistas (entre os quais se deve incluir o Sócrates do *Górgias* e do *Fédon*), diante do espetáculo do triunfo da injustiça e da triste sorte que cabe nesta vida ao homem justo:

> "Das injustiças cometidas neste mundo pagaremos o tributo no Hades, nós mesmos ou os filhos de nossos filhos". Mas quem raciocina pode responder-lhes: "Amigos, os ritos iniciáticos e os deuses libertadores têm muito poder, como afirmam as maiores cidades e aqueles filhos de deuses que se tornaram poetas e divinos profetas, os quais confirmam que as coisas são propriamente assim" (366a-b).

O raciocínio de Adimanto é, com efeito, premente. Tudo o que sabemos sobre a existência dos deuses e de seu interesse pelas coisas humanas o aprendemos dos poetas (os gregos não conheciam outra "teologia" além daquela dos poetas como Homero,

Hesíodo, Ferécides). Ora, se acreditamos neles, devemos também dar-lhes fé quando sustentam que os deuses "podem se convencer a mudar de opinião por causa de sacrifícios, doces preces e ofertas votivas" (365e): e quem mais do que os injustos, graças a suas riquezas acumuladas com a fraude e a *pleonexia*, poderão oferecer aos deuses sacrifícios e dons suntuosos, agradecendo-lhes assim o favor também no além? De resto, nas portas dos ricos aglomera-se uma multidão de profissionais de encantamentos e purificações, que lhes garantem a salvação eterna. E há

> diversos livros de Orfeu e Museu (...), segundo os quais realizam seus sacrifícios, convencendo não apenas os indivíduos, mas também a cidade de que há "absolvições" e "purificações" da injustiça, obtidas mediante sacrifícios e agradáveis ritos festivos – que se chamam "iniciações" – úteis tanto para quem ainda é vivo quanto para os mortos, e capazes de libertar-nos das penas do além, enquanto terríveis males aguardam quem não sacrificou (364e s.).

Cabe notar que o sarcasmo de Adimanto atingia aqui justamente aquela mitologia órfica, na qual Sócrates havia largamente se inspirado em suas esperanças escatológicas. Basicamente, Adimanto exigia uma proteção teórica, um incentivo moral para a conduta justa precisamente "mais confiável e mais verdadeira", mais aceitável para "quem tiver inteligência", do que aquelas esperanças. Em todo o desenvolvimento da *República* Platão aceita esse desafio, mostrando no livro IV o nexo entre justiça, saúde e felicidade da cidade, e no livro IX como a virtude seria a condição suficiente de felicidade individual também *nesta vida*, na medida que garante uma existência serena, harmônica, premiada pelos prazeres "puros" do conhecimento e da justiça. Contudo, no final do grande diálogo, ele não pôde se privar do habitual suplemento de incentivo escatológico para a vida de justiça – representasse isto sua radicada convicção, ou lhe aparecesse um suplemento persuasivo necessário para aqueles que não estavam em condições de compreender as teses "racionais" até ali desenvolvidas.

O livro X da *República* apresenta, portanto, a narrativa de um *revenant* de além-túmulo, um certo Er da Panfília, que narra ter visto os prêmios e as punições que cabiam no Hades às almas daqueles que haviam vivido respectivamente segundo a justiça e a injustiça (em suma, uma versão "pagã" do paraíso e do inferno). Após esta milenar trajetória no além, as almas eram chamadas a escolher o tipo de vida que conduziriam neste mundo após a reencarnação. Note-se que o tema da reencarnação, de claras origens pitagóricas, e recorrentes em versões diversas no *Mênon*, no *Fédon* e no *Fedro*, era necessária para Platão não em relação às exigências "morais" que motivavam a doutrina da imortalidade (por exemplo, o cristianismo, que as compartilhava, a minimizou), mas, como veremos, em relação àquelas epistemológicas. Aquela opção de vida, além disso, era livre e por isso moralmente responsável, portanto, novamente imputável no juízo final. Anuncia o arauto da Moira Láquesis, que presidia os novos destinos:

> Não será um dêmone que vos escolherá, mas vós escolhereis vosso dêmone (...). A virtude não tem senhor; cada um terá mais ou menos conforme aprecie ou despreze. A responsabilidade é de quem escolhe. O deus é isento de culpa (617e).

Mas essa escolha da forma de vida, para ser verdadeiramente livre e, portanto, responsável neste mundo, exige um passo adiante: que antes do renascimento terreno, as almas bebam a água do rio Lete, portador do esquecimento. Se recordassem dos prêmios que, no Hades, cabiam aos justos e aos injustos, se comportariam conforme aquela expectativa, portanto sua virtude não seria verdadeiramente meritória, tendo adequado sua conduta a um mero cálculo "econômico" dos benefícios e das perdas. Como veremos, contudo, o *esquecimento* necessário à função moral da imortalidade confluía com a exigência da *recordação* conexa a sua função cognitiva.

Essa segunda ordem de razões que motivavam a decisão de Platão em favor da hipótese da imortalidade da alma dependia da estrutura de sua teoria do conhecimento. Como se verá na Lição 10, os objetos principais do conhecimento são, segundo ele, entes incorpóreos, as *ideias*. Ora, enquanto a alma está *no* corpo ela pode conhecer o mundo somente pelos sentidos, que lhe transmitem de modo inevitável percepções, portanto, conhecimentos, da mesma ordem: qualidades visíveis, auditivas, tácteis dos corpos. Há mais: nossa possibilidade de julgar e avaliar a experiência sensível (ou seja, de transformar as *impressões* em *conhecimentos*) requer o emprego de categorias como belo/feio, grande/pequeno, igual/diferente, que não pertencem a nenhuma experiência sensível, mas relacionam-se *a priori* a essas experiências e as tornam inteligíveis. Trata-se, em termos modernos, daquelas que Kant considerará as categorias *transcendentais* do intelecto, e que, por outro lado, Platão reportava – por dificuldade filosófica ou por exigências metafóricas de compreensibilidade da teoria – a um estágio cognitivo *cronologicamente* precedente em relação a qualquer experiência da sensibilidade corpórea: isto é, a uma fase de preexistência da alma em relação a *esta* vida, na qual – separada em sua "pureza" dos sentidos corpóreos – poderá conhecer *diretamente* as *ideias* igualmente puras. A recordação desse conhecimento primitivo (*anamnese*), por mais confuso e tornado opaco pela encarnação da alma, permitirá a ela reativar sua antiga aprendizagem nos processos avaliativos e cognitivos próprios da vida corpórea (*Fédon*, 65d, 76a-e, 72e-73b, em que Cebes declarava ironicamente ter "esquecido" esta doutrina que lhe deveria ser conhecida). A imortalidade da alma parecia, portanto, ser a condição do conhecimento das ideias, que devia resultar cronologicamente antecedente à existência terrena e à experiência sensível (ainda que, para dizer a verdade, a *República* indicasse na racionalidade matemática um modelo de abstração progressiva e idealização a partir das aporias da experiência sensível, que não requer nenhuma regressão anamnésica: cf. VII, 524a-525a). Reciprocamente, o fato de que *recordamos* as ideias parece constituir um argumento a favor da imortalidade da alma, o órgão de seu conhecimento imediato. É, contudo, verdade, como objetavam Símias e Cebes no *Fédon* (77b), que a "anamnese" proviria apenas a preexistência da alma em relação ao corpo, não sua sobrevivência após a morte deste (esvaziando, assim, sua função moral). E é também verdadeiro, reciprocamente, que o *esquecimento* da vida ultraterrena, necessário pelas razões morais sustentadas na *República*, pareceria excluir também aquela recordação anamnésica que era requerida pelas instâncias gnosiológicas do *Fédon*.

É, portanto, para esse diálogo, central para toda a teoria platônica da alma e de sua imortalidade, que agora se volta nossa atenção. Ali era narrada a última conversação de Sócrates, nas horas que precediam sua morte no cárcere: dessa circunstância, o diálogo tomava seu caráter de *consolatio mortis*, ou seja, a intenção de mostrar que a morte do mestre não era mais do que uma libertação de sua alma das prisões corpóreas, e, portanto, a premissa de renascimento para uma vida mais verdadeira. A filosofia daí configurava-se como um exercício de preparação para a morte, de purificação em vista da outra vida: "aqueles que verdadeiramente se dedicam a ela não se ocupam de nada mais senão morrer e estar mortos" (64a): uma tese socrática que suscitava a hilaridade de Símias, porque isso parecia lhe confirmar a opinião comum de que os "filósofos" não são senão "moribundos" e que de resto bem merecem similar sorte. Mas *esta* morte, insistia Sócrates, não é apenas uma separação da alma do corpo, que a permite permanecer "só em si mesma" (64c). Ela é a realização do trabalho do filósofo, que durante toda a vida lutou contra sua própria corporeidade (64e): contra os prazeres que esta busca, em primeiro lugar, contra suas paixões que são como "grilhões" que mantêm a alma presa ao corpo (65e, 83d). Mas a luta conta o corpo e suas paixões significa também, por parte do filósofo, a recusa e o afastamento da dimensão da política: "guerras, revoltas, batalhas, nada as produz senão o corpo com seus desejos. Todas as guerras nascem para conquistar riquezas, e somos constrangidos a buscar sua causa no corpo, subjugados como estamos a seu cuidado" (66b-c). Por outro lado, a corporeidade é obstáculo à "pureza" do saber filosófico, voltado como é à apreensão dos objetos puramente intelectuais, que requerem "abstrair-se o máximo possível dos olhos, ouvidos e, por assim dizer, do corpo inteiro, pois ele perturba a alma e não lhe permite adquirir verdade e inteligência quando mantém relações com ele" (66a). Por isso, mesmo durante a vida corpórea, a filosofia consiste em um esforço de purificação da alma, que a permita "recolher-se em si mesma", fugindo do corpo (65c-d), compactando-se em sua solidão (67c), em suma, em um "exercício de afastamento e separação da alma em relação ao corpo" (67d). Em tudo isso transparece com muita clareza a revitalização platônica da linguagem "xamânica" das experiências de *transe* extático, de suspensão e de fuga da vida corpórea. Mas a "revelação" à qual essas experiências alucinatórias davam acesso é aqui traduzida em termos de aquisição de saber filosófico, isto é, noético-ideal:

> Se, portanto, não é possível, em união com o corpo, obter nenhum conhecimento *puro*, então, das duas uma: ou de fato adquirir o saber não é possível, ou é somente quando se morre – só então a alma estará só em si mesma, separada do corpo, mas não antes. E no tempo em que estamos vivos, tanto mais, é verossímil, estaremos próximos ao saber quanto menos estivermos em comunhão com o corpo (...) e dele nos purifiquemos, a fim de que o próprio deus dele nos liberte (66e-67a).

Tudo isso, entretanto, requeria, para a filosofia, a tarefa de argumentar racionalmente acerca daquela imortalidade da alma, que constituía o ponto central das crenças religiosas do orfismo e do pitagorismo. Não por acaso elas eram nomeadas de modo favorável (69c), a despeito do ceticismo que Adimanto mostraria na *República*; porém, uma prova mais convincente era requerida por Cebes no próprio *Fédon*: "Quanto à alma, há nos homens muita incredulidade, devido à convicção de que quando ela se separa do corpo não mais exista em lugar algum, e pereça no mesmo dia em que o homem morre" (70a). A "grande e bela esperança" de sua sobrevivência, acompanhada da capacidade de continuar a pensar, requeria, para superar a hilaridade de Símias e a dúvida formulada por Cebes, "um pequeno suplemento de persuasão e credibilidade" (70b). A essa tarefa Platão se empenharia no *Fédon*, e depois ainda no livro X da *República*, no *Fedro*, e no livro X das *Leis*.

O primeiro argumento do *Fédon* (78b-81a) era o da *simplicidade* da alma. Morte significa dissolução de um composto, como são os corpos; mas a alma é "simples" e incomposta, como demonstra sua afinidade cognitiva com as ideias, que são igualmente "simples", isto é, homogêneas e indiferenciadas em sua essência. Portanto, a alma não pode ser suscetível de morte. Esse argumento pressupunha, como é típico no *Fédon*, uma concepção de alma de matriz pitagórica, como substância "pura", alógena em relação ao corpo ainda que a ele vinculada durante a existência terrena. Mas não se podia sustentar diante de uma teoria da alma mais articulada, como aquela que Platão formulará no livro IV da *República* e no *Timeu*, onde ela, como veremos na Lição 9, foi cindida em três partes: racional, irascível-colérica e desiderativa, a terceira das quais representava na dimensão psíquica pulsões diretamente originadas na corporeidade. Com base nesse desenvolvimento, Platão retira de modo coerente a conclusão que somente a parte racional da alma (o *logos*) é "simples", afim às ideias e, portanto, imortal (*Político*, 309c; *Timeu*, 69c-d). Mas se isso é verdadeiro, não se pode mais falar de imortalidade da *alma individual*, pois a racionalidade é idêntica em todo homem, e aquilo que o individualiza é o seu equilíbrio específico entre as diversas partes da alma. Nessa direção, a imortalidade da alma racional – impessoal e supraindividual – assegurava talvez sua função cognitiva (antecipando a tese aristotélica sobre a imortalidade do intelecto agente no tratado *Sobre a alma*, III, 5), mas destituía de fundamento sua função moral, isto é, a promessa de prêmios e de punições no além, que seriam esperados pela alma conforme a conduta de cada indivíduo nesta vida (e, justamente nesse plano, Aristóteles renunciará de modo coerente em sua ética a qualquer incentivo ultramundano em relação à virtude).

O segundo argumento do *Fédon* (105d-106b) era baseado na *participação*. A alma participa da vida, como o fogo do calor, e, portanto, não pode acolher em si o contrário, a morte, como o fogo não pode acolher o frio. Logo, a alma, que se identifica com a vida, não pode ser mortal. Mas o argumento corre o risco de tautologia: se "alma" significa "ser vivo", isso não implica que a alma seja uma substância diversa daquilo do que é a vida, isto é, do corpo; não haverá, então, certamente uma "alma morta", mas com isso não se demonstrou que haja uma alma *após a morte*. Esta será justamente a conclusão retirada por Aristóteles. Ele define a alma como "*entelechia* [ato/função, isto é, *vida*] de um corpo natural dotado de órgãos" (*De Anima*, II, 1, 412b 5). A interdependência funcional entre alma e corpo tornava primeiramente ridículo "aquilo que dizem os mitos pitagóricos, que qualquer alma pode ocupar qualquer corpo" como se fosse uma veste (*De Anima*, I, 3, 407b 20 ss.): e juntamente com esses mitos de reencarnação incorriam no ridículo também seus ecos platônicos. Mas a mesma interdependência comporta que,

> como a pupila e a vista formam o olho, assim a alma e o corpo formam o animal. É, portanto, claro que a alma (ou algumas de suas partes, se por sua natureza é divisível em partes) não é separável do corpo, porque a atividade de algumas de suas partes é o ato das partes correspondentes do corpo (*De anima*, II, 1, 413a 2 ss.).

Exatamente como "vida", tal como sustentava o *Fédon*, a alma estava assim inextricavelmente conexa à mortalidade do corpo, do qual ela constitui o princípio vital.

O argumento do livro X da *República* (608d-611b), no qual a tese da imortalidade devia enfrentar a incredulidade de Gláucon (608d), similar àquela de Símias e Cebes no *Fédon*, derivava em certa medida de uma montagem das "provas" oferecidas neste último diálogo. Enquanto a doença do corpo o faz morrer, a da alma – a injustiça – não pode de fato extingui-la. Portanto, se ela é capaz de sobreviver à própria doença, será imortal. Mas o argumento é válido somente se for demonstrado que a alma é uma substância diversa do corpo e, portanto, não morre com ele: em caso contrário, se poderia dizer que um olho, ainda que possa sobreviver a uma oftalmia, morreria junto com o corpo em caso de enfarte. O próprio Platão, de resto, parecia mostrar-se consciente do caráter inconcluso do argumento, remetendo a uma outra ocasião uma investigação sobre a natureza da alma, pois a *República* se limitava a uma investigação sobre seu papel "na vida humana" (612a).

Há, enfim, as teses sobre a imortalidade da alma formuladas no *Fedro* (245c-246a) e nas *Leis* (895c-896d). Elas têm em comum a concepção da alma como princípio de movimento, que deve ser de qualquer modo "anterior" e autônomo em relação àquilo que é movido. Mas esse argumento não podia senão cindir-se em duas vertentes. Ou se tratava do movimento do cosmo, e, portanto, a alma seria um princípio cosmo-teológico como a "alma do mundo" do *Timeu* (ou ainda o "primeiro motor" do livro XII da *Metafísica* de Aristóteles), que nada teria a ver – tanto no plano moral quanto no cognitivo – com a alma individual; ou ainda se tratava de um princípio de movimento interno ao complexo psicossomático individual. Nesse caso, ela se identificaria ainda uma vez com a "vida" do *Fédon*, e dificilmente poderia subtrair-se, quanto à sua imortalidade, às aporias das quais se falou.

Para falar a verdade, esses argumentos não exauriam a problemática platônica da imortalidade, da qual o *Banquete* parece oferecer uma versão radicalmente diversa e completamente desvinculada da tradição do pitagorismo. Aqui são distintas duas vias para a *imortalização pessoal*, uma própria do corpo e outra da alma.

Creio que todos façam tudo aquilo que fazem em vista de uma virtude imortal e de uma boa e durável fama, tanto mais quanto melhores sejam: amam a imortalidade. Mas aqueles que são fecundos no corpo dirigem-se mais para as mulheres e mostram seu *eros* por essa via, pois assim pensam obter a imortalidade, uma memória duradoura e a felicidade em todo tempo vinda graças à procriação dos filhos. De outro modo [buscam a imortalidade] aqueles que são fecundos na alma – pois há quem esteja grávido na alma mais do que no corpo, daquilo que convém à alma conceber e parir: e o que lhe convém senão a inteligência e as outras virtudes? –, dentre os quais estão todos os poetas progenitores e aqueles dentre os artesãos que são ditos descobridores; mas a forma de inteligência muito mais importante e mais bela é aquela que versa sobre o ordenamento da vida pública e privada, cujos nomes são temperança e justiça (208e s.).

Há, portanto, uma imortalidade reprodutiva, que diz respeito à estirpe e à espécie, e uma imortalidade do pensamento, que diz respeito aos poetas, aos homens de ciência, aos legisladores, graças à fama imperecível de suas obras, que sobrevivem na posteridade: esta é exatamente a única forma de imortalização pessoal que também Aristóteles teria reconhecido (*Ética a Nicômaco*, X, 7) e, depois dele, as grandes filosofias helenísticas. Nem a primeira nem a segunda teriam naturalmente nada a ver com os dispositivos de incentivo escatológico à prática da virtude e com as necessidades cognitivas de rememoração das ideias, da qual havia se originado em Platão a exigência de argumentar pela imortalidade da alma individual. A linha do *Banquete*, se preparava a de Aristóteles, destacava-se, por outro lado, de modo muito decidido do pano de fundo órfico-pitagórico reativado em vista daquela exigência, para poder torná-la funcional.

Por outro lado, o horizonte do *Fédon*, condicionado como era pela intenção consolatória – ou seja, a negação de que o filósofo pudesse *verdadeiramente* morrer – conduzia o pensamento platônico da alma a um *impasse* sem saída. A contraposição da alma ao corpo – fonte tanto de contaminação moral quanto de opacidade cognitiva – à cidade e à sua política – vistas tanto como teatro das paixões originadas da corporeidade –, em suma, a todo o mundo da experiência terrena, não poderia senão configurar a filosofia como exercício ascético de preparação para a morte. Nesse banco de areia, contudo, a navegação do pensamento filosófico deve acabar por encalhar, não lhe restando outra alternativa senão o regresso ao misticismo pitagórico. Se, ao contrário, a alma devia manter seu papel de mediação (e não de alternativa) entre as polaridades de "alto" e "baixo", entre os valores e a cidade, entre o conhecimento das ideias e os saberes da experiência sensível – permitindo à filosofia configurar-se como um saber positivo, normativo e propositivo tanto em relação à existência histórica dos homens quanto de seus saberes *neste mundo* –, então o pensamento da alma deveria assumir uma nova e mais aberta curvatura. É precisamente em vista dessas tarefas que Platão (além do horizonte teórico do *Fédon*) redesenhará seu pensamento sobre a alma tanto em relação à cidade (na *República*) quanto em relação ao corpo (no *Timeu*).

NOTA

Sobre a teoria platônica da alma as obras de referência são ROBINSON, T. M. *Plato's Psychology*. Toronto: Toronto University Press, 1970 (trad.: *A psicologia de Platão*. São Paulo: Loyola, 2007 – N. do T.); STEINER, P. M. *Psyche bei Platon*. Göttingen: Vandenhoek & Ruprecht, 1992; cf. também FREDE, D. The final proof of the immortality of the soul in Plato's 'Phaedo' 102a-107a. *Phronesis*, 23 (1978) 27-41; HALL, R. W. *Psyche* as differentiated unit in the philosophy of Plato. *Phronesis*, 8 (1963) 63-82; GRAESER, A. Probleme der platonischen Seelenteilungslehre. *Zetemata*, 47 (1963). Sobre a reminiscência, cf. EBERT, T. *Sokrates als Pythagoreer und die Anamnesis im Platons Phaidon*. Stuttgart: Steiner, 1994.

Sobre o pano de fundo histórico do *Fédon*, cf. VEGETTI, M. *L'etica degli antichi*. Capítulo IV. Roma-Bari: Laterza, [4]1996 (trad.: *A ética dos antigos*. São Paulo: Paulus, 2014 – N. do T.). _____. *Athanatizein*. Strategie di immortalità nel pensiero greco. *Aut Aut*, 304 (2000) 69-80.

LIÇÃO 9

A ALMA, A CIDADE E O CORPO

> Então, o tempo permanecia com a eternidade no ser, e também ele estava imóvel na eternidade. Mas uma natureza inquieta, desejosa de comandar-se e pertencer a si mesma, decide buscar algo mais do que o presente e se põe em movimento, e com ela move-se também o tempo. (...) Porque na alma há uma potência inquieta, ela deseja sempre transferir a outro lugar aquilo que via lá, e não aceitava que tudo lhe fosse imediatamente presente. Propriamente como ocorre que de uma semente imóvel o princípio, desprendendo-se, dá lugar a uma rica multiplicidade (...), assim a alma se temporalizou, criando, no lugar da eternidade, o tempo.
>
> Plotino. *Enéadas*, III, 7.

A relação entre alma e cidade, que no *Fédon* havia sido representada como uma polaridade opositiva e alternativa, na *República* devia, ao contrário, ser repensada em termos de uma estreita interrelação, que chegava à especulação, em relação ao projeto de fundação de uma cidade justa e das suas formas de poder e saber – em suma, no contexto de uma *filosofia dos vivos* mais que dos mortos ou "moribundos". A radicalidade desse novo pensamento levava Platão a conceber um *isomorfismo* de fundo entre a estrutura da comunidade política e a do aparato psíquico. Tratava-se de *psicologizar* a política, fazendo com que a constituição da cidade dependa dos tipos de alma nela predominantes, de modo a torná-la reformável a partir de uma estratégia educativa de governo da alma; e, reciprocamente, de *politizar* a alma, fazendo-a o teatro de um conflito para guiar a conduta individual, suscetível, por sua vez, de ser governada mediante aquela mesma estratégia.

O isomorfismo entre alma e cidade, que constituía o pressuposto desse projeto teórico, era construído a partir da *tripartição* de ambas, delineada no livro IV da *República*. Como vimos na Lição 6, o corpo social da "cidade justa" devia se articular em um grupo de governo "filosófico", em um grupo combatente posto a seu serviço, e em uma classe de produtores destinado a assegurar as condições materiais de subsistência de toda a comunidade. De modo especular (ainda que, como veremos, não sem problemas), a alma era igualmente concebida como dividida em três "partes", a racional (*logistikon*), a colérica e agressiva (*thymoeides*) e a desiderativa (*epithymetikon*). Logo, nota-se que o estatuto dessas duas tripartições é diverso. A relativa à comunidade política possui um caráter prescritivo: ou seja, é a forma de organização segundo a qual a cidade *deveria* se estruturar *se* quisesse curar sua doença, tornar-se justa e, portanto, feliz. Ao contrário, Platão chega à divisão tripartite da alma pela via descritiva: a dimensão psíquica é *efetivamente* cindida em uma pluralidade de instâncias e de pulsões em conflito entre si para o governo da conduta individual (nesse caso, a existência da divisão não é normativa apesar de sua recomposição em uma hierarquia harmônica de poderes psíquicos).

É claro que essa nova teoria da estrutura da alma requeria o abandono de sua concepção de matriz pitagórica, ainda atestada no *Fédon*, como entidade "simples" e pura, contraposta de modo polar à dimensão da corporeidade. Platão agora recorre, ao contrário, a outras fontes de conhecimento da alma. Por um lado, uma "fenomenologia" dos comportamentos psíquicos, que revela o conflito entre as pulsões, desejos e instâncias proibitivas na experiência cotidiana: por exemplo, entre o desejo de beber e a proibição de fazê-lo, que é longamente analisado no livro IV da *República* (437a-439c). Por outro lado, a lição cultural do teatro trágico, que havia colocado no centro de sua cena esses conflitos entre desejos diversos, e entre suas pulsões e a razão (basta recordar a célebre fala da Medeia de Eurípedes: "Sei estar sendo constrangida a realizar ações más, mas a ira é mais forte que minhas deliberações – ira que é responsável pelas maiores calamidades para os mortais", *Medeia*, vv. 1078 ss.). Essa fenomenologia e essa experiência cultural levaram Platão a conceber uma cisão fundamental na alma, uma espécie de "guerra civil do eu": separando sua instância racional – isto é, em primeiro lugar, calculadora, "estratégica", controladora dos desejos – daquela desiderativa.

Não sem fundamento consideramos que duas, e diversas entre si, são as partes da alma: uma, com a qual ela raciocina, a chamaremos "racional", outra, mediante a qual experimenta amor, fome, sede e é excitada para os outros desejos, "irracional" e "desiderativa", amiga de ganância e prazeres (*República*, 439d).

Mas esse primeiro esquema "fenomenológico" requer duas integrações. A primeira consiste em uma outra divisão no interior da "parte" irracional. Há, com efeito, desejos mais estritamente ligados à corporeidade: os que são dirigidos aos prazeres da comida, do beber, do sexo, além daquele dirigido às riquezas destinadas a satisfazê-los; tratam-se de pulsões estritamente individuais, por isso estranhas e hostis à esfera da sociabilidade política. Mas há, além disso, desejos de fama, honras, reconhecimento público (em suma, a pulsão de autoafirmação que justamente sob o nome de *thymos* era própria do herói homérico). Essa segunda classe de desejos – embora irracionais por sua violência agressiva – devia coordenar uma "parte" da alma diversa e mais nobre que a primeira (439e-440e). O fato de que eles se apresentavam na dimensão pública lhes podia tornar suscetíveis de satisfação pelo reconhecimento a eles tributado mesmo em uma sociedade justa, ou seja, governada pela racionalidade: essa parte da alma, em síntese, se educada de maneira adequada, estaria disponível a "tomar as armas" em defesa da razão nos conflitos intrapsíquicos que a opõem à primeira classe de desejos, a devolver em seu favor o próprio potencial energético (440e-441c).

A segunda integração ao esquema inicial consiste na atribuição à razão não apenas de uma tarefa controladora ou calculadora (dizer "não" aos desejos nocivos ou estabelecer uma ordem de prioridade aos seus fins), mas também um âmbito específico de desejo: trata-se, então, dos desejos de conhecimento e de justiça que garantem a "saúde" de todo o complexo psíquico e não a satisfação (inevitavelmente patológica) de apenas uma parte.

No entanto, o que significa falar de "partes" da alma? Não se trata certamente de três "almas" separadas dispostas no interior de um único invólucro. É sempre "com a alma toda que empreendemos e realizamos nossas ações"; todavia, são diversos os centros motivacionais que a impelem, conforme seus desejos divergentes, orientando a conduta em um sentido ou em outro: "com um voltamo-nos ao conhecimento, com outro provamos impulsos agressivos, com o terceiro os desejos de comida, dos prazeres do sexo e os outros do mesmo gênero" (436a-b). A conduta singular é, portanto, determinada pela prevalência, no interior da única alma, de um ou de outro desses princípios de decisão, que estão, contudo, presentes na alma de *cada homem*. Uma imagem do livro IX da *República*, a bem dizer um tanto barroca, ilustra essa situação. Em cada um de nós ocultam-se um "monstro policéfalo", cujas muitas cabeças representam a pluralidade dos desejos, um "leão" (o espírito agressivo ou colérico, de memória homérica), e um "homem" (o princípio racional), o menor e menos forte dos três (588c-e).

Os tipos de homem, os perfis de vida se diferenciam em relação a *quem comanda* dentre os três princípios psíquicos. O problema se torna, então, para a alma – assim como para a cidade – o do *poder*. Mas a política da alma torna-se difícil por causa de seu desequilíbrio energético estrutural: Platão não tinha dúvida de que o princípio racional, que conhece e deseja os fins justos da conduta, é a parte "menor" e mais fraca do aparato psíquico, cujas maiores energias pulsionais, por outro lado, estão ocultas nos centros da reatividade agressiva e dos desejos dirigidos ao prazer. Uma outra imagem, desta vez do *Fedro*, disso fornece uma representação eficaz. A alma é comparada a uma biga, guiada por um "auriga", a razão, e puxada por dois cavalos, ambos privados de razão, um dos quais, contudo, está disposto a seguir os comandos do auriga (o princípio agressivo), enquanto o outro (o dos desejos) rebelava-se violentamente. O auriga conhece o caminho a ser seguido, mas a energia que faz o carro se mover provém dos cavalos: a direção efetiva de sua corrida dependerá, portanto, das relações de força entre os três agentes envolvidos no movimento (246a-b). É então possível que a razão governe a conduta individual com o consenso e a submissão das outras partes, mas é também possível que ela seja, ao contrário, derrotada e constrangida a dispor de seus recursos calculadores e estratégicos a serviço dos desejos de fama ou de prazer, como havia esclarecido a análise psico-política do livro VIII da *República*. Como resolver então o conflito intrapsíquico garantindo a justa hierarquia dos princípios da alma, de modo a nela instaurar aquela "saúde" que é constitutiva da justiça, por sua vez condição da felicidade individual? Na *República*, a resposta de Platão a essa pergunta crucial era claramente orientada pelo esquema da tripartição política, que pretendia a aliança, no interior do grupo dirigente da cidade, entre um grupo de governo "filosófico" e um grupo combatente, que assegurava ao primeiro a força necessária para obter a submissão do terceiro grupo e garantir a paz social. Também no interior da alma, uma estratégia educativa adequada poderia condicionar o espírito agressivo e colérico (o *thymoeides*) – disponível para a natureza "nobre" de seus desejos orgulhosos a uma satisfação compatível com um perfil de vida justo – pela aliança com o princípio racional. As energias psíquicas destinadas ao sucesso e à fama, uma vez que fossem desprendidas da imediatez da conduta vingativa e violenta, poderiam ser racionalmente endereçadas para uma forma de vida equilibrada e harmoniosa, e, portanto, assim ser capaz de deter as pulsões dos desejos e a desagregação do eu de seu indulto: na imagem proposta pelo livro IX, em suma, o "leão" podia ser persuadido a colaborar com o "homem", opondo-se ao "monstro policéfalo".

Platão, contudo, explora também uma outra e mais radical possibilidade de recondicionamento das energias pulsionais. A mais potente e perigosa delas, a erótica, gerada pela sexualidade corpórea e capaz de devastar os equilíbrios o eu, poderia, todavia, segundo o *Banquete* e o *Fedro*, ser "canalizada" (a metáfora hidráulica está na *República*, VI, 485d), ou, em linguagem moderna, *sublimada*, de modo a ser posta a serviço da razão. A educação – que, todavia, aqui se configurava por sua vez como uma relação de tipo erótico entre mestre "amante" e discípulo "amado" – poderia direcionar o desejo inicialmente gerado pela beleza dos corpos para o amor pela "beleza em si", ou seja, para a esfera ideal, estética e ética, da verdade e do bem. O desejo de união dos corpos poderia, assim, ser convertido no de união das almas na busca comum de uma vida mais bela e mais justa: esta era, como foi visto, a via da imortalidade das almas nobres no *Banquete*, marcada pela esperança do *eros* sublimado de "gerar no belo" ao invés de nos corpos. De resto, na própria *República* a filosofia era claramente descrita como um desejo erotizado de conhecimento:

> quem é verdadeiramente amante do saber (...) não interrompe seu caminho e não desiste de seu *eros* antes de ter apreendido a natureza mesma de cada essência com a parte da alma com a qual convém apreendê-la – e se assemelha àquela que lhe é afim; quando a abraçou e se uniu àquilo que realmente é, e gerou pensamento e vida, então conhece e vive verdadeiramente e se nutre e assim cessam suas dores, mas não antes (VI, 490a-b).

Certamente não se poderia obter em todos os homens – graças à educação pública, no caso do espírito agressivo, e à relação mestre-discípulo, no da pulsão erótica – uma hierarquia psíquica que assegurasse o comando da conduta pelo princípio racional e a busca de seus desejos "universais" de verdade e justiça. Na maioria dos casos, pelo contrário, dominaram inevitavelmente – por causa de uma dotação "natural" imperfeita – os desejos de autoafirmação do *thymoeides*, ou pior, os dirigidos aos prazeres corpóreos do *epithymetikon*. Sobre essa diferença deveria estar baseada, segundo Platão, a distribuição dos diversos tipos de homens de acordo com os grupos funcionais nos quais o corpo social deveria ser articulado. O melhor caso era aquele do "homem justo", em cuja alma

> comanda o princípio racional que é sábio e provê à alma inteira, enquanto que o colérico lhe é submetido e aliado (...). E essas duas partes, assim criadas e educadas para a compreensão de suas verdadeiras tarefas, governarão a desiderativa, que em cada um constitui a maior parte da alma e é por sua natureza gananciosa de riquezas; a vigiaremos a fim de evitar que, tornada grande e forte, e preenchendo-se dos assim chamados prazeres do corpo, não aceite mais exercer sua tarefa e busque servir as partes sobre as quais por sua vez não deve ter comando, desenrolando-se desse modo a vida de todos (IV, 441e-442b).

Os homens justos serão naturalmente confiados ao grupo de governo "filosófico"; aqueles nos quais, ao contrário, prevalece o princípio colérico ao grupo militar; enquanto os homens submetidos às pulsões do desejo serão relegados ao terceiro grupo, em que é permitida a acumulação de riquezas.

A correspondência entre a tripartição psíquica e a tripartição social não é, todavia, perfeita, e isso se deve ao caráter descritivo da primeira, e, por outro lado, normativo da segunda. A não homogeneidade consistia principalmente nisto: o elemento colérico e o desiderativo pertencem ambos à dimensão *irracional* da alma; ao contrário, o grupo combatente resulta de uma seleção interna do grupo social superior, ao qual é destinado o projeto educativo da cidade e que deveria compartilhar com os governantes "filósofos" o modo de vida comunitário. Portanto, homens nos quais o comando psíquico é exercido por uma força irracional – a ambição e o orgulho –, embora "aliada" à razão, não só faziam parte do grupo de governo da cidade como detinham a força militar que lhes era necessária (assim como para a razão é necessária a energia psíquica por ela dispensada). Nisso há um fator de instabilidade da nova ordem política que o próprio Platão reconheceu, prevendo, no livro VIII da *República*, uma decadência inevitável nos equilíbrios psíquicos individuais, não obstante todo esforço educativo dirigido a consolidá-los, e, com isso, uma igualmente inevitável decadência das formas constitucionais. Ao regime da justiça governado pelos homens de razão, a *kallipolis*, se sucederia o poder "timocrático", aquele de homens nos quais prevalece a ambição de honra e glória. Mas ele – que comportava uma reprivatização dos bens e dos afetos – por sua vez se degeneraria em três regimes nos quais o poder seria conquistado por diversas figuras do desejo. Em primeiro lugar, estaria o poder do homem "oligárquico", obcecado pela sanha de acumular riquezas; mas o regime oligárquico estava destinado a ser invertido por uma revolução dos "pobres". Dela se originaria o poder do homem "democrático", que recusava qualquer hierarquia dos desejos e dava livre curso a todos, suprimindo qualquer princípio de autoridade tanto na psique quanto na sociedade. A liberdade democrática degenerava-se, assim, segundo Platão – que sem dúvida pretendia desenhar um retrato da sociedade ateniense contemporânea –, na anarquia da vida pública e privada: "o pai torna-se semelhante ao filho e o teme, os filhos se assemelham aos pais e não têm por eles qualquer respeito ou temor, senão querer ser livres (...). O mestre teme a adula os alunos, e estes desprezam mestres e pedagogos"; se anula, por fim, qualquer diferença entre anciãos e jovens, entre senhores e servos, e enfim – exagerava Platão, prevendo talvez eventos longínquos de seu mundo – entre homens e animais (562e-563d). O homem democrático

vive ao sabor do dia, satisfazendo qualquer desejo que lhe ocorra: uma hora se embriaga e toca flauta, depois cuida das águas para emagrecer, uma vez faz ginástica, outra participa de discussões filosóficas. Com frequência dedica-se à política e se põe a falar e a agir de modo aleatório; se sente inveja dos homens de guerra, passa a se dedicar a essa atividade, ou se inveja os ricos, ei-lo a dar-se aos negócios. Em sua vida não há nem ordem nem obrigações: a denomina doce e livre e feliz, e desse modo passa toda a existência (561c-d)

– uma espécie de caricatura *ante litteram* da utopia comunista delineada nas páginas iniciais da *Ideologia alemã* de Karl Marx.

A doce liberdade do homem democrático era, todavia, instável, privada de ordem e de hierarquia do eu e da comunidade. Ela estava destinada ser presa do "homem lobo" (566a), o tirano, que se colocava inicialmente como defensor do povo contra os ricos oligarcas para em seguida se tornar um opressor sanguinário. O tirano não toma o poder por ambição de glória, como o homem timocrático, por cupidez das riquezas, como o oligárquico, ou pela concessão a qualquer desejo, como o democrático. Ele é dominado por um só desejo, a obsessão erótica – *eros tyrannos*, como o denomina Platão (IX, 573b). O tirano usava seu poder absoluto para realizar de dia aquilo que os outros homens sonham à noite (574d-575a): "unir-se com a mãe (...) ou com qualquer outro dentre os homens, os deuses e as bestas, assassinar a seu bel prazer, não se abster de nenhum excesso" (571c-d).

O agudo e desenfreado domínio do *eros* tirânico representa o estágio terminal da fenomenologia da decadência dos tipos de homem e de suas respectivas formas políticas desenhado por Platão. Nada no texto da *República* indica a reabertura de um percurso de ascensão para o horizonte da *kallipolis* e do homem justo que lhe corresponde. Outros textos, todavia, podem sugerir uma via para preencher esse silêncio. O *eros*, segundo o *Fedro* e o *Banquete*, poderia ser reeducado, "sublimado" de modo que sua energia fosse endereçada para o desejo de verdade e de justiça. O tirano, por sua vez, segundo a *República*, as *Leis* e a

Carta VII, poderia ser persuadido a aceitar o filósofo como guia e a colocar seu poder absoluto a serviço do projeto da cidade justa. Pode-se, então, talvez levantar a hipótese de que o triunfo do *eros tyrannos* – a fase extrema de degeneração da psique e da *polis* – fosse suscetível de uma reversão, por obra da persuasão educativa do mestre-filósofo, tornando-se a premissa de uma reconstrução da *kallipolis*. Seja do ponto de vista psicológico, seja do político, a tentação de "cavalgar os tigres" gêmeos da tirania e do *eros* não era certamente estranha ao estilo do pensamento platônico. De resto, a própria *kallipolis* da *República* não podia senão nascer de um gesto de amor: do filósofo à política (que justificava a "vontade de poder"), ou do poderoso à filosofia (que motivava a disponibilidade ao projeto de justiça).

Em todo caso, a instabilidade dos equilíbrios psíquicos, devido à potência das forças irracionais que operam na alma, tornou tão necessário quanto desprovido de garantias um fervoroso compromisso educativo, uma "política da alma" assiduamente conduzida tanto pela comunidade quanto pelo "mestre" filosófico. Em torno dessa delicada dobradiça, abria-se, no entanto, além do *Fédon*, o trânsito entre alma e cidade. Esta deveria se encarregar, na educação comunitária, dos equilíbrios psíquicos individuais; aquela, por sua vez, plasmava a cidade à sua imagem, na medida em que a ordem pública dependia da configuração psíquica do tipo de homem nela predominante.

> Seria ridículo pensar – escreve Platão na *República* – que a impetuosidade nas cidades não tenha nascido dos indivíduos que dela fazem parte e que por ela são responsáveis (como os habitantes da Trácia, da Cítia e em quase todos os povos do Norte); o mesmo se pode dizer sobre o amor ao saber, que se pode atribuir sobretudo às nossas regiões, ou àquele pelas riquezas que prevalece entre os fenícios e os egípcios (IV, 435e-436a).

As bases psíquicas dominantes configuram, portanto, à sua própria semelhança a forma de vida e a estrutura política das comunidades nas quais elas prevalecem; reciprocamente, um bom governo dessas comunidades – instaurado pelo ato de força de um grupo de comando com orientação filosófica – poderia condicionar essas bases de modo a orientá-las para uma vida privada e pública ordenada pela justiça.

Platão soldou essa circularidade entre alma e cidade com uma circularidade paralela entre alma e corpo – situada também ela além do horizonte opositivo e "mortuário" do *Fédon* – em um diálogo como o *Timeu*: de difícil interpretação porque, como veremos no Apêndice 2, ele enfrentava problemas estranhos ao horizonte habitual do platonismo, mas que, todavia, era deliberadamente apresentado como continuação da *República* (sua ambientação dramática situa-se no dia seguinte da conversa de Sócrates com Trasímaco, Gláucon, Adimanto e os outros). O *Timeu* narra um "mito verossímil" (mas não mais que verossímil) sobre a formação do mundo por obra de um artífice divino, o "demiurgo", e de seus ajudantes. No que agora nos interessa, o diálogo descreve também a constituição do complexo psicossomático efetuada por essas "divindades" míticas: propõe-se então uma psicofisiologia fantástica, construída por um lado a partir da tripartição da alma teorizada na *República*, por outro de uma espécie de *bricolage* dos saberes médicos do século V. Não obstante a bizarra natureza desta operação, o *Timeu* obtém êxitos de extraordinária potência teórica. Pela primeira vez no pensamento grego delineia-se uma complexa teoria da interação entre alma e corpo; e a partir de sua concepção como "veículo" ou instrumento da alma (69c), chega-se – também pela primeira vez – à compreensão do corpo como *organismo* articulado em uma pluralidade de partes anatomicamente distintas, mas fisiologicamente conexas e que interagem entre si: uma virada filosófico-científica de relevo epocal, portanto, sem a qual não teria sido possível sequer o grande saber anatômico-fisiológico desenvolvido por Aristóteles.

De modo esquemático, Platão identifica a sede somática da "parte imortal" da alma, a razão, na zona encefálica (a conexão entre cérebro, pensamento e sensação já havia sido indicada por naturalistas como Alcméon e Diógenes de Apolônia e pelos médicos "hipocráticos"); a da parte agressiva e colérica na região cardíaca (aqui a referência era provavelmente Empédocles); a da parte desiderativa era, enfim, dúplice: as vísceras para os desejos de tipo alimentar, os órgãos sexuais para os desejos eróticos. Mas é o caso de ler por extenso as páginas do *Timeu* em que se realizam ao mesmo tempo uma *somatização* da alma, uma *psicologização* do corpo e também sua *politização*, derivada da "política da alma" própria da *República*.

A parte da medula que devia receber em si, como um campo, a semente divina [a alma racional], o demiurgo a plasmou em forma perfeitamente esférica e a denominou "cérebro" (*enkephalon*), porque, uma vez plasmado cada animal, o vaso destinado a circunscrevê-lo seria a cabeça (*kephale*). Depois, a parte da medula que deveria receber o resto da alma, aquela mortal, é articulada em formas arredondadas e oblongas, chamadas todas de "medula"; ancorando-as ligames estendidos para cada parte da alma [os nervos?]; em torno dele concluiu a construção de todo nosso corpo, protegendo em primeiro lugar a medula com um revestimento ósseo [a coluna vertebral] (73c-d). Por escrúpulo de não contaminar a parte divina mais do que fosse inevitável, [os deuses menores] instalam aquela mortal em uma outra sede corpórea, desta separada, e traçam um istmo e um limite entre a cabeça e o peito, interpondo-lhes o pescoço para que fossem divididos. Então, na zona do peito, ou seja, no assim chamado "tórax", colocam a raça mortal da alma. Por que uma parte dela é por natureza melhor, e outra, pior, cercam, por sua vez, a cavidade do tórax, e lhes traçam uma linha de separação, como aquelas existentes entre os dormitórios das mulheres e dos homens, interpondo-lhes o diafragma. A parte da alma que participa da coragem e do espírito colérico, porque é desejosa de autoafirmação, instalaram-na mais próxima da cabeça, a meio caminho entre o diafragma e o pescoço, de modo que, escutando a razão, junto com ela reprimisse com a violência da raça dos desejos, o quanto ela não aceitasse de algum modo a se deixar convencer pelas ordens que provêm da acrópole racional. O coração, em seguida, nó das veias e fonte do sangue que circula com força em todos os membros, sediaram-no no posto de guarda, de modo que, quando ferve a força colérica porque a razão adverte que está ocorrendo alguma ação injusta do exterior contra o corpo, ou ainda por obra dos desejos que lhe são internos, logo através de todos os canais [as veias?] a qualquer parte sensível do corpo, advertem apelos e ameaças, se tornasse obediente e lhes aceitasse inteiramente, e assim fosse assegurado o comando da melhor parte de todas (69d-70c). (...) A parte da alma que deseja comidas e bebidas e tudo aquilo do que a natureza do corpo tem necessidade, situaram-na na posição intermediária entre o diafragma e a linha de limite que passa no umbigo, construindo em toda essa zona uma espécie de berço para a nutrição do corpo [os intestinos]; amarraram aqui esta parte como se fosse uma besta selvagem, que todavia é necessário alimentar por sua estreita conexão com a vida, ao menos se deve existir uma raça mortal (70d-e). (...) Os deuses produziram o amor pela união sexual, formando em nós um ser vivente provido de alma, e um outro nas mulheres (...). A medula [seminal], que é dotada de alma e encontrou uma via para exalar o respiro, produz ali onde encontrou o desejo vital da emissão dando lugar ao amor pela geração. Por isso, nos homens a natureza dos órgãos sexuais formou-se de modo desobediente e imperativa, como um animal que não quer ouvir a razão, e busca dominar a tudo por seus violentos desejos; e nas mulheres os órgãos ditos matriz e útero, pelas mesmas razões, se comportam como um animal interno ao corpo desejoso de procriar (91b-c).

Fica claro, pela própria linguagem barroca e imaginativa dessas páginas memoráveis, além das repetidas asserções platônicas do caráter apenas "verossímil" da narrativa mítica da formação do complexo psicossomático (cf., por exemplo, 72d-e), que não estamos aqui no espaço da teoria científica. Muitas e enormes seriam as interrogações deixadas em aberto nesta direção: o que significa, por exemplo, que as partes da alma são "instaladas" nos respectivos órgãos corporais? Certamente não os habitarão como um inquilino em um apartamento, fazia notar Galeno (*Quod animi mores*, caps. 3-4). E como são transmitidas as "ordens" da razão a partir do cérebro para as outras regiões corpóreas, em uma fisiologia que ignora ainda o sistema nervoso? Mas não eram essas as interrogações que interessavam a Platão. O mito psicogênico do *Timeu* abria antes, como foi dito, o espaço para um grande empreendimento científico, a construção da psicofisiologia, a que, por sua vez, dedicou-se o próprio Aristóteles. O que, contudo, importava sobretudo a Platão era ter posto as condições de pensabilidade de uma interação significativa entre corpo e alma, e, por meio disto, entre corpo e cidade. As patologias do corpo e da alma poderiam agora ser concebidas como vinculada em um nexo circular, e suas terapias podiam ser ainda uma vez reconduzidas ao plano da educação ético-política. Também a página do *Timeu* que discute esse nexo relevante requer sua leitura por extenso.

> O homem, em cuja medula se produz esperma abundante e fluido, tornando-se como uma árvore que produz mais frutos do que o natural, busca em qualquer circunstância muitas penas e grandes prazeres nos desejos e naquilo que eles geram: passa a maior parte da vida submetido ao furor, pela enormidade dos prazeres e das dores, porque sua alma é enferma e delirante por causa do corpo, mas é julgado como um doente mais do que como mau por sua vontade. Em verdade, ao contrário, a incontinência nos prazeres sexuais na maior parte se deve a uma doença da alma surgida por causa daquele gênero e humor que pela porosidade dos ossos flui no corpo e o irriga. E quase todos aqueles comportamentos considerados como vergonhosa intemperança nos prazeres – como se fossem voluntariamente maus – não são deplorados justamente. *Ninguém de fato é mau por sua própria vontade, mas quem é mau se torna assim por um estado mórbido do corpo e por uma criação privada de educação* (86c-e).

Além do fluido espermático, também outros humores patogênicos, como fleuma e bile, podem, movendo-se no corpo, chegar a "intoxicar" as três partes da alma, produzindo nelas diversas formas de doenças psíquicas: descontentamento, depressão, arrogância, vileza, esquecimento, obtusidade (86e-87a).

Além disso, quando à má complexão dos corpos acompanham-se más constituições e discursos pronunciados em privado e em público nas cidades, e ainda quando jovens não aprendem, de modo algum, conhecimentos terapêuticos desses males – assim, todos nós que somos maus nos tornamos tais por duas ordens de causas absolutamente independentes de nossa vontade. Mas disso se deve em todo caso imputar a responsabilidade mais aos pais do que aos filhos, mais aos educadores do que a seus alunos: e ocorre prover, na medida do possível, por meio da educação, do modo de vida, do ensino dos saberes, a renunciar ao mal e a realizar a escolha oposta (87b).

Platão revisitava aqui, dando-lhe uma interpretação mais complexa, o velho mote socrático segundo o qual "ninguém pratica o mal voluntariamente". A doença psíquica e, portanto, o desvio moral são imputáveis a malformações corpóreas, tais como o excesso de humores malignos, juntamente a uma má educação pública e privada. Foi precisamente isso que justificava o otimismo educativo de Platão: uma cidade justa e uma boa educação podiam plasmar uma alma melhor, e, mediante esta, um corpo melhor (porque, por exemplo, se a incontinência erótica é devida à superabundância de esperma, uma alma moderada e temperante poderá compensar suas causas e efeitos, controlando os excessos alimentares e sexuais). A política da alma – o governo da razão, com a ajuda da impulsividade agressiva, na esfera dos desejos – poderia integrar-se em uma política do corpo (o comando da acrópole encefálica, sustentada pelo "posto de guarda" cardíaco, sobre as vísceras e os órgãos sexuais). Sobre o fundo de ambas estava naturalmente a "grande política" da cidade, porque somente uma constituição justa e um esforço coletivo de educação poderiam garantir à alma e ao corpo as hierarquias de justiça e saúde; nesse quadro, a própria medicina dos corpos podia ser reavaliada como uma "continuação da política com outros meios" (88c-89d). Mais do que inimigo da alma, o corpo – concebido agora como "organismo" integrado – poderia então ser pensado como seu aliado potencial, se em estado de saúde, e além disso como formando um conjunto com ela no quadro da própria estratégia terapêutica. O indivíduo humano, por seu lado, poderia ser concebido como complexo psicossomático unitário e interagente. Ao mesmo tempo, o homem tornava-se, para Platão, como dirá Aristóteles, um "animal político": mas em um sentido ainda mais radical do que o aristotélico, porque, à luz da *República* e do *Timeu*, resultavam "politizados" tanto sua alma quanto seu corpo, seja em sua dinâmica interna, seja em sua interação, seja em sua relação com o campo da cidade na qual viviam.

NOTA

Sobre a relação entre alma e cidade é fundamental a obra de ANDERSSON, T. J. *Polis and Psyche*. Göteborg: University Press, 1971; cf., além disso, os ensaios recolhidos em VEGETTI, M. (org.). *Platone. 'Repubblica'*. Tradução e comentário, v. III. Napoli: Bibliopolis, 1998. Cf. também IRWIN, T. *Plato's Ethics*. Oxford: Oxford University Press, 1995; PRICE, A. W. *Mental Conflict*. London-New York: Routledge, 1995; ANNAS, J. *An Introduction to Plato's Republic*. Oxford: Oxford University Press, 1981. Sobre a problemática do *Timeu*, cf. MANULI, P., VEGETTI, M. *Cuore sangue e cervello*. Milano: Episteme, 1977; VEGETTI, M. Anima e corpo, In: _____ (org.). *Il sapere degli antichi*. Torino: Bollati-Boringhieri, 1992, 201-228.

LIÇÃO 10

AS IDEIAS: SER, VERDADE, VALOR

> (Parmênides a Sócrates): "Todas as vezes que a pluralidade de coisas lhe parecem ser 'grandes', pense que há uma única e idêntica ideia visível acima de cada uma dessas coisas, e considere por isso que 'o grande' seja algo de unitário"
>
> <div align="right">Platão. <i>Parmênides</i>, 132a</div>
>
> Discutindo com Platão, Antístenes disse uma vez: "Platão, vejo um cavalo, mas não vejo a cavalidade". E ele respondeu: "Porque tens o olho com o qual se vê um cavalo, mas jamais adquiristes aquele com o qual se contempla a cavalidade".
>
> <div align="right"><i>Socratis et socraticorum reliquiae</i>, VA 149 (Giannantoni).</div>
>
> Dizer que as ideias são "modelos" e que as coisas delas "participam" é falar de modo vazio e usar metáforas poéticas.
>
> <div align="right">Aristóteles. <i>Metafísica</i>, I, 9.</div>
>
> Demos um adeus às ideias: não são nada além de palavras vazias.
>
> <div align="right">Aristóteles. <i>Segundos analíticos</i>, I, 22.</div>

Górgias havia sustentado que não há qualquer realidade objetiva; que, ainda que ela existisse, não seria acessível ao nosso pensamento; que ainda que fosse, não seria exprimível pela linguagem, pela radical heterogeneidade entre as palavras e a coisas. Era, assim, negada qualquer pretensão de verdade do discurso; toda forma de discurso – compreendido o "científico" – não era mais do que uma variante da persuasão retórica, voltada a produzir ações e não conhecimentos. Protágoras, por sua vez, havia argumentado sobre a tese de que o sujeito (individual ou coletivo) é o único "critério" de descrição e de valoração do estado e do valor das coisas (algo é "doce" ou "justo" na medida em que aparece como tal a alguém, até o momento em que aparece como tal). A *verdade* protagórica consistia, portanto, em negar que existisse alguma verdade objetiva sobre o mundo e sobre os valores fora das opiniões que os sujeitos possuíam em torno de si; o "critério" para discriminar algo entre opiniões rivais era também aqui de tipo pragmático, consistindo em avaliar a utilidade dessas opiniões em relação aos interesses dos sujeitos que as partilhavam.

Para Platão, os argumentos de Górgias e de Protágoras seriam irrefutáveis se a única realidade existente fosse aquela que nos é apresentada pela experiência sensível. Não se pode dizer propriamente que o mundo empírico *não existe*; mas seu modo específico de existência é aquele da variabilidade, da instabilidade, da incessante deformação espaçotemporal (segundo Aristóteles, essa convicção platônica era devida à lição de seu "mestre" como seguidor de Heráclito). As coisas deste mundo jamais são idênticas a si mesmas porque mudam no tempo e porque suas propriedades são necessariamente *relativas*; o conhecimento que delas se pode ter é, portanto, de igual modo instável, opaco, condicionado pela subjetividade da percepção e da forma de avaliação. Podemos dizer agora que esta moça é bela, mas em um ano ela poderá se tornar feia, ou mesmo já pode parecer feia se for comparada com a imagem de uma deusa (esse exemplo está no *Hípias Maior*). Podemos dizer que é justo restituir objetos que nos foram emprestados, mas essa conduta torna-se injusta se um amigo que nos emprestou uma espada, enlouquecido, pede-a de volta com a intenção de cometer um crime (o exemplo está no livro I da *República*). Em geral, escreve Platão,

> entre todas as múltiplas coisas belas não haveria talvez uma que também pudesse aparecer como feia? e entre as coisas justas, uma que pudesse parecer injusta? e entre as pias, alguma ímpia? (...) E o que me dizes das múltiplas quantidades duplas? talvez sejam menos de metade do dobro? E as coisas que podemos chamar grandes e pequenas, leves e pesadas, há talvez alguma razão para defini-las melhor do que com as denominações contrárias? (...) Cada uma dessas coisas múltiplas, portanto, é aquilo que se diz sobre o que ela possas ser (justa, grande etc.) não mais do que quando não é (*República*, V, 479a-b).

Este mundo instável das coisas múltiplas e mutáveis era tal, segundo Platão, que produzia paradoxos relativistas da percepção (a mesma coisa pode aparecer a sujeitos diferentes, ou sob diversos pontos de vista, grande ou pequena, doce ou amarga) e segundo aquela "eterna doença do discurso" (*Filebo*, 15d) que consiste na contradição (aquilo que é justo era também injusto, o mesmo objeto pode ser considerado uno ou múltiplo, e assim por diante).

Somente se fosse possível identificar um nível de realidade diverso daquele do nível empírico – ou seja, dotado das propriedades da invariabilidade, da univocidade, da transparência ao pensamento – seria possível falsificar as teses de Górgias e de Protágoras, reabrindo um trânsito entre discurso, pensamento e verdade, subtraindo, assim, nossas descrições e avaliações do mundo dos vínculos do relativismo subjetivista, do estatuto da persuasão retórica, que eles haviam imposto. Platão considerava que a via de acesso a esse nível diverso de realidade estava implícita na estrutura de nossa linguagem e que fosse claramente indicada por um modelo epistêmico relevante, ou seja, aquele oferecido pelos saberes matemáticos

– em primeiro lugar, pela geometria (recorde-se que a reflexão de Platão se desenvolvia no mesmo período em que era constituído o grande conjunto teórico que havia tomado sua forma definitiva nos *Elementos* de Euclides).

Os teoremas da geometria constituem-se como enunciados universais (ou seja, não dependem das opiniões subjetivas) e necessários (ou seja, não controversos) de modo independente das circunstâncias em que são demonstrados e dos objetos materiais sobre os quais é conduzida a demonstração. O teorema de Pitágoras não é válido somente para o triângulo desenhado pelo matemático (que pode ser grande ou pequeno, negro ou vermelho), nem sequer vale propriamente para nenhum triângulo desenhado (todo desenho apresenta inevitavelmente imperfeições que falsificariam o teorema), mas para o triângulo em geral na sua *idealidade*. Há, portanto, um "triângulo" para o qual o teorema é válido, diferente de qualquer representação empírica, que apresenta suas propriedades apenas de modo imperfeito. Esse "triângulo" possui, além disso, uma propriedade interessante. Seu nome ("triângulo") é perfeitamente convertível, sem resíduos, em sua definição ("figura com três lados cuja soma dos ângulos é igual a 180°"). O triângulo *ideal* é sempre igual a si mesmo e não apresenta nenhuma variação no tempo e no espaço, e os enunciados que lhe são relativos não dependem da subjetividade de quem os formula: são, por isso, plenamente suscetíveis de serem julgados *objetivamente* verdadeiros ou falsos. Ele não poderia valer por nenhum objeto triangular particular, do qual se poderia dizer, *além disso*, que é de madeira ou de bronze, que é grande ou pequeno, que não existia antes de ter sido construído e não existirá depois de sua inevitável deterioração e assim por diante. Que os matemáticos estejam mais ou menos conscientes destas implicações ontológicas e epistemológicas de seu saber (Platão tinha dúvidas a esse respeito), isso indica, portanto, para quem souber compreendê-la, o caminho para a resposta ao desafio de Górgias e de Protágoras.

Uma generalização do modelo geométrico podia, segundo Platão, ser empregada para iluminar a estrutura subjacente às formas da linguagem. Formulamos constantemente, acerca de coisas e de condutas, enunciados descritivos ou valorativos do tipo: "Sócrates" é justo; "restituir o que foi emprestado" é justo; "obedecer à lei" é justo. Em geral, nesses enunciados aplicamos uma mesma propriedade a uma pluralidade de sujeitos: (x) é F, (y) é F, (n) é F. Ora, nenhum desses sujeitos é *idêntico* à propriedade que lhe é atribuída (Sócrates não é "a justiça"), ninguém pode possuí-la em maior ou menor grau (restituir o que foi emprestado ou obedecer à lei em certas circunstâncias é injusto) e possui, além disso, outras propriedades (Sócrates pode ser jovem ou velho, vivo ou morto e assim por diante). Inversamente, em todos esses enunciados, o predicado que é atribuído a (x), (y), (n) é constante e invariável em seu significado, isto é, opera como *standard* universal de descrição ou valoração dos objetos singulares aos quais é atribuído: se essa atribuição é correta (isto é, *verdadeira*) "Sócrates", "restituir o que foi emprestado", "obedecer à lei" serão *casos*, ou exemplos ("instanciações") da justiça; se é falsa, não. Pode-se, então, dizer que os predicados universais, do tipo "justo" e "belo" (ou ainda – mas isso constitui um problema em parte diverso, que será discutido em seguida – "homem", "cavalo" e assim por diante), constituem *núcleos de significado* unitários e invariantes que podem ser referidos a uma pluralidade mutável e instável de sujeitos e de circunstâncias.

Se, todavia, seu conteúdo pudesse variar conforme a opinião subjetiva, segundo Platão, a ameaça do relativismo sofístico ainda não teria sido superada. Esses predicados devem, portanto, ser pensados como descrições de um referente primário, que possui de modo objetivo, absoluto e estável as propriedades que enunciam. Todo F é, portanto, primariamente *verdadeiro* de um objeto Φ: a referência de "justo" é um objeto que Platão chamava "o justo em si", "a própria justiça" – em suma, a *ideia* (ou a *forma*) da justiça tem com as coisas singulares outras das quais se pode predicar a propriedade da justiça a mesma relação que o triângulo *ideal* dos matemáticos apresenta com os triângulos singulares que podem ser desenhados. A ideia de justiça pode ser pensada como um cone de luz, irradiada de um único vértice, no qual pode transitar uma pluralidade de indivíduos (que, sendo iluminados, assumem a propriedade de serem justos e deixam de apresentá-la quando saem da luz). Somente esse objeto Φ possui inteira e exclusivamente a propriedade descrita pelo predicado F (só a ideia de justiça é perfeitamente justa e nada mais do que justa), portanto é imediatamente convertível com aquela propriedade (se "justiça" significa, segundo a definição que Platão propunha no livro IV da *República*, "realizar o que cabe a cada um", a "ideia de justiça" é descrita inteiramente, sem resíduos e sem possíveis variações, dessa definição, assim como a "ideia de triângulo" é perfeitamente convertível com a definição "figura com três lados cuja soma dos ângulos é igual a 180°").

Platão sustentava que somente referindo os predicados de tipo (F) em primeiro lugar a objetos ideais de tipo Φ seria possível sair do relativismo sofístico – que atribuía àqueles predicados um significado variável segundo o arbítrio de "critérios" subjetivos –, por sua vez fundado na instabilidade "heraclítica" das coisas e como consequência dos conhecimentos que temos sobre eles, dos discursos com os quais descrevemos e avaliamos o mundo. Essa exigência era nitidamente formulada no *Crátilo*, um diálogo justamente voltado contra o relativismo heraclítico e sofístico.

> Podemos dizer que o "belo" em si mesmo seja algo, e também "o bom", e também tudo aquilo "que é" em si mesmo? (...) A esse tipo de realidade voltemos, portanto, nossa investigação, não à questão se um rosto é belo ou algo do gênero, nem ao fato de que nesse âmbito "tudo flui". Diremos, ao contrário, que o "belo" é sempre tal como é (...). É, portanto, possível, se flui continuamente, dizer de modo correto, em primeiro lugar que é, depois, o que é, ou não é inevitável que enquanto falamos ele já tenha

se tornado diferente, subtraindo-se de nosso discurso, e não seja mais do mesmo modo? Como poderia ser "algo" de definido daquilo que jamais é do mesmo modo? (...). E sequer alguém poderia conhecê-lo: assim que tivesse se aproximado da intenção de conhecê-lo, logo se tornaria outro e diferente: (...) nenhum conhecimento certo pode conhecer aquilo que conhece se isso não tem qualquer estabilidade em seu modo de ser. (...) Mas há sempre aquilo que conhece [o pensamento] se há aquilo que é conhecido, se há "o belo", se há "o bom", se há cada um dos entes [ideais], não me parece que todas essas coisas das quais falamos sejam similares ao "fluxo" e ao "movimento" (439c-440b).

A existência de entes ideais invariáveis como referência primária dos predicados usados na linguagem descritiva e valorativa era para Platão um pressuposto necessário para a estabilização não relativista dos significados dessa linguagem e, portanto, do próprio conhecimento do mundo ao qual ela se refere. Tomava forma aqui um dos axiomas fundamentais do platonismo: a *estabilidade* dos discursos e dos conhecimentos depende daquela dos objetos sobre aos quais se referem.

Os discursos são afins às coisas das quais são intérpretes. Aqueles que têm como objeto aquilo que é estável e permanente e transparente ao pensamento serão estáveis e imutáveis – na medida em que é possível para os discursos serem irrefutáveis e inamovíveis (*Timeu*, 29b).

Para falar em outros termos, o modo de ser – o *estatuto ontológico* – dos objetos sobre aos quais se referem discursos e conhecimentos determina o grau de estabilidade, universalidade e verdade – em suma, o *estatuto epistemológico*. Por isso, Platão excluía – ao contrário do que fará o pensamento moderno – que as *ideias*, às quais se referem predicados como "belo", "grande" e assim por diante, pudessem ser consideradas como *conceitos* ou *categorias* internas ao "pensamento" (*noemata*): todo pensamento, se de fato é pensamento, e não sonho ou delírio, é sempre pensamento *de algo*, tendo um referente externo e objetivo (*Parmênides*, 132b-d). Contrapondo aqui certamente o "pai" Parmênides a Heráclito e aos seus seguidores sofistas, Platão pensava não apenas que a verdade consistia no discurso correspondente ao estado de coisas ("verdadeiro é o discurso que diz as coisas que são como são", *Sofista*, 263b; *Crátilo*, 385b), mas, além disso, que o grau de verdade do discurso corresponde ao grau de verdade – isto é, de estabilidade e autoidentidade, em suma, de *ser* – das coisas descritas.

Portanto, os predicados do tipo "belo", "grande" e assim por diante, devem referir-se primariamente – se quisermos curar o discurso de sua doença relativista – a entes ideais objetivamente existentes e dotados de um grau de realidade mais elevado do que aquele dos objetos singulares ("Sócrates", "o número 1000") aos quais são atribuídos nos enunciados descritivos e valorativos. Aqui, Aristóteles teria identificado aquilo que ele considerava o erro capital de Platão: ter conferido "mais realidade" ao predicado que ao sujeito, à qualidade que à substância – enquanto ele pensava que propriedades como "belo" e "grande" não podem existir senão como determinações de uma realidade primária da qual são atributos, como "Sócrates" ou "esta árvore".

As *ideias* deveriam, portanto, ser para Platão entes ideais, objetos autônomos, mesmo se os predicados que exprimem seu significado constituam-se como *standards*, normas ou critérios de descrição ou de avaliação do mundo, que empregamos quando dizemos "esta árvore é grande", "Sócrates é bom", "esta ação é justa". Certamente o modo de existência das ideias é diferente daquele das coisas (não se trata, em outros termos, de uma espécie de "supercoisas"). A ideia de triângulo não é um triângulo perfeito e a ideia de maçã não é uma maçã eterna: trata-se, antes, do conjunto de características *essenciais* que tornam identificáveis como tais, e diferentes das outras coisas, todo triângulo singular e toda maçã singular. A forma de existência das ideias é aquela dos critérios ou normas de descrição e valorações *verdadeiras* dos objetos e das ações; no caso das ideias, e somente nesse caso, *existência* e *verdade* coincidem perfeitamente.

E ainda há mais. Em virtude do "axioma da correspondência" do qual se falou, Platão considerava que um enunciado predicativo *verdadeiro* fosse aquele que descreve uma relação real entre objetos. Dizer que "Sócrates é bom", "esta figura é um triângulo", será verdadeiro caso haja uma relação entre os entes (empíricos) "Sócrates", "este desenho" e os entes (ideais) "bom", "triângulo", e falso caso não haja. Mas o que significa essa relação entre entes de nível ontológico diverso? Para resolver esse problema, Platão formulou um de seus teoremas mais problemáticos, o da "participação" (*methexis*) entre coisas e ideias. As coisas "participam" das ideias que as descrevem e valoram, estão em "comunhão" (*koinonia*) com elas; há, em outros termos, uma "presença" (*parousia*) das ideias nas coisas. Mas (observará Aristóteles) como pode uma ideia estar "presente" nos múltiplos objetos empíricos que a instanciam sem perder sua unidade? A ideia presente nas coisas não se torna, assim, uma "forma imanente", que não existe fora das coisas das quais representa a estrutura essencial, dissolvendo-se, desse modo, aquela *separação* da qual depende seu estatuto de critério absoluto e invariável do juízo descritivo e valorativo? O "justo" se dissolveria, então, na pluralidade de homens justos e de ações justas, o "triângulo" na multiplicidade das figuras triangulares; mas, nesse caso, seria diminuída aquela referência à "norma da justiça", ao "*standard* de triangularidade", cuja existência era, conforme Platão, a única garantia objetiva e invariável dos juízos acerca daquilo que é justo e do que é triangular.

Para se pensar a relação de "participação", e o papel causal das ideias em seu domínio (a ideia de justiça deve ser de algum modo a *causa* do fato de que "Sócrates é justo", porque somente participando da justiça ele se torna como tal), Platão introduzia a noção da relação entre "modelo", ou "paradigma", e "cópia". As ideias seriam, portanto, concebidas como modelos dos quais as instanciações empíricas particulares se mostravam como reproduções ou justamente "cópias", inevitavelmente imperfeitas e instáveis. Esse esquema de pensamento aparecia dotado de capacidades explicativas satisfatórias em muitas situações – precisamente aquelas em cujo âmbito vinha-se constituindo a "teoria das ideias". Pode-se dizer, por exemplo, que o geômetra, quando desenha um triângulo, torna visível o modelo apenas pensável do triângulo ideal, dele fazendo uma "cópia". Pode-se dizer que quando se constrói uma cama de madeira, o marceneiro inspira-se no modelo ideal da "cama", transpondo-o para a matéria. Pode-se dizer, ainda, que o bom político, quando traça a constituição da cidade, tem em mira a ideia da justiça, que tenta realizar nas circunstâncias históricas em que opera. Na linguagem aristotélica, essa função causal das ideias resultaria como sendo de tipo "formal" e/ou "final": a ideia é a forma reproduzida na matéria, ou o fim para o qual se endereça a ação.

Que significado teria, entretanto, dizer, por exemplo, que o cão Pluto é uma cópia da ideia de cão, ou que a ideia de cão é "causa" de Pluto? A extensão da relação ideias-coisas ao mundo dos objetos naturais constituía um problema difícil para a teoria platônica das ideias, que havia se formado – como foi visto – no campo da valoração moral por um lado, e naquele epistêmico das matemáticas, por outro. No *Timeu*, Platão teria tentado resolvê-lo estendendo o modelo artificialista (do tipo ideia da cama/marceneiro/cama de madeira) em escala cosmogônica, isto é, concebendo o mundo todo como uma manufatura reprodutora da ordem ideal. Isso será comentado no Apêndice 2, mas agora é o caso de antecipar que, nesse terreno, o pensamento platônico se encontraria em condições de extrema fraqueza diante da formidável crítica aristotélica, segundo a qual o modelo artificialista era de todo inútil para explicar a ordem do mundo, fundado sobre a *legalidade* imanente aos processos naturais. Do ponto de vista platônico, se poderia, por outro lado, contrapor que essa legalidade, quando fosse transferida, mediante o conceito antropológico de "natureza do homem", para o âmbito ético-político, como, com efeito, fazia

Aristóteles, não poderia senão produzir efeitos de extremo conservadorismo: como criticar uma forma política histórica senão de um ponto de vista externo a ela, ou seja, recorrendo a um critério absoluto de "justiça"? De fato, Aristóteles teria considerado o projeto político da *República* "impossível" porque jamais havia sido realizado no passado, o que provaria sua estranheza à legalidade própria da natureza humana tal como se manifesta na história (*Política*, II 5).

Ficando, contudo, no âmbito próprio da teoria das ideias – no qual a relação "participativa" modelo/cópia mantém certa eficácia explicativa sobre a "presença" das ideias nas coisas ou ações singulares que elas tornam descritíveis e avaliáveis segundo a verdade – colocam-se alguns problemas mais diretamente pertinentes. Em primeiro lugar: *quais* são as ideias? Qual é, em outros termos, a "população" do mundo "pensável", noético-ideal? Em segundo lugar: como as ideias são cognoscíveis? Enfim, dado por explicada a relação participativa entre ideias e coisas, quais são as relações entre as ideias?

No que diz respeito à primeira pergunta, a versão "clássica" da teoria das ideias – aquela apresentada no *Fédon*, na *República* e nos diálogos contíguos – comportava, mesmo sem jamais delas oferecer um catálogo preciso, três famílias principais de ideias, com uma extensão potencial. A primeira e maior família era aquela das *ideias-valor*, de dimensão ético-política, como "belo", "bom", "justo". Não parece que Platão pensasse também na existência das respectivas ideias negativas, como "não-bom" ou "mal": na medida em que essas ideias fugiam de critérios de avaliação, a ideia de "bom", por exemplo, bastava para discriminar o campo das coisas boas daquelas não boas, com base na respectiva participação, ou não participação, em tal ideia (ou seja, na presença ou na ausência do "bom" nos dois campos).

A segunda família incluía as ideias dos entes matemáticos, como "um", "quadrado", "ângulo", "sólido" e assim por diante (desenvolvimentos teóricos posteriores, não atestados naqueles diálogos, podem ter induzido Platão, ou a Academia, a considerar os entes matemáticos como "intermediários" entre as ideias verdadeiras e próprias e os objetos empíricos). A terceira família compreendia aquelas que Aristóteles havia chamado de ideias de *relativos*: duplos dimensionais como "igual/diferente", "grande/pequeno", "duplo/metade", "veloz/lento" e assim por diante. A extensão dizia respeito, por fim, às ideias dos objetos artificiais, como a "cama": ela pertencia sem dúvida à dinâmica artificialista implícita na relação modelo/cópia, mas a existência de ideias de coisas manufaturadas será posta em dúvida pelos desenvolvimentos do pensamento acadêmico (se o marceneiro conhecesse, por exemplo, a ideia de cama, ele poderia ser considerado um filósofo em sentido próprio).

Um primeiro testemunho da discussão acadêmica sobre a delimitação do mundo ideal nos é já oferecida por uma memorável página do *Parmênides*, onde o velho mestre eleático critica as convicções de um "jovem" Sócrates – no qual se pode revisar a máscara das primeiras posições platônicas sobre as ideias, agora consideradas teoricamente "imaturas". Dizia, portanto, "Parmênides":

> Diz-me, Sócrates, fizeste tu mesmo a divisão da qual falas, separando, por um lado, essas *ideias* em si, e por outro, as coisas que delas participam? E te parece que haja uma "igualdade" em si, separada da igualdade que representamos em nós, e igualmente em relação ao "uno" e ao "múltiplo"? (...) – Sim, certo, responde Sócrates. – E procedes assim também nos casos similares, estabelecendo uma ideia do "justo" em si, do "belo", do "bom", e todas aquelas do mesmo gênero? – Sim, disse. – Mas, então, estabeleces uma ideia de "homem" separada de nós e de todos aqueles que são homens como nós, ou seja, uma ideia em si de "homem", ou de "fogo" ou de "água"? – Com frequência encontrei-me em dificuldades, Parmênides, responde, sobre essas coisas: é preciso considerar do mesmo modo que aquelas outras ou diversamente? – E para essas outras coisas, Sócrates, que poderiam também parecer ridículas, como o pelo, a lama, a sujeira, e todo o resto que é privado de qualquer dignidade e valor, perguntaste se deves dizer

que existe ou não também para cada uma delas uma ideia separada, diversa daquilo que tocamos com as mãos? – Certamente não, disse Sócrates. Essas coisas que vemos têm sua existência própria, mas temo que pensar que há uma ideia relativa a elas seria muito absurdo. Mas, por vezes já me aconteceu estar perturbado pela pergunta se não há a mesma exigência para todas as coisas; mas, tão logo me detenho nessa possibilidade, subitamente me afasto, pelo temor de perder-me, caindo em algum abismo de estupidez. Então volto às coisas familiares das quais dizíamos haver ideias, e a elas dedico meu trabalho de investigação – Porque sois ainda jovem, Sócrates, disse Parmênides, e a filosofia ainda não se apoderou de ti como creio acontecerá quando não mais experimentares desprezo por nenhuma daquelas coisas. Mas agora, por causa da idade juvenil, te preocupas ainda com o preconceito das pessoas (130b-e).

É difícil não vislumbrar nessa página os traços de uma viva discussão que devia se desenrolar no interior da Academia acerca dos limites e do sentido da versão original da "teoria das ideias"; uma discussão cujo eco se fazia ouvir ainda em Aristóteles, quando, reivindicando a plena dignidade filosófica da ciência da natureza, escrevia:

Particularmente, sobre aqueles seres que não apresentam traços sensíveis, todavia, no nível da observação científica, a natureza que lhes forjou oferece enormes alegrias a quem saiba compreender suas causas, ou seja, se for autêntico filósofo (...). Não se deve, portanto, nutrir um desgosto infantil para com o estudo dos viventes mais humildes: em todas as realidades naturais há algo de maravilhoso (*Partes dos animais*, I, 5).

É certo, contudo, que a objeção formulada por Parmênides em relação à limitação das ideias no âmbito dos valores éticos ("belo", "justo", "bom") e ao epistêmico das matemáticas ("igual"), ia no sentido de uma extensão da relação modelo/cópia para todo o mundo da natureza, ou seja, do programa cosmogônico que fora delineado no *Timeu*. Mas, desse modo, tornava-se inevitável uma proliferação incontrolada da população das ideias "separadas", como ainda uma vez teria destacado a impiedosa crítica de Aristóteles.

Aqueles que afirmam as ideias, – escrevia – em sua tentativa de encontrar as causas dos entes sensíveis, introduziram outros entes em número igual àqueles sensíveis, comportando-se como quem, querendo contar coisas, não crê poder conseguir fazê-lo quando são poucas e se põe a contá-las somente após ter aumentado seu número; de fato, o número das ideias é igual, ou não menor, do que aquele dos objetos sensíveis, dos quais, buscando as causas, partiram para atingir as ideias, porque, segundo eles, a todo ser particular corresponde algo que lhe é homônimo, sendo assim, não apenas para as substâncias, mas para todas as outras coisas – sejam elas sensíveis ou eternas – das quais há uma unidade que é superior à multiplicidade" (*Metafísica*, I, 9).

Não apenas o mundo das ideias acabava por corresponder ponto a ponto com o das substâncias sensíveis, mas era mais extenso do que este, incluindo ideias de qualidade e de relação ("bom", "igual", "duplo") das quais não havia, segundo Aristóteles, "substâncias" do tipo "cavalo" ou "Sócrates".

Talvez, fosse de fato melhor – não obstante "Parmênides" – manter a teoria das ideias no terreno ético, por um lado, e por outro, epistemológico, no qual havia se originado e no qual havia mostrado sua eficácia crítica e explicativa. E nesse âmbito é abordada a segunda questão que havia sido colocada: como as ideias "separadas" e "pensáveis" são cognoscíveis, e o que possibilita esse conhecimento?

Platão era categórico em sustentar que o caráter próprio do filósofo digno desse nome devia consistir no "conhecimento daquilo que é", da "essência de cada coisa", ou seja, de todas as ideias (veja-se, por exemplo, *República*, VI, 484c-d; VII, 534b). Entre outras coisas, era próprio desse conhecimento que o filósofo obtivesse a legitimação de seu direito de governo, porque, graças a ela, ele poderia referir-se a ideias como o "justo" e o "bom" valendo-se como que de "paradigmas" e critérios para instituir suas leis no mundo histórico-político. Como obter, portanto, esse conhecimento?

A linguagem metafórica usada por Platão para descrevê-lo pode sugerir indicações em parte flutuantes, pois ela pertence quase que totalmente à esfera da *visão*. De resto, as mesmas palavras gregas que designam a ideia – justamente *idea*, ou *eidos*, "forma visível" – derivam do radical *id-*, que o vinculam ao verbo *idein*, "ver". O conhecimento intelectual que tem como objeto as ideias era, portanto, constantemente descrita por Platão com um ato de pensamento (*noesis*) que tem seu análogo no ato da visão; o mesmo verbo que designa a atividade teórica (*theorein*) significa primariamente, em grego, "observar", "contemplar". Tudo isso parece sugerir que o conhecimento das ideias seja concebido como uma *intuição intelectual* imediata, de caráter extralinguístico, não discursivo ainda que certamente não extrarracional. Não deve ser excluído, de fato, que a analogia entre ato de pensamento, que tem por objeto a "forma" como essência ideal, e ato da visão, que é dirigido à "forma visível" das coisas, tenha induzido Platão, ao menos em uma vertente de seu pensamento, a conceber justamente desse modo o momento culminante da compreensão das ideias. Não podia, contudo, ser este o aspecto principal e dominante de sua teoria do conhecimento noético, por uma série de boas razões. Em primeiro lugar, esse conhecimento requer o trabalho da dialética, o procedimento filosófico por excelência, que (como veremos na Lição 12) é inteiramente de natureza argumentativa, e comporta o confronto discursivo entre uma pluralidade de sujeitos. Em segundo lugar, Platão insistia no caráter linguístico-discursivo do momento conclusivo desse trabalho: trata-se de "colher o discurso" (*logos*) que explica racionalmente qualquer essência, e de dar conta (ainda com o discurso, *logos*) "a si e aos outros" (*República*, VII, 534b).

Do *Fédon* e da *República* podemos obter indicações precisas sobre o modo de chegar ao conhecimento "dialético" das ideias. Suponhamos que seja o caso – tal como é na *República* – de compreender o que é a "justiça" em si – a ideia do "justo". Os interlocutores serão chamados a formular suas "hipóteses" sobre a questão. O filósofo que conduz o diálogo (neste caso, Sócrates) tentará progressivamente refutar as hipóteses propostas, mostrando, por exemplo, como elas não são universalizáveis, ou seja, extensíveis a todos os casos em questão, ou conduzindo a consequências inaceitáveis, ou dependendo de pressupostos igualmente inadmissíveis. O confronto argumentativo, caso seja bem-sucedido, deverá possibilitar eventualmente a formulação de uma tese "irrefutável" ou, ao menos, "dificílima de ser refutada" (*Fédon*, 85c), ou seja, já não-hipotética (*República*, VI, 511b). O conteúdo dessa tese pode ser expresso em um discurso de tipo definitório (que, por exemplo, em relação à justiça é "fazer o que cabe a cada um").

Abre-se, contudo, uma questão ulterior a esse respeito. Não apenas "definições" das ideias desse gênero eram raríssimas em Platão (o caso da "justiça" é totalmente excepcional, e também sua definição era considerada apenas provisória ainda que útil para fins ético-políticos em *República*, VI, 504a-c); o que mais conta é que elas não podiam, por princípio, ter um caráter definitivo e conclusivo porque sua formulação dependia, em todo caso, do contexto argumentativo e do consenso dos interlocutores envolvidos no confronto dialético. Havia, aqui, sem dúvida, uma tensão latente no interior do pensamento de Platão. Por um lado, ele advertia com força, como foi visto, a exigência de estabilizar os significados da linguagem, subtraindo-os da arbitrariedade dos falantes, logo, da eficácia persuasiva da retórica: essa exigência o conduzia à construção de uma espécie de "dicionário eidético", unívoco e normativo em relação à significação discursiva. Por outro lado, eram ainda mais fortes sua deficiência em relação ao caráter fechado e repetitivo do "livro", e sua conseguinte necessidade de submeter todas as vezes os resultados do percurso cognitivo à validação da discussão dialética, do confronto "vivo" entre os homens – o único modo para se chegar a convicções verdadeiramente radicadas na "alma", portanto, eficazes tanto intelectual quanto moralmente. A difícil soma vetorial entre essas duas exigências contrastantes, e aparentemente irrenunciáveis, parece ter levado Platão a experimentar um modo de conhecimento das ideias ao menos irredutível a formulações definitórias fechadas e invariáveis.

Estava, assim, delineada, com muitas retomadas, uma abordagem das ideias composta de dois procedimentos convergentes: diferenciação por um lado, delimitação, por outro ("delimitar" é, no mais, o significado primário do verbo *horizein*, com frequência traduzido como "definir"). Do primeiro ponto de vista, tratava-se de dizer aquilo que a ideia criada *não é*, de traçar sua diferença com as coisas e outras ideias. Assim, por exemplo, na *República*, o "bom" é diferente da inteligência e do prazer que, contudo, podem ser "bons"; no *Hípias Maior*, o "belo" não é uma "bela moça" ou o "ouro", nem mesmo o "conveniente", o "útil" ou o "vantajoso". Mas, por outro lado, tratava-se de identificar as relações da ideia buscada com outras ideias afins, que formam uma espécie de *rede* que a circunscreve, em cujo interior ela constitui um *nó*. A ideia buscada era de tal modo pensável como o *ponto focal* ao qual se remetem as ideias afins e que, por sua vez, remete a elas. No livro I da *República*, Trasímaco havia dirigido a Sócrates esta injunção: "esteja atento a não me dizer que o 'justo' é o conveniente ou o proveitoso ou o vantajoso ou o lucrativo ou o útil; mas diz-me com clareza e precisão aquilo que concebes" (336d). Ora, é provável que, via de regra, o maior grau possível de "clareza e precisão" que pudesse ser obtido na teoria das ideias consistisse propriamente nessa delimitação relacional da ideia buscada (ainda na *República*, a definição "clara e precisa" da ideia do "justo" como "fazer aquilo que cabe a cada um" será considerada provisória, pois deve apresentar, *além disso*, uma relação constitutiva com a ideia do "bom", e ser por isso "útil" e "vantajoso" em termos de felicidade).

A descrição mais explícita desse procedimento de compreensão das ideias mediante sua delimitação relacional é oferecida no *Filebo*, justamente a propósito da ideia mais importante e mais enigmática, aquela do "bom" (que veremos no Apêndice 1). Aqui, a investigação dialética chega, por diferença e semelhança, "ao pórtico de entrada da morada do 'bom'" (64c); nunca o "bom" em si seria inatingível, porque tendia a subtrair-se "fugindo para a natureza do 'belo'" (64e). É necessário, portanto, prendê-lo em uma *rede*: "Se não podemos capturar o 'bom' servindo-nos apenas de uma ideia, aprendamo-lo com três, 'beleza', 'proporção' e 'verdade', embora afirmando em certo sentido sua unidade..." (65a). O "bom" aparecia aqui, portanto, como o *nó* ou a intersecção relacional de três diversas ideias, de ordem ética, estética e epistemológica; reciprocamente, cada uma delas era também "boa", "útil", "vantajosa".

Se a compreensão da unidade da ideia mantinha, provavelmente, um componente intuitivo não delimitável, o êxito principal do conhecimento dialético, a descrição discursiva do significado de cada essência ideal singular (*logos tes ousias*) comportava, portanto, sua delimitação por diferença e afinidade, bem como sua inserção em uma rede de relações significativas em condições de descrevê-la. Era possível traçar um mapeamento sistemático das relações reciprocamente constitutivas entre as ideias, ou ao menos identificar seus pressupostos metódicos? Essa pergunta colocava em jogo a própria cientificidade da dialética como método de conhecimento das ideias. Como veremos na Lição 13, Platão tentará propor uma resposta positiva a esse respeito, ainda que problemática, delineando no *Sofista* uma espécie de "gramática geral" do mundo noético-ideal.

No que diz respeito, por outro lado, à base originária da "teoria das ideias", ela representava em Platão sobretudo a resposta a uma exigência normativa e fundadora urgente – antirrelativista – tanto no campo ético-político quanto no epistêmico; uma exigência que podia ser satisfeita mesmo que a "teoria" não pudesse (e não pretendia) alcançar aquela conclusão sistemática (em termos de definição e de enumeração dos entes ideais, bem como de suas relações) requerida por outros e mais estridentes requisitos filosóficos, como aqueles que Aristóteles havia formulado.

NOTA

A obra de referência sobre a "teoria das ideias" continua sendo a de ROSS, D. *Platone e la teoria delle idee*. Trad. it. Bologna: Il Mulino, 1989. Ainda importantes são os ensaios de CHERNISS, H. The philosophical Economy of the Theory of Ideas, agora em _____. *Selected Papers*. Leiden: Brill, 1977, 121-132, e de VLASTOS, G. *Platonic Studies*. Princeton: Princeton University Press, ²1981. Cf., ainda, FERRARI, F. Teoria delle idee e ontologia. In: VEGETTI, M. (org.). *Platone. 'Repubblica'*. Tradução e comentário, v. IV. Napoli: Bibliopolis, 2000, 365-391; LESZL, W. Pourquoi les formes? Sur quelques-unes des raisons pour lesquelles Platon a conçu l'hypothèse des formes intelligibles. In: PRADEAU, J.-F. (org.). *Platon. Les formes intelligibles*. Paris: PUF, 2001, 87-127. Uma ampla discussão de conjunto sobre a teoria das ideias e sobre o problema da "participação" encontra-se agora em FRONTEROTTA, F. *Methexis. La teoria platonica delle idee e la partecipazione delle cose empiriche*. Pisa: Scuola Normale Superiore, 2001. Úteis coletâneas de ensaios são KRAUT, R (org.). *The Cambridge Companion to Plato*. Cambridge: Cambridge University Press, 1992 (trad.: *Platão*. São Paulo, Ideias&Letras, 2007 – N. do T.), e FINE, G. (org.). *Plato*. Oxford, Oxford University Press, 2000.

LIÇÃO 11

TEORIA DOS "DOIS MUNDOS"?

Conta-se que Tales, enquanto olhava para o alto para observar os astros, caiu num buraco. E uma serva trácia, espirituosa e graciosa, riu dele, porque se esforçava para conhecer as coisas do céu, mas não via as que estavam diante dele e entre seus pés. Mas essa anedota se aplica a todos os que se dedicam à filosofia.

Platão. *Teeteto*, 174a.

A região hiperurânia jamais foi cantada por qualquer dos poetas daqui, nem jamais será cantada dignamente. Mas é assim: é preciso ousar dizer a verdade, sobretudo se é da verdade que se fala. Ocupa aquela região a essência que verdadeiramente é, privada de cor, de figura, de corpo, visível somente ao piloto da alma, o pensamento, sobre o qual versa a ciência verdadeira. Assim, portanto, a inteligência divina, nutrida de pensamento e de pura ciência, e também qualquer alma que pretenda acolher em si aquilo que se lhe acrescenta, vendo aquilo que sempre é, alegra-se e contemplando o verdadeiro nutre-se e goza, até que o percurso circular a reconduza ao mesmo ponto. E em seu movimento observa a "justiça" em si, observa a "moderação", observa a "ciência", não aquela conexa ao devir, nem aquela que é diversa, que concerne aos diversos objetos que agora chamamos "entes", mas a ciência que versa sobre aquilo que realmente é.

Platão. *Fedro*, 247c-e.

É preciso novamente descer à morada dos outros e habituar-se novamente a ver na obscuridade.

Platão. *República*, VII, 520c.

Em uma célebre passagem do livro V da *República*, Platão estabelecida com clareza um axioma de correspondência bicondicional entre níveis de ser e graus de conhecimento. O conhecimento é correlato aos objetos sobre os quais versa (477d): se há um nível de ser dotado de invariabilidade e autoidentidade, logo, portador de *verdade*, então haverá um conhecimento estável e universal referente a ele. Reciprocamente, se existem formas diversas de conhecimento, a elas corresponderão objetos dotados de um modo diverso de ser.

Aquilo que é de modo absoluto [o mundo noético-ideal] é absolutamente cognoscível, e aquilo que de nenhum modo é, é absolutamente incognoscível (...). Mas se há algo tal que é e não é [o mundo do devir], não estará ele em posição intermediaria entre aquilo que puramente é, por um lado, e aquilo que de nenhum modo é, por outro? (...) Se, portanto, o conhecimento se refere àquilo que é, e a ignorância necessariamente àquilo que não é, deveremos então buscar, relativamente a esta região intermediária, também algo de intermediário entre a ignorância e a ciência? (...) (477a-b).

É claro que aceitamos que a opinião [*doxa*] é diferente da ciência [*episteme*] (...). E a ciência é, de algum modo, correlata àquilo que é, por conhecer seu modo de ser (...). A opinião, por outro lado, opina propriamente sobre o mesmo que a ciência conhece? E o cognoscível e o opinável serão a mesma coisa? Ou é impossível? (...) Se, portanto, cognoscível é aquilo que é, o opinável será algo diverso daquilo que é (...). Se aparecesse algo que, em certo sentido, é e não é ao mesmo tempo, ele seria intermediário entre aquilo que puramente é e aquilo que não é de modo algum; nem a ciência nem a ignorância seriam relativas a ele, visto que, por sua vez, é intermediário entre a ignorância e a ciência (...). Ora, intermediária entre elas é aquilo que chamamos opinião (478a-d).

Há, portanto, uma oposição polar entre "ser" (âmbito das ideias) e "não-ser" (falta absoluta de estabilidade e de possibilidade de determinação predicativa), e uma oposição paralela entre as respectivas formas de conhecimento, a "ciência" em sentido forte e a sua ausência total. Mas, além disso, há um nível intermediário entre essas polaridades: o mundo mutável e instável do devir, do tempo e da multiplicidade, do qual se possui um conhecimento que compartilha de sua precariedade em termos de verdade: trata-se da opinião, menos "clara" e transparente que a ciência, mais "clara" – mais próxima da verdade – do não-saber absoluto.

O axioma da correspondência marcava de modo claro a "separação" (*chorismos*) entre o âmbito ontológico do ser e aquele do devir e, por conseguinte, aquele entre as respectivas formas de conhecimento, *episteme* e *doxa*. Daqui derivam consequências de extraordinária importância. Desenvolvendo-as de modo coerente, parecia que, por um lado, não era possível possuir um conhecimento científico do mundo do devir, e, por outro, que não era possível ter "opiniões" a respeito daquele ideal. Não se trata, em outros termos, de melhorar a opinião, aplicando a seus saberes uma metodologia melhor, como, por exemplo, a de tipo matemático, porque sua inferioridade epistêmica não depende de seus métodos, mas de seus objetos: por exemplo, a medicina, saber dos corpos e do devir, jamais poderia se tornar "científica" em sentido próprio. Reciprocamente, os saberes noéticos, epistemologicamente fortes, jamais poderiam ter como o objeto ao mundo do devir: não poderia existir uma física "científica". Daí se empreendia uma deriva antiempirista que chegava ao seu limite paradoxal na epistemologia do livro VII da *República*: a "verdadeira" astronomia deveria se referir exclusivamente ao âmbito noético-ideal, sem qualquer referência à observação dos céus, e a "verdadeira" teoria musical deveria estudar a teoria dos "números harmônicos" prescindindo totalmente da escuta dos sons. Portanto, uma espécie de astronomia *cega* e uma musicologia *surda* pareciam constituir o êxito epistemológico do axioma de correspondência entre ser e conhecimento, e da radical separação entre os "dois mundos", noético-ideal e opinável-empírico, dele derivada.

O modelo da "linha", introduzido no fim do livro VI, produzia uma articulação ulterior dos dois âmbitos, sem atenuar a separação (aqui era abandonada, porque epistemologicamente irrelevante, a polaridade negativa entre não-ser/não-saber).

Essa "linha" (a ser pensada como traçada de modo vertical e dividida em segmentos de tamanhos desiguais) configurava a escansão dos níveis de ser e de suas correspondentes formas de conhecimento. Ela pode ser representada esquematicamente do seguinte modo:

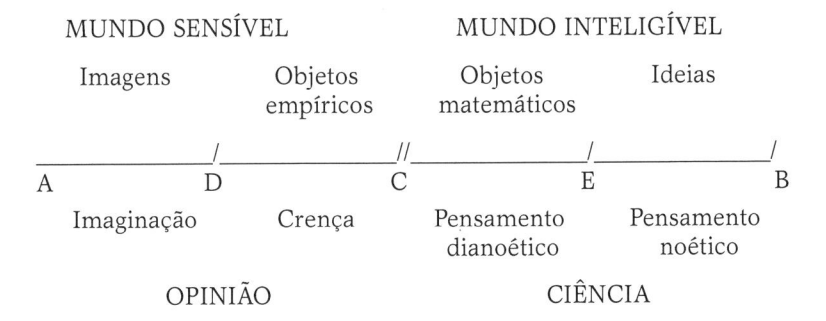

MUNDO SENSÍVEL		MUNDO INTELIGÍVEL	
Imagens	Objetos empíricos	Objetos matemáticos	Ideias
A ____/____ D	____//____ C	____/____ E	____/____ B
Imaginação	Crença	Pensamento dianoético	Pensamento noético
OPINIÃO		CIÊNCIA	

Ao mundo sensível ou empírico (segmento AC) corresponde, portanto, a forma de conhecimento da opinião; ao pensável e ideal (segmento CB), a ciência. Ambos os segmentos são bipartidos segundo uma relação cópia/original. Em AD estão compreendidas as imagens (reflexos, sombras, também reproduções artísticas) dos objetos naturais ou artificiais compreendidos em DC; o conhecimento das "cópias" chama-se "imaginação" (ou também "simulação", pensando-se justamente na reprodução artística que imita os objetos, como, por exemplo, a pintura). A forma de conhecimento de seus "originais" (animais, plantas, manufaturas) é chamada "crença" porque consiste na convicção ingênua, espontânea, que estes são os únicos entes realmente existentes, e que as opiniões que possuímos são a única forma de verdade. Em CE estão, por sua vez, compreendidas as representações visíveis (por exemplo, os triângulos desenhados, ou os mapas celestes) dos objetos *ideais* "originais" inclusos em EB. A forma de conhecimento própria dos primeiros é um tipo de pensamento hipotético-dedutivo, exemplificado, em primeiro lugar, pelo matemático; os segundos são objetos do "pensamento puro", isto é, o filosófico-dialético, que vai além das "hipóteses" em direção dos "princípios" não-hipotéticos (como veremos melhor na Lição seguinte).

O modelo da "linha" representa, como fica claro, a correspondência entre níveis de ser e graus de conhecimento, confirmando a separação entre os respectivos âmbitos e a impossibilidade de modificar, para o alto ou para baixo, a qualidade epistêmica do conhecimento senão mudando o âmbito dos objetos aos quais ela se refere.

A teoria das ideias parecia, assim, dar lugar a uma concepção de dois mundos distintos – o do ser e da ciência, o do devir e da opinião – articulados em seu interior, mas rigorosamente separados e incomunicáveis. As consequências desse êxito eram, entretanto, de tal dimensão que podiam colocar em questão o eixo fundamental da filosofia platônica, na qual a introdução das ideias havia respondido a uma exigência de *fundação* crítica, não de negação ou de *alternativa* epistêmica e, por consequência, existencial, em relação à compreensão intelectual e à ação ético-política, que tem como teatro próprio o campo do tempo e da história.

Se, de fato, a verdadeira consequência deveria ter como objeto um *outro* mundo, então *neste* – o mundo dos corpos, do devir, da política – o filósofo não podia senão viver como um estrangeiro. Tal era justamente o retrato oferecido no *Teeteto*, exemplificado com o incidente de Tales caído no poço, do qual a jovem escrava ria.

Os verdadeiros filósofos desconhecem desde jovens o caminho que conduz à *ágora*, nem sabem onde ficam o tribunal e o parlamento ou qualquer outro lugar público em que a cidade se reúne; não veem nem escutam as leis e os decretos, proclamados ou escritos. (...) Na realidade, é apenas seu corpo que está na cidade e nela habita, mas seu pensamento, que despreza todas essas coisas, considerando-as mesquinhas ou insignificantes, voa em toda parte, como diz Píndaro, "sobre a terra", estudando geometricamente sua superfície, ou "sobre o céu", dedicando-se à astronomia, e investiga em toda parte a natureza de cada um dos entes em sua universalidade, sem jamais rebaixar-se para nada daquilo que lhe está próximo (173c-174a). (...) Por isso, é preciso esforçar-se para fugir *daqui* a fim de ir o mais rápido possível para *lá*. E esta fuga significa tornar-se semelhante a um deus na medida do possível; essa semelhança consiste em se tornar justo e piedoso pelo exercício da inteligência (176a-b).

Essa "fuga" da cidade, do corpo e da vida deste mundo não poderia senão levar a uma interpretação literal do mito da alma no *Fedro*: de sua viagem após a morte corpórea que a conduzia "além do céu", ao *hiperurânio*, e, ali, ao único conhecimento possível do *outro* mundo, das ideias, situado na "planície da verdade" (248b), que se lhe apresentava. Reabria-se por essa via o horizonte do *Fédon*: a "pureza" do conhecimento do ser verdadeiro pode ser obtida somente por meio daquela "purificação" que consiste na rescisão dos vínculos com o corpo, com o tempo, com a cidade dos homens, portanto, na morte neste mundo e no renascimento no outro (o saber que conservamos quando vivos consistirá, então, em uma rememoração ofuscada daquele já adquirido "lá").

Contudo, como foi dito, essa ordem de pensamentos produz uma espécie de desvio do eixo do pensamento platônico, ainda que estivesse inegavelmente radicado em sua estrutura polar, em sua base "de dois níveis". O desvio, no entanto, aparece já retificado, no início do livro VII da *República*, pela grande alegoria da "caverna", que constituía uma espécie de colocação em movimento, do ponto de vista educativo e ético, do modelo estático onto-epistêmico da "linha", ao qual ele era estranho. A linguagem platônica dessas páginas, inteiramente tecidas pela polaridade "alto/baixo", "luz/trevas", "dentro/fora", parecia realizar a verdadeira confirmação, tanto a nível axiológico como cognitivo e ontológico, de uma interpretação opositiva e alternativa da relação entre os "dois mundos". Mas a dinâmica da alegoria orienta-se, na realidade, em sentido oposto.

A condição humana é ali representada mediante a imagem de prisioneiros acorrentados numa caverna e constrangidos a ficarem voltados para a parede do fundo. Ali lhes era possível ver somente as sombras dos objetos que se moviam às suas costas, projetadas por um fogo posto na entrada da caverna. Essa condição correspondia àquele segmento inferior da linha, cujos objetos são as realidades sensíveis (cópias ou originais), cuja forma cognitiva é a da "crença" ou a da "opinião", epistemologicamente infundadas. Mas se um prisioneiro fosse libertado – pode-se supor por obra de um mestre como o protofilósofo Sócrates – ele poderia ascender para o exterior da caverna, descobrindo o mundo "verdadeiro" da natureza iluminada pela luz solar, que correspondia, no modelo da "linha", ao âmbito dos entes ideais. Essa ascensão significava, portanto, a possibilidade de um movimento cognitivo – graças à educação filosófica – que conduz do mundo dos sentidos e da opinião ao das ideias e do pensamento dianoético e noético.

Deve ser imediatamente esclarecida uma importante implicação da alegoria da caverna, que pode ser tomada como reação à interpretação do próprio modelo da "linha". *Não existem*, em realidade, *dois mundos*, um "interno" e um "externo" à caverna. Para homens que têm um corpo e vivem no tempo, há *um único mundo*, e é aquele da caverna. "Libertação" e "ascensão" significam, portanto, não um deslocamento no espaço, mas uma conversão do olhar intelectual, que o liberta dos vínculos da crença acrítica na imediatez dos sentidos e nas opiniões transmitidas pelo ambiente social, e o orienta – por meio da interrogação filosófica – para uma forma de pensamento mais elevada e para os objetos que lhe são próprios. Mas a alegoria comportava uma consequência também mais importante. A conversão do olhar não pode significar uma fuga mental do mundo dos homens que vivem na caverna, tal como o *Teeteto* parecia sugerir. Os filósofos "libertados" deverão voltar a dirigir seu olhar para "baixo", para os saberes e a política desses homens. Tratava-se, antes de mais nada, de um dever moral para com aqueles antigos companheiros de prisão que haviam consentido, no contexto da cidade, a libertação educativa dos filósofos. Assim falarão os filósofos fundadores e educadores aos seus discípulos "libertados":

> Deveis, quando chegar vosso turno, descer novamente para lá, onde vivem os outros e habituá-los a observar as imagens obscuras; uma vez habituados, as vereis mil vezes melhor do que aqueles que ali estão, e de cada uma das imagens sabereis o que é e o que representa, graças a terem visto o verdadeiro em torno daquilo que é belo e justo e bom. E, assim, para nós e para vós, a cidade será governada na ordem da realidade e não na do sonho (*República*, VII, 520c).

O aspecto mais relevante dessa passagem consiste em uma drástica redução da separação epistemológica que parecia ter sido introduzida pela teoria dos "dois mundos". Continuava verdadeiro que graus de conhecimento diversos comportam uma referência a diversos níveis de ser. Todavia, emergia agora com clareza que o conhecimento relativo ao nível ontológico superior não é *alternativo*, mas *fundador* em relação àquele do mundo do devir. Se desse mundo se pode ter somente opinião e não ciência, existem, contudo, "opiniões verdadeiras" em condições de orientar "corretamente" nosso pensamento e nossa prática também em seu âmbito próprio. O conhecimento epistêmico dos entes noético-ideais (nesse caso, de ideias-valor como aquelas da justiça, beleza e bondade) exerce, portanto, um papel de fundação em relação a essas "opiniões verdadeiras", garante-as racionalmente e legitima, por isso, o papel de governo na "caverna" daquelas que a possuem, os verdadeiros filósofos. Seu olhar se desloca metodicamente de baixo para o alto e vice-versa, cumulando, assim, o hiato introduzido pela separação entre os "dois mundos": eles estão em condições de "dirigi-lo para aquilo que é mais verdadeiro, sempre se referindo a ele e observando-o do modo mais rigoroso possível, de modo a instituir também aqui as normas relativas às coisas belas e justas e boas" (*República*, VI, 484c-d).

O papel fundador do conhecimento filosófico, que reabria o trânsito entre os "dois mundos", não se esgotava, todavia, na dimensão ético-política central na alegoria da caverna. Delineava-se, além disso, em diversos níveis, uma relação epistêmica entre os "segmentos" do saber que o modelo da "linha" havia distinguido e isolado. No livro VII da *República*, uma das maiores tarefas atribuídas à dialética filosófica é o de uma *crítica* aos saberes matemáticos que não demarcava somente seu limite absoluto para o "alto" – para assinalar exatamente a inferioridade onto-epistemológica em relação ao "pensamento puro" da filosofia – mas distinguia, além disso, em seu interior, um modo "correto" e um modo "incorreto" de praticá-la, em relação à maior ou menor capacidade abstrativa-idealizante; uma crítica, portanto, investida operativamente em uma refundação das matemáticas orientada pela filosofia. Sobre isso, de resto, a dialética se colocava como uma espécie de epistemologia geral, em condições de produzir "uma visão de conjunto das relações que lhe aparentam reciprocamente entre si e com a natureza do ser" (VII, 537c). Conforme o modelo da "linha", portanto, esse papel epistemologicamente constitutivo da dialética em relação à matemática podia ser considerado como a abertura de uma relação fundadora entre o primeiro e o segundo segmentos (EB > CE).

Por sua vez, o *Filebo* indicava um papel fundador ulterior das matemáticas em relação aos saberes empíricos: tanto maior for seu grau de matematização, melhor será sua qualidade epistêmica de "exatidão", a fim de se estabelecer uma hierarquia, que ia das técnicas mais "exatas", como a arquitetura, que "se serve amplamente de medidas e instrumentos", àquelas menos "precisas e certas" como a medicina, a agricultura e a música (55e-56b). Trata-se aqui de uma relação epistêmica que colocava em comunicação o segundo com o terceiro segmento da "linha" (CE > DC). O *Filebo* se distendia a dizer o verdadeiro além desse nexo fundador, delineando uma situação teórica na qual o plano ideal servia como princípio de ordem ("limite") operante no interior do mundo empírico (27b-c), ou de "fim" ao qual era endereçado seu "devir": mas uma expressão como "devir para a essência" (*genesis eis ousian*, 26d) deve ser considerada quase um oximoro com respeito à configuração originária da teoria das ideias e dos "dois mundos", uma moldagem experimental de seus limites em direção a uma perspectiva, como será aquela aristotélica, de superação da "separação" ontológica.

Todavia, a possibilidade de abrir um trânsito, uma relação de fundação direta entre a própria dialética filosófica e os saberes do empírico, ou seja, entre o primeiro e o terceiro segmentos da "linha" (EB > DC), era experimentada também em diálogos de inspiração declaradamente "eleática" (talvez, portanto, antipitagórica) como o *Sofista* e o *Político*. No primeiro, as relações internas ao mundo eidético eram usadas como uma espécie de "rede" conceitual capaz de capturar os nexos constitutivos do campo empírico e de verificar o significado dos enunciados que o descreviam (veja-se a propósito a Lição 13). No segundo, essas mesmas relações eram, ao contrário, postas a serviço de um projeto de governo filosófico da cidade dos homens, fechando assim o círculo entre dialética e política que a *República* havia delineado.

Não era dirimida, com tudo isso, a "separação" entre os dois mundos, o do ser e da ciência por um lado, e o do devir e da opinião, por outro. Mas o primeiro agora se constitui um "paradigma no céu" (*República*, IX, 592b) que não era mais a meta de uma evasão da "caverna" para um *outro* mundo "hiperurânio", mas o critério de referência para uma crítica e uma refundação da vida e dos saberes *neste* mundo. Para se dizer em outros termos, o *eros* filosófico, dirigido tanto para a *verdade* do ser quanto para a *justiça* humana, constituía uma mediação eficaz entre os dois mundos, dirigindo a ambos seu desejo de "gerar e dar à luz no belo" (*Banquete*, 206e) – aquela geração "imortal" que dá lugar, como sabemos, ao saber e às leis da justiça (209a-e).

Esta parece delinear-se, portanto, como a tendência principal do pensamento platônico acerca da relação entre os "dois mundos" – principal, mas não exclusiva, porque lhe atravessa constantemente a outra tendência, alternativa mais do que fundadora, que vimos delinear-se no *Fédon*, no *Teeteto* e no mito da alma no *Fedro*. Essas duas linhas parecem já serem conflitantes na discussão interna da Academia enquanto o mestre ainda era vivo. A opção de um investimento direto do saber filosófico na história e na política, conforme as indicações da *República* e do *Político*, parecem ter prevalecido entre os companheiros mais próximos de Platão, como veremos na Lição 14. Todavia, já Aristóteles testemunhava uma opção difusa por uma vida puramente "contemplativa" como sendo a única adaptada ao filósofo, que, portanto, conduziria uma existência de "estrangeiro" em sua cidade, segundo a linha de fuga projetada no *Teeteto* (*Política*, VII, 2).

Nesse terreno, mais do que em qualquer outro, se abrirá uma secular controvérsia hermenêutica, que colocava em jogo o sentido último do *platonismo* (como se verá na Lição 15). As indicações textuais autorizam, como foi dito, opções diversas; mas esse caráter constitutivamente "aberto" dos diálogos não encontra equivalentes. Há uma tendência predominante no platonismo *de Platão*, que vai na direção, como se viu, de uma relação de fundação, e não de oposição ou de alternativa, entre os "dois mundos".

NOTA

Sobre a relação entre os "dois mundos", além das obras citadas na Nota da Lição precedente, cf. CROSS, R. C.; WOOZLEY, A. D. *Plato's Republic. A philosophical commentary*. London: Macmillan & Co., 1964; FINE, G. Knowledge and belief in *Republic* V-VII. In: EVERSON, S. (org.). *Companions to Ancient Thought I. Epistemology*. Cambridge: Cambridge University Press, 1990, 85-115; FERRARI, F. Conoscenza e opinione. In: VEGETTI, M. (org.). *Platone. 'Repubblica'*. Tradução e comentário, v. IV. Napoli: Bibliopolis, 2000, 393-419. Sobre a questão da "opinião" e da "crença", cf. LAFRANCE, Y. *La Théorie platonicienne de la Doxa*. Montreal/Paris: Mouton, 1981; TAGLIA, A. *Il concetto di pistis in Platone*. Firenze: Le Lettere, 1998. Sobre a "linha", cf., enfim, o ensaio de FRANCO REPELLINI, F. La linea e la caverna. In: VEGETTI, M. (org.). *Platone. 'Repubblica'*, cit., v. V, 2002.

LIÇÃO 12
DISCUTIR: A "POTÊNCIA DA DIALÉTICA"

> Como é nobre, Gláucon, a força da técnica antilógica! Porque me parece que nela caiam mesmo involuntariamente, pensando praticar não a erística, mas a dialética, por causa de sua incapacidade de indagar o assunto dividindo-o segundo seus aspectos específicos; ao contrário, seguem apenas a contradição nominal do discurso, praticando assim entre si a erística e não a discussão dialética.
>
> Platão. *República*, V, 454a.

> Mesmo Platão é ainda dialético de maneira raciocinante; a forma do método ainda não está desenvolvida puramente por si. Sua dialética com frequência ainda é raciocinante e procede a partir de pontos de vista particulares; com frequência tem um resultado apenas negativo, e muitas vezes não tem resultado. Por outro lado, o próprio Platão é contrário à dialética apenas raciocinante, mas vê-se que isso não ocorre sem dificuldade: ele tem dificuldade de evidenciar sua diferença de modo adequado.
>
> G. W. F. Hegel. *Lições sobre Platão, 1825-1826*
> (trad. de G. Orsi).

Uma tradição secular, que culmina na filosofia hegeliana, nos tornou familiar a palavra "dialética", tanto que não nos surpreende a decisão de Platão de chamar por esse nome o principal instrumento metódico de seu pensamento. No entanto, tratava-se de uma escolha linguística e conceitual bem mais do que óbvia, porque estranha ao tradicional léxico da "sabedoria" (*sophia*). *Dialektike* é um adjetivo referido ao substantivo *techne*, "técnica" ou "arte", que designa em geral um "saber fazer"; o substantivo era com frequência subentendido, dando via de regra lugar à locução abreviada "a [técnica] dialética". O adjetivo deriva do verbo *dialegesthai*, que significa primariamente "dialogar", "discutir"; o verbo é usado com frequência por Platão na forma substantivada (*to dialegesthai*) como sinônimo de *dialektike* (que vale, portanto, como "saber usar a arte da discussão").

Esses termos indicam com clareza o pano de fundo cultural ao qual Platão se referia em sua decisão de fazer da "dialética" a técnica por excelência da investigação filosófica. Tratava-se, em primeiro lugar, de uma prática intelectual que há muito tempo constituía o fulcro da vida social de Atenas. As maiores decisões políticas eram tomadas após amplas discussões nas quais teses rivais se confrontavam diante da assembleia dos cidadãos: memoráveis documentos dessas discussões públicas são oferecidos pelos discursos contrapostos testemunhados pela *História* de Tucídides (e, depois dela, pelas *Helênicas* de Xenofonte). O mesmo procedimento era seguido na prática jurídica, na qual se contrapunham, por sua vez, dois discursos da acusação e dois da defesa (disso possuímos um importante testemunho em um manual destinado à preparação dos advogados, as *Tetralogias* de Antifonte). A sofística havia generalizado essa prática social transformando-a em uma técnica *antilógica* de argumentação por teses contrapostas, na qual, pelo que parece, Protágoras era excelente: parecem ter pertencido à sua escola os "Discursos dúplices", nos quais cada tese de ordem moral era posta em discussão por uma tese contrária e equipotente (cf. Diels-Kranz, 90). Em seu limite extremo, a forma de argumentação antilógica havia dado lugar à *erística*, uma técnica da controvérsia capaz de refutar qualquer asserção a qualquer custo: Platão dela oferece um exemplo vivaz na postura dos sofistas Eutidemo e Dionisodoro em um diálogo intitulado justamente *Eutidemo*. Mas na sociedade ateniense dos séculos

V e IV, a discussão antilógica havia se estendido, também graças à sua tecnicização sofística, da prática política e jurídica à todas as formas do confronto cultural: os próprios médicos, por exemplo, debatiam entre si e com os detratores de seu saber em discussões públicas desse tipo, como atestam muitos escritos do *Corpus hippocraticum* (como a *Natureza do homem*, a *Arte e os Ventos*). E foi para regulamentar racionalmente a discussão antilógica que Aristóteles dedicou um de seus tratados mais extensos, os *Tópicos*.

Era, de resto, exatamente este o terreno sobre o qual Sócrates havia se movido, diante do público citadino, diante de seus rivais e, naturalmente, de seus alunos. Certo, a refutação socrática (*elenchos*) podia ser distinta da antilógica e da erística dos sofistas por sua intenção moral e seu desejo *filo-sófico* de verdade; mas os procedimentos argumentativos de Sócrates não pareciam de fato intelectualmente diversos daqueles de seus rivais, e estes podiam, por sua vez, dirigir-lhe a acusação de querer prevalecer a todo custo na discussão, a *philonikia* (cf., por exemplo, *Protágoras*, 360e), ou chegar ao ponto de comportar-se como um "sicofanta" e um "malfeitor" (tal como diz Trasímaco na *República*, I, 340d, 341b). De resto, o próprio Platão – como foi visto na Lição 2 – teria assinalado no livro VII da *República* os riscos de um ensinamento muito precoce da dialética refutatória a jovens moralmente irresponsáveis. Isso era reafirmado numa passagem cheia de *humour* do *Filebo*:

> quando um jovem a experimenta pela primeira vez, pensando ter encontrado um tesouro de sabedoria, chega ao êxtase de prazer e com alegria sacode e agita qualquer argumento (...) lançando na incerteza antes e sobretudo a si mesmo, e depois aos que lhe estão próximos, seja quem é mais jovem do que ele, ou mais velho ou seu coetâneo, não poupando nem o pai nem a mãe, nem qualquer outro daqueles que lhe possam ouvir, e pouco falta para que envolva não somente os homens, mas também os outros animais; dos bárbaros, também não pouparia ninguém, se pudesse encontrar um intérprete em alguma parte (15d-e).

A forma da discussão, do confronto argumentativo, impunha-se a Platão – devido ao contexto cultural, da prática de seus rivais e de seu próprio mestre – como o instrumento incontornável para a construção do saber filosófico, além de ser seu espaço intelectual específico; ao mesmo tempo, contudo, mostrava-se necessária uma refundação daquela forma, que a fizesse sair – mesmo além de Sócrates – das malhas da antilogia erística. Essa dupla necessidade teria configurado a estrutura da "dialética" platônica.

Por um lado, ela permanecia bem radicada no terreno intersubjetivo do confronto discursivo entre homens de carne e osso, da argumentação crítica e racional de teses contrapostas; permanecia, portanto, caracterizada por aquela postura "raciocinante", *räsonierend*, que, segundo Hegel e, em seguida, também segundo Heidegger, constituía seu limite filosófico, porque incapaz de mostrar o movimento "real" das "coisas mesmas". A dialética procedia apenas no ambiente do discurso (*logos*), do qual representava a forma mais eficaz de organização metódica, e mediante o *logos* (*República*, VI, 511b; VII, 532a). O próprio nível mais elevado de conhecimento ao qual a dialética poderia chegar, aquele das ideias (as essências noético-ideais), se configurava como um "discurso sobre a essência" (*logos tes ousias*); desse conhecimento, o dialético devia "dar razões" (*logon didonai*) "a si mesmo e aos outros", precisamente mediante a discursividade racional (*República*, VII, 531e, 533c, 534b). Por isso o sucesso cognitivo da investigação dialética deveria ser atingido pela obtenção de um "acordo" ou "consenso" (*homologia*) entre os interlocutores envolvidos na discussão, na ausência dos quais o discurso filosófico assumia a precária condição de um experimento mental solitário. Fica claro, assim, que a *forma dialógica* representava para a filosofia platônica em sua configuração dialética muito mais do que um expediente literário, constituindo para ela o necessário ambiente de interação discursiva e argumentativa.

Por outro lado, contudo, segundo Platão, era necessário reorganizar o procedimento dialético, colocando-o em condições de sustentar o projeto de uma filosofia "construtiva", visando um saber positivo, não apenas crítico e refutatório. Tratava-se, portanto, de fazer dele uma técnica capaz de "interrogar e responder do modo mais científico" (*República*, VII, 534d), ou seja, de "conduzir a refutação não conforme a opinião (*doxa*), mas conforme a essência (*ousia*)" (534c). Isso tornava necessária uma mudança radical da forma da *pergunta socrática*. Ela perguntava ao interlocutor "o que entendes por isso" quando falas de justiça, beleza e assim por diante; solicitava, portanto, uma explicitação de uma opinião, de um ponto de vista subjetivo (ou seja, uma *doxa*), para, depois, mostrar sua inconsistência ou inadequação e solicitar, assim, uma reabertura da reflexão crítica. Para Platão, ao contrário, tratava-se, conforme a versão "madura" da interrogação dialética, perguntar "o que é" em verdade a justiça, a beleza, e assim por diante: ou seja, de abrir o caminho para a enunciação de um discurso relativo à essência objetiva – à *ideia* – do objeto indagado. Desse modo, a dialética continuava ainda sempre um "percurso" intelectual (532b), um "método" de investigação racional (533b-c) – portanto, não um sistema fechado e "monológico" de conhecimento – mas o horizonte desse caminho metodicamente organizado era a aquisição consolidada de um saber "científico", relativo ao segmento noético-ideal da "linha".

As duas grandes descrições do trabalho da dialética que Platão oferecia nos livros VI e VII da *República* tentavam representar essa nova configuração – ainda que, como veremos, se abrissem talvez mais problemas do que soluções. Discutindo o modelo da "linha", Platão havia identificado, como vimos, uma forma de racionalidade dedutiva – exemplificada pelas matemáticas – vinculada ao recurso a representações empíricas dos objetos ideais e a "hipóteses" axiomáticas que permaneciam não demonstradas. "Sócrates" continuava:

> entendo pela outra secção do noético aquela cuja própria razão apreende com a potência do discorrer dialético; ela não trata mais as hipóteses como princípios, mas realmente como hipóteses, ou

seja, como pontos de apoio e de partida para proceder *até* aquilo que não é hipotético, *em direção* ao princípio do todo; e quando apreendeste isso, segue todas as consequências que dele dependem, e assim novamente descende para uma conclusão, jamais servindo-se de qualquer dado sensível, mas somente pelas ideias por meio das quais procede e para as quais se dirige, e conclui com ideias (VI, 511b-c).

O percurso dialético delineado nessa passagem deve ser discutido analiticamente. A dialética vai além das hipóteses no sentido em que delas "dá razão" ou as "suprime" (VII, 533c), porque está em condições de prová-las, eliminando seu caráter convencional, infundado, ou mesmo refutá-las porque insuficientes. Um exemplo (não atestado em Platão) que diz respeito à geometria poderia ser o seguinte: os geômetras definem "hipoteticamente" a tangente como uma reta que toca a circunferência em um único ponto. Protágoras sustentava que isso é falso para qualquer tangente desenhada materialmente (Aristóteles, *Metafísica*, III, 2); ora, a dialética pode fundar a hipótese mostrando a verdade de seu assunto por uma circunferência e uma tangente "ideais". Para nos aproximarmos a exemplos mais familiares aos textos platônicos, podemos nos referir às "hipóteses" sobre a justiça formuladas no livro I da *República* (justiça é dar a cada um o que lhe pertence, ou ainda, fazer o bem aos amigos e mal aos inimigos, ou, então, o útil para o mais forte), ou àquelas sobre o "bom" no livro VI ("bom" é o prazer ou a inteligência), que a discussão dialética "suprime", no sentido de mostrar sua carência de fundamento ou insuficiência.

A dialética, portanto, move-se a partir da discussão das "hipóteses" para ir para além delas, *até* atingir um nível não mais hipotético. Trata-se de uma compreensão/descrição da *ideia* em questão, que agora aparece como irrefutável, ou, ao menos, "dificílima de se refutar" (*Fédon*, 85c): esse é, por exemplo, o caso da ideia de justiça tal como é descrita – além das hipóteses do livro I – no livro IV da *República*, como "realizar a função própria de cada um". A dialética parece apreender nesse nível a evidência do "verdadeiro em si mesmo" (*República*, VII, 533a), entendido quer como propriedade intrínseca dos objetos ideais dos quais provém, quer como qualidade epistêmica de seu conhecimento. Essa "tomada" acerca do verdadeiro parece ser o êxito de uma intuição intelectual (*noesis*), de um *insight* imediato, o que parece criar uma tensão teórica a respeito da natureza predominantemente discursiva do percurso dialético. A polissemia intrínseca a linguagem platônica (que fala com frequência de "tomar", "agarrar", "ver" a ideia) não permite uma solução unívoca da questão, que seria de qualquer modo redutiva. Parece, todavia, indiscutível que os âmbitos, métodos e resultados da dialética permanecem, em todo caso, de natureza *proposicional*: ela trabalha *no* discurso, formula o "discurso" sobre a essência e dele deve ulteriormente "dar conta" mediante o discurso (*logos*). A "certeza" de ter apreendido a *verdade* não pode constituir um "estado mental" que representa uma estabilização, uma solução de continuidade desse *continuum* discursivo, sem, no entanto, negá-lo ou transcendê-lo. Diversa, e mais problemática, é a questão – sobre a qual se discutiu na Lição 10 – se esse caráter proposicional do conhecimento dialético pode dar lugar a verdadeiras e próprias "definições" invariantes dos entes noéticos-ideais, ou antes, como parece mais provável, a sua "delimitação" por semelhanças e diferenças.

Um problema posterior é posto pelo direcionamento do percurso dialético *para* o "princípio de tudo". Não fica claro se esse "princípio" é efetivamente descrito e seja, de modo unívoco, o próprio *além* das essências ideais singulares, ou se cada uma delas (como, por exemplo, a "justiça") sirva, de modo distributivo, de "princípio" para os respectivos âmbitos problemáticos e argumentativos.

No segundo caso, nível "anhipotético" e "princípio" coincidiriam: a dialética se restringiria assim, por exemplo, às ideias de "tangente" ou de "justiça", tendo, deste modo, retirado/fundado as relativas hipóteses e estando já em condições de derivar todas as consequências desse resultado. No primeiro caso, ela deveria proceder além do nível "anhipotético" para buscar sua fundação ulterior e definitiva. A *República* parece sugerir a identificação do "princípio do todo" com a ideia do "bom": o dialético não deve deter-se "antes de ter alcançado, com o puro pensamento, a essência do bom", chegando, assim, ao limite extremo do espaço noético (VII, 532a-b). Um exemplo nesse sentido poderia ser constituído pela exigência, formulada no livro VI, de fundar ulteriormente a descrição da ideia de justiça obtida no livro IV, mostrando sua derivação justamente do "bom".

Está em jogo, nessa alternativa, a natureza mesma da dialética: um procedimento fundacional que age conforme os contextos problemáticos particulares, até conduzi-los a uma situação satisfatória e compartilhada de estabilidade argumentativa, ou a um saber "metafísico" que visa uma fundação unívoca e definitiva de toda a realidade concebida como resultante de um ou mais princípios. A primeira opção é certamente aquela mais difundida no conjunto dos diálogos platônicos; a segunda parece justificada pela predominância do "bom", que é, contudo, atestada somente na *República*, e também aqui de modo problemático (como se verá no Apêndice 1), além da "teoria dos princípios", que Aristóteles atribuía às assim chamadas "doutrinas não-escritas" de Platão (provavelmente, como foi visto, experimentos teóricos conduzidos no interior da discussão acadêmica).

Discutimos até aqui o movimento ascendente do percurso dialético. Uma vez atingido o nível não-hipotético e/ou aquele do "princípio", a dialética realiza um movimento descendente, que – mesmo permanecendo no interior do "segmento" noético-ideal –, a levava à redução do nível das "hipóteses" do segundo "segmento" e, portanto, também por meio dele, das "opiniões" doxásticas do terceiro. Essa descida da dialética correspondia, no plano epistêmico, à *katabasis* ético-política do filósofo à "caverna". Ela legitima seu direito/dever de governar a vida dos homens e da cidade porque sua ascensão ao nível hipotético e ao "princípio" colocava o filósofo dialético em condições de garantir a *verdade dos valores* que dele deviam constituir as normas reguladoras, e de criticar desse ponto de vista a falta de fundamento e a arbitrariedade das finalidades buscadas na situação "atual", com seus conflitos pelas "sombras" do poder, da riqueza, da glória. A dialética estava, além disso, em condições de "dar conta" do *valor da verdade* para a vida moral e política dos homens: ou seja, de mostrar como os saberes científicos são "úteis" para a felicidade comum, seja porque capazes de reorientar o olhar da alma das "sombras" para a luz da verdade, seja por poderem efetivamente ser investidos em saberes técnicos necessários à cidade, da arquitetura à estratégia. Uma passagem do *Eutidemo* (290b ss.) definia claramente esse papel da dialética: como os generais entregam aos políticos as cidades que conquistaram para que as administrem, assim também os matemáticos confiam seus saberes à dialética para que deles faça bom uso. A dialética era, assim, configurada como uma *ciência de uso* dos saberes e dos valores em âmbito ético-político. Em suma, uma ciência *régia* por dois aspectos diversos e correlatos: em sua vertente ascendente, constitui "o ornamento superior que coroa todos os saberes" (*República*, VII, 534e s.); no descendente, a ela cabia a responsabilidade do governo da *polis* (534d, 540d-e) – operando, assim, aquela mediação decisiva entre dimensão onto-epistemológica e dimensão ético-política em que consistia propriamente sua "potência" (*dynamis*).

O caráter "régio" da dialética e do homem que a possui era, de resto, claramente reafirmado no *Político*, independentemente de seu exercício efetivo do poder: "deve ser chamado, então, perito em realeza, exercite ou não o poder, aquele que possui a ciência régia" (292e s.).

Até aqui, portanto, tem-se a primeira caracterização platônica da dialética, em sua "potência" epistêmica, em sua "realeza", em sua responsabilidade ético-política de libertação e de governo dos homens prisioneiros na "caverna". Mas se tratava mais da descrição de um grandioso projeto de saber/poder – rica, por outro lado, como se viu, de problemas abertos e de tensões em parte não resolvidas – que da definição metodologicamente rigorosa de uma "ciência" completa. Cabia, na *República*, ao personagem Gláucon destacar, com impiedosa lucidez, esse estado "proemial", inicial, da dialética que havia sido descrita até aquele ponto.

> Eu, disse, aceito tudo isso. Todavia, parecem-me coisas extremamente difíceis de serem admitidas, mas, de um outro ponto de vista, difíceis de não se admitir. De qualquer modo – porque não se deve ouvir falar a seu respeito apenas nesta ocasião, mas será preciso retornar a ela muitas vezes – passemos à própria canção, e a analisemos, assim como analisamos seu proêmio. Diga, portanto, qual é a modalidade específica da "potência" da dialética, e em quais formas ela se distingue e quais são seus percursos: porque são esses, ao que parece, que deverão guiar-nos para lá onde, uma vez chegados, repousaremos da caminhada e concluiremos nossa viagem (VII, 532d-e).

Gláucon exigia, portanto, uma definição formal, teoricamente conclusa, do método dialético, que esclarecesse seus procedimentos e seu estatuto epistemológico, para além da introdução a modo de "proêmio" até ali delineada por Sócrates no texto da *República*. A resposta de Sócrates era singularmente reticente e irritada, e apontava tanto o despreparo de seu interlocutor quanto suas próprias incertezas sobre a impossibilidade de oferecer uma solução satisfatória aos questionamentos de Gláucon.

> Meu caro Gláucon, não estareis mais em condições de seguir-me, de modo que não pouparei nenhum esforço. Não apresentareis mais uma imagem daquilo sobre o que falamos, mas a própria verdade, ao menos como ela me aparece. Se é realmente assim ou não, não é agora o caso de afirmá-lo francamente (VII, 533a).

Com efeito, uma resposta era oferecida. Mas ela consistia, ainda uma vez, mais em descrever um *work-in-progress* do que uma estrutura epistêmica completa; de resto, a mesma forma predominantemente negativa com a qual ela era formulada denunciava sua provisoriedade, a natureza de tarefa intelectual mais que de saber realizado. Dizia, portanto, Sócrates:

Chamas de "dialético" aquele que apreende a explicação racional da essência de cada coisa singular? E de quem não a apreende, na medida em que não está em condições de dar-lhe razões a si e aos outros, não dirás que não está em condições de pensá-la? (...) E é assim também para o "bom": quem não for capaz de delimitar no discurso a ideia do bom, isolando-a de todas as outras, nem será capaz de, como em batalha, abrir caminho dentre todas as refutações, esforçando-se, por sua vez, para refutar não segundo a opinião, mas segundo a essência, e proceder em todas essas dificuldades com a insuperável força do discurso racional – de tal homem não dirás nem que conhece o "bom" nem qualquer outra coisa boa: e se também apreende alguma imagem do "bom", o faz por opinião, não por ciência (534b-c).

Em tudo isso, sustentava Sócrates, consiste, então, o "canto" (*nomos*) que a dialética profere (532a), não somente seu "proêmio", como Gláucon havia acreditado.

A irritação de Sócrates indicava, portanto, a incongruência da pretensão de seu interlocutor de se obter uma definição metodologicamente *saturada*, conclusiva, da dialética. A ambição hiperbólica de sua tarefa de fundação e de mediação entre o saber e a prática, a verdade e o valor, este e o outro mundo, não podia consentir essa saturação epistêmica; ou seja, à dialética não podia senão restar uma tarefa a se realizar a cada vez sempre de novo na "batalha" das opiniões, no conflito entre as formas de saber e de vida rivais, em suma, na interação comunicativa entre homens – a execução do *nomos*, o "canto" proferido pela dialética era já todo realizado em seu "proêmio", no empreendimento projetivo e incoativo de seu trabalho teórico-prático.

Entretanto, essa resposta socrática não poderia ser, por sua vez, senão provisória diante do caráter peremptório da exigência metódica levantada por Gláucon – que, de fato, esperava uma reabertura da discussão de momento posta de lado na *República* em vista de exigências ético-políticas que se mostravam mais urgentes naquele contexto dialógico. Platão, bem como a discussão acadêmica, teriam, na verdade, "voltado a isso mil vezes", na busca de uma base metódica e epistêmica da dialética mais satisfatória e melhor definida. Cada passo dado nessa direção teria, de fato, contribuído para reduzir a precariedade proemial da dialética descrita na *República*, pagando por isso um preço elevado: aquele de limitar sua ambição em constituir uma ciência destinada a "reinar" tanto sobre os saberes quanto sobre a cidade, sobre o pensamento e sobre a vida. Dela derivaria uma tendência a configurar a dialética como uma "gramática geral" do caráter pensável do mundo e, talvez também, por outro lado, a transformá-la em uma "metafísica dos princípios" em condições de descrever (como queria Hegel) o movimento "real" do ser e não mais somente de governar o do discurso. Em ambos os casos, o custo teórico dessas metamorfoses da dialética seria constituído no enfraquecimento ou na rescisão daquele seu vínculo com o princípio supremo de valor ético-político, a ideia do bom, que, na *República*, havia constituído seu eixo de sustentação. De tudo isso se falará na Lição seguinte. É o caso de antecipar aqui, todavia, que o limite epistêmico da dialética teria sido deslocado para frente, mas nunca de todo superado – este saber teria permanecido um *método*, não um *sistema* da verdade, uma prática intersubjetiva do discurso, não um monólogo do ser.

NOTA

As obras de referência sobre a dialética de Platão são ROBINSON, R. *Plato's earlier dialectic*. Oxford: Oxford University Press, 1953; STEMMER, P. *Platons dialektik*. Berlin/New York: De Gruyter, 1992 (sobre a qual cf. GIANNANTONI, G. La dialettica platonica. *Elenchos*, XV (1994)

105-115); DIXSAUT, M. *Métamorphoses de la dialectique dans les dialogues de Platon*. Paris: Vrin, 2001. Cf. também VEGETTI, M. Dialettica. In: _____. (org.). *Platone. 'Repubblica'*. Tradução e comentário, v. V. Napoli, Bibliopolis, 2002. Sobre o *Parmênides*, cf. MIGLIORI, M. *Dialettica e verità*. Milano: Vita e Pensiero, 1990. Sobre as origens culturais da dialética, cf. LLOYD, G. E. R. *Magia ragione esperienza*. Trad. it. Torino: Boringhieri, 1982. Sobre a relação com Sócrates, cf. GIANNANTONI, G. Il dialogare socratico e la genesi della dialettica platónica. In: DI GIOVANNI, P. (org.). *Platone e la dialettica*. Roma/Bari: Laterza, 1995.

LIÇÃO 13
CIÊNCIA DA DIALÉTICA?

– Que me dizes de Platão, Espeusipo e Menedemo? | Sobre o que estão discutindo agora? | Que pensamentos, quais discursos | são indagados em sua escola? | – Estou em condições de dizê-lo com certeza. | Nas Panatenáicas vi um grupo de rapazinhos... e no ginásio da Academia | ouvi discursos inenarráveis, incríveis. | Analisando a natureza | dividiam as formas de vida dos animais | a natureza das árvores, os gêneros das hortaliças. | E nessas investigações | indagavam a que gênero pertence a abóbora. | – E que definição lhe deram, a que gênero a planta pertence? | Fala, se sabes algo. | – De início, todos estavam em silêncio, | imóveis, refletindo longamente com a cabeça inclinada. | Em seguida, subitamente, enquanto os jovenzinhos | ainda continuavam debruçados em sua pesquisa, | alguém disse que era uma hortaliça redonda, | outro disse que era uma erva, um terceiro disse ser uma árvore. | Escutava-lhes um médico | vindo das terras da Sicília, | e soltou uma ventosidade para zombar deles, visto estarem fora de si mesmos. | (...) Mas os rapazes não deram atenção. | E Platão, que assistia a tudo muito sereno, | em nada perturbado, convidou-lhe | a tentar novamente, desde o início, a definir | a qual gênero pertence a abóbora. | E continuaram a dividir.

Epícrates, In: Ateneu, II, 59d-f.

"De tais métodos estou enamorado – diz Sócrates no Fedro, – quero dizer, das divisões e das reunificações, para ser capaz de falar e de pensar. E se há algum outro que eu considere em condições de dirigir o olhar para uma unidade que seja também por sua natureza sobreposta a uma multiplicidade, sigo-o, 'atrás de seu rastro, como se fosse o de um deus'. E, portanto, os que são capazes de fazer isso chamo-os agora – e se falo corretamente ou não, deus o sabe – 'dialéticos'" (266b).

Sócrates já havia esclarecido quais seriam os dois procedimentos metódicos que caracterizavam esse novo perfil do trabalho dialético. O primeiro, a "reunificação" (*synagoge*), consistia em um movimento de caráter sintético: "reconduzir a uma única ideia, com um olhar de conjunto, aquilo que está disperso em muitos aspectos, para tornar claro, circunscrevendo qualquer objeto, aquilo que se pretende explicar a cada vez" (265d). O segundo, a "divisão" (*diairesis*) comportava, por outro lado, a divisão analítica da unidade assim obtida: "saber, em seguida, dividir segundo ideias, seguindo as articulações naturais e buscando não despedaçar nenhuma parte à maneira de um mal açougueiro" (265e).

Assim delineada, a dialética aparecia como uma técnica destinada a ordenar o campo argumentativo do discurso e do pensamento. Tratava-se, em substância, de reconduzir o objeto indagado ao âmbito mais vasto ao qual pertence (para usar a linguagem aristotélica, de instituir uma relação entre "gênero" e "espécie"), e, em seguida, ver qual lugar específico ele ocupa, por semelhança e diferença, no interior desse âmbito. No *Fedro*, por exemplo, o objeto de interrogação dialética era *eros*; o movimento sintético considerava-o como uma forma de "loucura"; em seguida, ela era subdividida em loucura de origem humana, patológica, e de origem divina, benéfica; *eros*, finalmente, era *compreendido* (no duplo sentido de "incluído" e "explicado") como uma das formas da loucura de inspiração divina.

O *Sofista* oferece, acerca desse aspecto, uma ulterior precisão metódica dos procedimentos considerados agora como próprios do pensamento dialético, esclarecendo, em primeiro lugar, que cada divisão dos âmbitos gerais devia dividir-lhes em dois campos equi-extensos (a *diairesis* era, desse modo, tecnicizada como *dicotomia*). Tratava-se, portanto, de

identificar o gênero [ao qual pertence o objeto indagado], de cindi-lo em duas partes, e de proceder sempre seguindo a parte direita da subdivisão, na qual observamos os traços comuns ao sofista [que aqui constitui precisamente o tema da pesquisa], a fim de que, após ter descartado tudo aquilo que tem em comum com o restante do gênero, possamos identificar a natureza que lhe é própria; a mostraremos, assim, antes de tudo a nós mesmos, depois também àqueles que são mais afins a um método desse gênero (264d-e).

– (é o caso de notar que "seguir a direita" se refere a quem observa uma divisão dicotômica representada graficamente).

Um exemplo elaborado pelo método havia sido oferecido no início do diálogo (218e-221c). Suponhamos que se trate de compreender (se quisermos, de "definir", no sentido de delimitar seus traços específicos) a técnica da pesca com vara. É necessário, em primeiro lugar, identificar o campo de pertença (o "gênero"); uma decisão que diz respeito aos interlocutores, mas que ao menos nesse caso parece óbvia: trata-se, evidentemente, do gênero "técnica". O gênero pode ser dividido em duas partes com base em uma *diferença*, que separa as técnicas de produção daquelas de aquisição. Decide-se que a pesca com vara pertence ao segundo âmbito (a "direita"). Mas se é possível adquirir coisas mediante técnicas de troca ou de captura; a nossa será desse segundo tipo. As técnicas de captura podem se configurar como de luta ou de caça, e é no segundo grupo que deveremos colocar aquela que buscamos. A caça pode ser de seres inanimados ou animados: o segundo é evidentemente o nosso caso. A caça a seres animados pode ser de animais terrestres ou aquáticos, tal como a pesca com vara. Os animais aquáticos se dividem em pássaros e peixes (que são caçados com nossa técnica). Os peixes podem ser capturados com redes ou mediante a perfuração; esta pode ser feita por meio do uso de uma luz ("lanterna"), usando-se instrumentos pontiagudos;

estes podem ser, enfim, o arpão ou o anzol. Chegamos à conclusão: a pesca com vara acaba por ser – percorrendo novamente de modo ordenado as etapas do percurso dicotômico – uma técnica de aquisição mediante a captura, que ocorre na forma da caça de animais aquáticos do gênero dos peixes e se efetua mediante a perfuração de um instrumento como o anzol. Isso é, conclui o *Sofista*, "o *logos* da coisa" (221b), o discurso que esclarece as propriedades específicas do objeto buscado, estabelecendo para ele as relações de afinidade e de diferença com os outros objetos que pertencem a seu próprio âmbito, até identificar propriedades características que não compartilha com nenhum outro deles. Nada de novo, naturalmente, no tocante àquilo que já se sabia no início da investigação (de outro modo, não teria sido possível decidir a qual das seções dicotômicas atribuir o objeto investigado); mas um instrumento eficaz de ordenação do campo enunciativo, que em casos mais controversos e complexos do exemplo agora exposto pode ter também capacidades heurísticas, de desmascaramento de equívocos e de descoberta de afinidades ou diferenças não evidentes.

Tratava-se, à primeira vista, de uma resposta exaustiva à pergunta que Gláucon havia formulado no livro VII da *República*, exigindo que os métodos e procedimentos da dialética fossem esclarecidos, e com eles seu estatuto epistêmico. Essa resposta modificava, todavia, de modo significativo, a configuração que havia sido atribuída à própria dialética no diálogo em que Gláucon tomara parte. Havia ainda, certamente, um movimento ascendente (o da "síntese") e um descendente (o da "divisão"). O primeiro, contudo, não culminava mais em um "princípio do todo" – do ser e/ou dos valores – interpretável de modo unívoco (tal como se podia entender a ideia do bom), mas somente no "gênero" mais extenso em que fosse compreendido o objeto específico da investigação. Como consequência, o *status* da dialética como "ciência régia" foi drasticamente enfraquecido, tanto em relação às ciências quanto à vida dos homens (ou, ao menos, essa sua realeza estava restrita à condição de um método geral para a correção argumentativa). Tornava-se, além disso, problemático a suposição de que os objetos da dialética fossem somente aqueles do campo noético-ideal considerados pela *República* (normas de valor, critérios epistêmicos, entes matemáticos): em que medida poderia aí ser enquadrada a "pesca com vara"? Será preciso retornar a esses pontos mais adiante. A propósito da definição do método próprio da dialética formulada no *Fedro* e especificada no *Sofista* deve-se, em primeiro lugar, interrogar-se: para que serve? E como se justificam as relações de inclusão e exclusão entre as "ideias" (em qualquer sentido que tenha adquirido esse termo) que ele institui?

À primeira pergunta pode-se oferecer uma resposta direta. O método diairético/dicotômico serve para *com-preender* ("definir", ou seja, encerrar em um limite) a "ideia buscada", colocando-a em uma "rede" – essa metáfora é desenvolvida no *Sofista*, 235b-d – de relações de comunidade e diferença com outras ideias que pertencem ao mesmo campo, mas não lhe são idênticas, até identificar "o discurso" que lhe é próprio. Essa perspectiva de uma *rede de definição* das ideias, de qualquer modo, já havia sido mencionada (como foi visto na Lição 10) em diálogos como o *Hípias Maior*, o livro I da *República*, o *Filebo*, no entanto, mais em virtude de justaposições semânticas operadas ao acaso – como Trasímaco havia objetado a Sócrates – que com base em um método preciso de investigação e de ordenamento do campo enunciativo que agora, ao contrário, era formulado. Mais problemática é a segunda questão, porque, como sabemos, em Platão todas as relações predicativas (de tipo x é F, ou não-F), devem se fundar – para serem subtraídas à arbitrariedade da opinião – sobre a existência de relações *reais* de "participação" com as ideias, ou entre as ideias.

À resposta a essa questão foi dedicada toda a análise realizada no *Sofista*, um diálogo que constituía, em seu conjunto, uma formidável máquina de guerra construída por Platão para realizar um "acerto de contas" tanto com seus rivais quanto com os "pais" e "mestres" de sua filosofia, e com os traços que nela eles haviam impresso.

Em primeiro lugar, portanto, e mais uma vez, o "sofista", com seu temível desafio destinado a tornar indistinguíveis o discurso "verdadeiro" do discurso "falso". São colocadas até sete peneiras para pegá-lo de modo definitivo, distinguindo-o de uma vez por todas do verdadeiro filósofo. As primeiras se referem às habituais acusações a sua prática de cobrar pelo seu ensinamento ("caçador de jovens ricos", "traficante internacional de saber"), mas a elas não lhe é difícil fugir refugiando-se na máscara que lhe é habitual, o *terrain vague* em que o verdadeiro e o falso se confundem, e, com eles, o filósofo e o sofista. O ponto de maior proximidade entre as duas figuras está no procedimento refutatório, que havia sido também o de Sócrates: mas a refutação, diz o *Sofista* de modo ambíguo, não é outra coisa senão "uma nobre sofística" (231b), onde justamente se confundem sofista e filósofo "socrático" – a menos que a técnica antilógica do sofista não possa finalmente ser encerrada na dimensão do "falso" e, assim, contraposta à "verdade" filosófica (233c). A refutação, o *elenchos*, não é, portanto – contra o "socratismo" – o aspecto distintivo da filosofia: não por acaso, no início do diálogo, afirmava-se que o Estrangeiro de Eleia, destinado a conduzi-lo, de fato não era, como se poderia temer, um "deus da refutação", mas um filósofo autêntico (216b).

Distanciar-se do sofista requeria, portanto, no primeiro plano, também um distanciamento da prática refutatória do mestre – Sócrates – ao menos na medida em que ela não se mostrava em condições de se fundar sobre uma distinção sólida entre ciência e opinião, verdadeiro e falso: a nova dialética colocava, assim, sob seu controle o velho *elenchos* socrático. Mas essa distinção suscitava agora novas interrogações. Se dizer o verdadeiro significa dizer "que é aquilo que é", dizer o falso equivalerá a dizer aquilo que "não é"; mas como isso é possível, se Parmênides havia declarado que o não-ser é "impensável e indizível" (236e-238c)? Se não é possível dizer o não-ser, é impossível dizer o falso, como exatamente sustentava Protágoras, e é por isso impossível distinguir os enunciados verdadeiros dos falsos. Para se refutar Protágoras seria, então, necessário libertar-se da herança parmenídica: ou seja, praticar o "parricídio" – é o Estrangeiro de Eleia que fala, ou seja, um filho espiritual de Parmênides – que consiste em sustentar que "o não-ser em certo sentido é e, vice-versa, o ser de algum modo não é" (241d). O "parricídio" abria o caminho para a possibilidade de enunciados (verdadeiros ou falsos) que conectavam termos *diferentes* entre si, saindo da rígida tautologia eleática que admitia somente a forma enunciativa "o ser é". Libertar-se finalmente de Parmênides significava poder dizer que X é, Y é, X é (ou *não é*) Y, e buscar o verdadeiro e o falso no nexo predicativo que une ou separa X e Y.

Entretanto, a consequência desse "parricídio" ia além de Parmênides e atingia sua herança ainda bem viva na versão "clássica" do platonismo, segundo a qual a única forma de discurso verdadeiro era aquela relativa às ideias concebidas como entes que, embora plurais, eram imutáveis e "sempre idênticos a si mesmos". Além do socratismo e do eleatismo, a crítica do *Sofista* conseguia atingir, com um movimento imprevisto, mas de todo consequencial, os "amigos das ideias" (248a) nos quais não se pode não visualizar um aspecto – agora considerado "imaturo" – do próprio pensamento de Platão ou, ao menos, daquelas suas interpretações acadêmicas que o vinculavam a uma versão enrijecida da "teoria dos dois mundos". Estes "se situam de modo muito prudente no alto, no campo do invisível, e pretendem forçar que certas ideias pensáveis e incorpóreas sejam o verdadeiro ser" (246b), excluindo-lhes – à maneira parmenídica – qualquer relação com o movimento e o devir, vistos como formas do não-ser. Ora, certa forma de mudança não pode não ser atribuída também às ideias, se isso consiste no entrar em relações que determinam o produzir e o sofrer efeitos. Se não de outro modo, as ideias constituem a polaridade passiva do ato de conhecimento, e, portanto, são "mudadas" pelo fato de serem conhecidas (248d-249c: alguém poderia ver aqui uma remota antecipação do "princípio de indeterminação" de Heisenberg). O verdadeiro "filósofo", portanto, não poderá senão refutar as teses daqueles que sustentam a "imobilidade do todo", quer seja o uno – à maneira dos eleatas – ou a "multiplicidade das ideias" – segundo o platonismo "imaturo" – ele sabe, ao contrário, "conforme o desejo das crianças, que aquilo que é imóvel também se move, que o ser e o todo" são simultaneamente imobilidade e movimento (249c-d). E se o movimento deve ser pensado como copresença de ser e não-ser, então "há o risco" de que ser e não-ser estejam estreitamente intrincados entre si (240c).

Não apenas as ideias estão submetidas ao movimento ao menos como objetos de pensamento na relação cognitiva; elas estão também entrelaçadas, como foi visto, com aquilo que *não é* idêntico a elas nos nexos enunciativos não tautológicos.

Portanto, é necessário que o não-ser *seja* tanto em relação ao movimento quanto a todos os gêneros [de ideias]... E todas as ideias, do mesmo ponto de vista, diremos corretamente que *não são*, mas, vice-versa, na medida em que participam do ser, que *são* e são entes (256d-e).

Veremos melhor mais adiante a justificação teórica que Platão oferecia para essa escandalosa tese antiparmenídica. O que importa agora notar é que a condição das ideias como entrelaçamento de imobilidade e movimento, de ser e não-ser, as aproxima de modo surpreendente daquela zona "intermediária" na qual ser e não-ser se encontram, que no livro V da *República* (478d-e) fora atribuída à "opinião" (*doxa*) e a seu objeto ontológico, o "devir". O distanciamento da herança parmenídica comportava, portanto, como foi dito, uma drástica redução daquela distância, ou "separação", entre mundo noético-ideal e mundo do devir, introduzida pela interpretação rígida – em sentido opositivo muito mais que fundador – da ontologia das ideias e da "teoria dos dois mundos", que Platão atribuía agora aos "amigos das ideias"; e isto, como se verá, teria comportado uma reconfiguração da própria concepção da dialética.

A caça ao sofista – ao seu refugiar-se na impossibilidade de traçar uma distinção entre verdadeiro e falso – havia, portanto, demandado um longo caminho, que distanciava Platão não somente da negatividade da refutação socrática (também ela uma sofística, como foi visto, embora "nobre"), mas também do eleatismo e da herança que dele persistia em textos platônicos como *Fédon* e a própria *República*. Esse zerar dos pressupostos teóricos tornou-se necessário pela exigência de garantir a possibilidade do discurso falso e, junto com ela, a do discurso verdadeiro. Mas, afinal, por quê? A aventureira viagem do *Sofista* explica-se somente em relação ao persistente "axioma de correspondência" com base no qual, segundo Platão, todo discurso formulado é "discurso sobre algo": isto é, todo enunciado predicativo *descreve* uma relação entre coisas e ideias, ou entre ideias e ideias, de modo veraz se essa relação existe, falso se não existe. Ora, a propósito dessas relações (de "participação" ou "comunicação", *koinonia*), de cuja existência depende o valor de verdade dos enunciados, podem ser citados três casos: "ou tudo permite estabelecer relação recíproca (I); ou nada permite (II); ou algumas coisas sim e outras não (III)" (252e). No primeiro caso, qualquer coisa ou ideia está em relação com qualquer outra, portanto, *todo* enunciado, qualquer que seja a relação que descreve, é verdadeiro: logo, Protágoras tem razão, sendo impossível discriminar o verdadeiro do falso. No segundo caso, não há qualquer relação, logo, *nenhum* enunciado que conecte coisas ou ideais diversas entre si pode ser verdadeiro: não se pode dizer "homem bom" (nem sequer "o homem é homem", pois não há relação entre "homem" e "ser"), mas somente, eventualmente, "homem homem", "bom bom" (251b-c): uma versão extrema da tautologia eleática que talvez possa ser referida ao filósofo socrático Antístenes. Apenas no terceiro caso é possível que haja predicações verdadeiras (ou seja, que se refiram a relações existentes) e falsas (no caso contrário). Falando sobre isso, Teeteto, que está participando do diálogo, se poderá então dizer (o que é verdade) que neste um momento "Teeteto está sentado" e também (falsamente) que "Teeteto voa", afirmando, no primeiro caso, "as coisas que são como são", no segundo, "coisas diferentes daquelas que são, como se fossem" (263a-b).

Estava correto, evidentemente, o terceiro caso. Mas, para prová-lo, Platão devia realizar um complexo trabalho de fundação da possibilidade de relações seletivas entre coisas e ideias, que requeria, por sua vez, um esboço de reconfiguração de sua ontologia de base. Como que de surpresa, era proposta uma concepção do "ser" em geral que teria podido ser aceita tanto pelos materialistas "amigos da terra" (conforme os quais não há senão os corpos fisicamente perceptíveis) quanto pelos "amigos das ideias". Ela consiste em uma definição, totalmente inovadora, dos "entes" – sejam corpos ou ideias – como "nada além de potencialidade (*dynamis*)" (247e): ou seja, como capacidade de produzir ou sofrer efeitos, em um sistema de referências e de relações recíprocas de participação. O "ser" não é mais concebido como algo fechado em si ou como uma esfera "separada" daquilo que é imutável, dotado de uma autoidentidade invariável, mas como de modo *dinâmico*, comum a todos os entes enquanto tais, que lhe abria à relação, à referências recíprocas de "comunicação". Assim é fundada a possibilidade daquela comunicação entre coisas e ideias, e entre ideias e ideias, da qual dependia a possibilidade posterior de formular enunciados predicativos em condições de descrevê-la. Contudo, ainda é preciso estabelecer as modalidades de *seleção* entre essas relações de comunicação, que justifiquem a discriminação entre enunciados verdadeiros e falsos.

Uma complexa análise lógico-ontológica leva Platão a reconhecer cinco "gêneros supremos" (254d, 255e) que caracterizam toda a realidade (248e: "aquilo que é completamente [*pantelos*]", mas essa expressão não designa mais, como na *República*, a esfera *separada* das ideias, mas a totalidade dos entes, que diferentemente daquela, inclui, como veremos, o movimento). Estes "gêneros" podem ser pensados como *representantes ideais* de propriedades que se estendem a todos os entes enquanto tais, como *categorias* ou classes de predicados referentes a eles, ou ainda como *operadores ontológicos* dos quais depende a existência dessas propriedades. Trata-se, em todo caso, da ordem na qual eles são circunscritos pela análise platônica, de "ser", "movimento", "repouso", "idêntico" e "não-ser". Vejamos: o movimento *é* (existem coisas em movimento), portanto participa do ser, mas *não é* o ser. Se o movimento fosse idêntico ao ser, tudo deveria estar em movimento, incluído – de modo contraditório – o repouso, que não participa do movimento. É mais claro que *não-ser* não mais significa o nada parmenídico, mas não-ser em relação a algo, não-ser idêntico a X: em última instância, não-ser equivale, portanto, a *ser diferente* de outro. Assim interpretado, o "gênero" do não-ser se transforma, então, naquele do "diferente" (ou *outro de*) – na medida em que é perfeitamente possível dizer que algo ao mesmo tempo é (*idêntico* a si) e não é, ou seja, é *diferente* de outros. O ser, o idêntico, o não-ser (isto é, o ser diverso de) se comunicam com todas as coisas; ao contrário, o movimento e o repouso, que se comunicam com outros gêneros, não se comunicam entre si, excluindo-se reciprocamente.

Estava assim fundada, em princípio, a possibilidade de relações seletivas entre coisas e ideias, que, como foi visto, constitui a condição de possibilidade para discriminar os enunciados verdadeiros dos falsos. Essas relações são pensadas como as ligações entre letras do alfabeto ou entre notas musicais; ter delas a "ciência" consiste em compreender: 1) quais gêneros estão em consonância (se comunicam) entre si; 2) quais gêneros efetivamente não se comunicam; 3) quais gêneros atravessam todos os outros tornando possível sua comunicação entre si; 4) quais gêneros tornam possível a separação entre conjuntos diferentes de entes (253b-c). Esta ciência, assim delineada como uma espécie de *gramática geral* do ser, do pensamento e das relativas possibilidades de enunciação, constitui no *Sofista* a nova configuração da dialética: "dividir segundo os gêneros e não considerar uma ideia idêntica se é diferente nem diferente se é idêntica, não dizemos ser esta a tarefa própria da ciência dialética?" (253d). A dialética torna-se, portanto, o saber fundador dos procedimentos dicotômicos, e seu programa se reconfigura como uma espécie de mapeamento geral e metodicamente organizado das condições de possibilidade das relações entre ideias.

Mas o que são as ideias nessa nova perspectiva? Já vimos que estão envoltas pelo "movimento", no sentido de ser concebidas como imersas em uma rede de relações tanto entre si quanto com os processos de conhecimento, e que sua pluralidade lhes faz participar do não-ser (no sentido em que cada uma é "diferente" de todas as outras permanecendo idêntica a si mesma). Agora vemos que as ideias estão dispostas em níveis ontológicos muito diferenciados entre si. Há ideias generalíssimas, como os "gêneros supremos" que se estendem a todos os entes. Há ideias-classe como, por exemplo, "técnica" ou "animal", que compreendem muitas outras. Note-se a esse respeito que o procedimento dicotômico, ao subdividir esses conjuntos em subgrupos cada vez menos extensos, produz uma proliferação de "ideias" intermediárias (por exemplo, a "caça de animais aquáticos" ou o "quadrúpede terrestre"). Para elas, a linguagem natural nem sempre dispõe de nomes: "nossos predecessores mostraram uma antiga e insensata preguiça na divisão dos gêneros segundo as ideias, tanto que ninguém tentava fazer divisões: por isso não temos uma abundância de nomes" (267d). Isso explica a necessidade, ao longo do procedimento dicotômico, de se recorrer à produção de neologismos – dos quais o *Sofista* é abundante – para designar essas "novas" ideias. Aqui pode-se ver uma nova e específica função do dialético, a de "legislador de nomes" da qual o *Crátilo* havia falado (390c-d): o projeto implícito dessa legislação consistiria na construção de uma linguagem artificial que estivesse em condições de tornar transparente já no nome o "discurso da coisa" designada, mostrando as redes de relações que a constituem (como faz, por exemplo, o nome "triângulo", que designa uma figura composta de três ângulos, ou, no *Sofista*, uma palavra como "doxomimética", a imitação, *mimesis*, baseada na opinião, *doxa*). Para voltar aos níveis das ideias, há infinitas ideias não ulteriormente divisíveis, que indicam a essência, "o *logos* da coisa", isto é, os traços definidores que a identificam no sistema de participação e de diferenças com as outras ideias (como foi visto, por exemplo, no caso do "pescador com vara", ou como pode ser a ideia de "homem", cuja definição dicotômica poderia ser "animal terrestre bípede implume dotado de *logos*").

Assim reconfigurada, a população do campo noético-ideal transforma profundamente – como foi visto – o caráter de "outro mundo", drasticamente oposto ao âmbito da multiplicidade e do devir. As ideias mantêm, certamente, sua "diferença" ontológica em relação ao nível do empírico, mas formam agora um campo complexo, extenso da generalidade dos "gêneros supremos" à essência específica de cada coisa singular, até o momento nas proximidades da multiplicidade empírica; esse campo apresentava, além disso, um entrecruzamento de relações suscetíveis das análises conceituais metodicamente organizadas pelos procedimentos dicotômicos. A exploração das estruturas do campo noético-ideal permanece certamente necessária para a compreensão da realidade "mundana", mas é menos que nunca alternativa a ela em termos de verdade e valor.

O trabalho do dialético é, portanto, chamado a percorrer novamente essas escansões entre níveis noéticos e relações entre ideias. Ele deve estar em condições de

> reconhecer de modo adequado (I) uma única ideia extensa em qualquer direção entre muitas outras, embora permanecendo cada uma delas unitária e separada; (II) e muitas ideias, diferentes entre si, compreendidas do exterior por uma só ideia, (III) que, por sua vez, permanecem na unidade embora extensa entre muitos conjuntos de ideias, (IV) e muitas ideias que são separadas enquanto completamente distintas. Isso significa saber distinguir por gêneros, ou seja, como eles podem ou não se comunicar (253d).

O primeiro caso parece referir-se às ideias dos "gêneros supremos" como ser, idêntico, diferente; o segundo e terceiro casos às ideias-classe, como "técnica" e "animal", e àquelas que eles incluem, como "pescador com vara" ou "homem", ou ainda às ideias "participadas", como "bom", e àquelas que delas participam, como "justo"; o quarto caso, enfim, parece antes constituir o resultado do êxito do trabalho dialético, a identificação de *ideias simples* enquanto essências delimitadas como "nós" particulares da rede de relações de comunicação e de diferença que a constituem.

Pode-se agora perguntar quais são os custos e ganhos teóricos desta nova configuração da dialética em relação àquela que era proposta na República. Como "gramática geral" do ser e do pensamento, ela não renuncia à supremacia e à universalidade no âmbito dos saberes que a *República* lhes atribuía. Contudo, diminuída a *verticalização* do movimento dialético em direção a um "princípio do todo" certificado pela prioridade em termos de verdade e valor, e com ela a pretensão da dialética de deter o controle do nível *crítico* e *normativo* tanto em relação às ciências quanto às condutas ético-políticas. Com isso, como foi dito, a dialética renuncia a se constituir diretamente como a "ciência geral", enquanto saber teórico-prático relativo ao sentido das ciências e à finalidade da vida (ainda que, como mostra o *Político*, se poderia continuar a pensar que ela constitui a forma de saber em condições de definir quem seria o "verdadeiro político", ou seja, "o homem real").

Em compensação, a nova base da dialética está em melhores condições de responder às exigências que Gláucon havia formulado na *República*, isto é, esclarecer as próprias modalidades de procedimento (condições de possibilidade da comunicação entre ideias, descrição das relações seletivas entre elas mediante a análise dicotômica, discriminação entre enunciados verdadeiros e falsos). Um passo adiante decisivo na definição do estatuto epistêmico peculiar da forma do pensamento dialético, portanto. Isso talvez não consiga transformar a dialética finalmente em uma verdadeira e própria *ciência*, por diversas boas razões.

Era obstáculo para isso, em primeiro lugar, a permanência do caráter *dia-lético*, ou seja, dialógico, intersubjetivo, desse pensamento. O procedimento dicotômico comportava a cada passo uma *decisão*, convencionada entre os interlocutores participantes da investigação, sobre o conjunto ou o subconjunto no qual aos poucos se deveria situar o objeto indagado (no caso do "sofista", era de vez em quando conferido a sete gêneros diferentes). Mas havia também um obstáculo mais premente no plano teórico. A dialética dicotômica poderia se constituir como uma ciência a partir do modelo da geometria – mas no nível da universalidade que lhe era próprio – somente com a condição de que fosse possível constituir *uma só* árvore dicotômica capaz de dividir o "gênero" *ser* na pluralidade de todas as suas articulações, ou seja, em condições de constituir uma espécie de mapa taxonômico de toda a realidade. Isso, todavia, era impossível porque "ser" não é, diferentemente, por exemplo, de "técnica" ou "animal", uma ideia-classe subdivisível em espécies, embora represente uma propriedade comum a todos os entes enquanto tais. Não há, portanto, uma dicotomia do ser, e em consequência não pode existir uma taxonomia dicotômica universal (como o neoplatônico Porfírio tentará constituir). Isso naturalmente vale também, com maior razão, para os outros "gêneros supremos" como o não-ser ou o diferente, o idêntico, o movimento e o repouso. A dialética dicotômica permanecia, portanto, um procedimento heurístico, que se movida por um problema determinado, a formulação do *"logos* da coisa" relativo ao objeto particular indagado, o identificava como um nó da rede móvel de relações entre ideias em cujo interior se situava, e fornecia assim um filtro útil para distinguir os enunciados verdadeiros que poderiam ser formulados em torno dele dos enunciados falsos. Quanto às ideias, elas continuavam a operar nesse procedimento como unidades estáveis de significado capazes – em suas relações recíprocas – de representar referências ordenadoras para a compreensão da realidade (fosse noética ou empírica); ou seja, não constituíam ainda – como ocorrerá em Aristóteles – formas de uma legalidade imanente à natureza, mas certamente sua "separação" em relação ao mundo da pluralidade e do devir estava fortemente enfraquecida e reduzida.

Portanto, ainda se poderia pensar que a dialética – como a prescrevera a *República* – se movesse somente no campo das ideias; e, por outro lado, seria ainda possível considerar que seu estatuto epistêmico tenha sido agora melhor circunscrito, em resposta às exigências de Gláucon (que provavelmente refletiam a discussão acadêmica). A dialética não renunciava, entretanto, à sua natureza originária de questionamento móbil e aberto conduzido no confronto entre sujeitos dialógicos diversos; suas aspirações imediatas à "realeza" ético-política eram reduzidas, todavia não se transformava em um sistema abstrato de "ciência universal" ou de metafísica do ser.

NOTA

Além das obras citadas na Nota à Lição precedente, cf., com particular referência ao *Sofista*, AUBENQUE, P. (org.). Études sur le *'Sophiste'* de Platon. Napoli: Bibliopolis, 1991; MOVIA, G. *Apparenze essere e verità. Commentario storico-filosofico al 'Sofista' di Platone*. Milano: Vita e Pensiero, 1991; CASERTANO, G. *Il nome della cosa*. Napoli: Loffredo, 1996; FRONTEROTTA, F. *Methexis. La teoria platonica delle idee e la partecipazione delle cose empiriche*. Pisa: Scuola Normale Superiore, 2001; cf. também a Introdução de N.-L. Cordero a *Platon. Le sophiste*. Paris: Flammarion, 1993.

LIÇÃO 14

AS AVENTURAS DA ACADEMIA

> Os atenienses, graças a um único sofista [Platão], queriam derrubar a tirania de Dionísio, convencendo-o a se desfazer de seus dez mil guardas, a abandonar seus quatrocentos trirremes, os dez mil cavaleiros e uma infantaria mil vezes maior, para procurar na Academia seu "bem" misterioso e se tornar feliz por força da geometria.
>
> Plutarco. *Vida de Díon*, 14.3.

> – Amigo, consegues entender quem foi este | senhor?
> – Tem aparência de grego: | manto branco, bela túnica cinza, | chapéu de feltro suave, bastão bem moldado, | calçado de luxo – não me estendo: | em resumo, | penso que estou vendo a Academia em pessoa.
>
> Antífanes, *Anteu*, In: Ateneu, XII, 544e-545a.

Ao longo dessas Lições, por vezes mencionamos a escola de Platão – a Academia – como o ambiente de investigação onde tomaram forma as discussões dialógicas, e como uma espécie de interlocutor coletivo, que com frequência se esconde atrás das máscaras de seus personagens. É agora o momento de melhor focalizar este protagonista secreto da filosofia de Platão e também do cenário histórico que foi o teatro de suas façanhas.

Sabemos com certeza razoável que Platão fundou sua "escola" – chamada Academia por causa de sua contiguidade com o jardim público ateniense dedicado ao herói Academo – quando retornou de sua primeira viagem à Sicília, entre 387 e 385 (Diógenes Laércio, III, 7), portanto, nos anos em que provavelmente teria iniciado a composição da *República*. Sobre a natureza da escola, formularam-se as hipóteses mais disparatadas: uma sociedade "festiva" de simposiarcas, uma seita religiosa de salvação espiritual, um seminário universitário de investigação científica, uma comunidade de formação política, e mesmo uma nova forma de sociedade secreta ("etérea") que visava a conquista do poder. Há, provavelmente, uma parte de verdade em todas essas suposições, que, todavia, devem ser esclarecidas tanto pelo testemunho do próprio Platão, quanto por aqueles, numerosos e parcialmente confiáveis, oferecidos pela tradição antiga.

Há, contudo, diversas perguntas a serem feitas: *por que* fundar uma "escola", em uma época em que isso ainda não era uma modalidade comum de elaboração e de ensino do saber filosófico (ao contrário daquilo que ocorre depois de Platão)? *Como* a escola foi fundada? *Quem* dela fazia parte? enfim, e sobretudo, *o que faziam* seus membros?

Traços de respostas à primeira pergunta estão bem presentes nos textos platônicos. Antes de tudo, em sua própria estrutura dialógica: a filosofia, em sua configuração dialética, só poderia ser em Platão – como fica bem claro no *Fedro* – o êxito de um confronto, de um discorrer (*dialegesthai*) entre homens dedicados à busca da verdade. Nessa decisão estava bem presente a herança das conversações socráticas, que, contudo, eram transpostas das praças e dos ginásios da cidade ao ambiente mais propício de uma comunidade de "companheiros" (*hetairoi*) que compartilhavam o amor pelo saber – propriamente a *philosophia*. Ao lado dessa originária vocação ao diálogo, própria de uma filosofia dialética, vinha se mostrando, por outro lado, uma ideia mais específica de "comunidade científica". Discutindo na *República* (VII, 528b) sobre o difícil desenvolvimento das pesquisas sobre a geometria dos sólidos, Platão havia sustentado que elas requeriam um "orientador" adequado e um grupo de estudiosos dispostos a segui-lo. É difícil não ver nessa passagem uma alusão ao papel de promotor e "arquiteto" (*architekton*) das pesquisas matemáticas que Platão teria desenvolvido na Academia, conforme o plausível testemunho de Filodemo (*História da Academia*, col. Y). Não eram provavelmente estranhas aos objetivos da Academia a promoção e a organização dos estudos científicos que, de resto, conforme testemunhava a própria *República*, deviam ser preliminares à própria formação dialética dos futuros filósofos-reis.

Filósofos-reis, exatamente. A vocação política da Academia, sem dúvida, estava estritamente vinculada às suas intenções filosóficas e científicas. Em uma passagem da *República* (VI, 496d), Platão fala do fracasso inevitável e do risco moral (ambos de memória socrática) em que incorria quem quisesse entrar na competição política para defender a causa da justiça sozinho e sem "aliados". No testemunho autobiográfico da *Carta VII* (325d) ele descrevia seu próprio sentimento de impotência no início quando se encontrou privado de "amigos e companheiros" (*philoi, hetairoi*). Do ponto de vista do envolvimento político, que nesses anos mostrava-se sem dúvida como essencial para Platão, como provam tanto a viagem a Siracusa quanto o próprio projeto da *República*, a fundação da escola constituía, portanto, a tentativa de reunir em torno de si aquele grupo de "aliados" e "companheiros", dedicados a um trabalho de *autoformação* (*República*, VII, 520b), do qual se poderia esperar a refundação da cidade e seu futuro governo.

Nas intenções de Platão, a Academia era, portanto, o instrumento para unir – na prática da "vida em comum" (*synousia*, *Carta VII*, 341c) e no assíduo confronto dialético – filosofia, ciência e política: nesse sentido, não há dúvida de que a Academia tenha prefigurado em sua atividade aquela proibição, que, segundo a *República*, constituiria a lei fundamental da cidade futura, de separar as duas formas de vida, a filosófica e a política (V, 473d s.).

Essas eram, portanto, as razões que induziram Platão a fundar a comunidade que a posteridade denominou de "escola" – ainda que certamente não se tratasse, como depois ocorrerá com Aristóteles, de uma instituição dedicada de modo exclusivo ao estudo e ao ensino dos saberes. Mas, para voltar à nossa segunda questão, como se podia constituir uma comunidade desse tipo?

Sabemos que Platão adquiriu uma casa junto ao jardim de Academo, no qual fez também construir um pequeno templo dedicado às Musas e onde ele foi sepultado (Diógenes Laércio, III, 41). Ali acolhe seus "amigos e companheiros", a fim de que habitassem juntos e juntos realizassem seu projeto comum. Wilamowitz sugeriu que o estatuto público da Academia poderia ser o de um "tíaso", uma sociedade religiosa dedicada ao culto das Musas; parece, contudo, pouco provável que sua escola tenha gozado de uma espécie de "estatuto jurídico", ou seja, de um reconhecimento oficial por parte da *polis* ateniense (para a qual talvez ela fosse considerada como um refúgio de personagens excêntricos e, mais tarde, como veremos, também suspeitos); em todo caso, o "tíaso" designaria apenas a forma de vida em comum dos "companheiros" da Academia, não certamente um caráter místico-esotérico de sua sociedade.

Quem eram, contudo, esses companheiros que a escola de Platão reunia? Quais figuras históricas se escondem por trás dos personagens dialógicos estranhos ao círculo dos primeiros interlocutores, rivais e amigos de Sócrates, isto é, por trás de nomes como os de Gláucon, Adimanto, Filebo, o "Estrangeiro de Eleia", Timeu e outros? Os testemunhos antigos permitem traçar um perfil aproximado que, todavia, nos oferece duas indicações inequívocas: o caráter *internacional*, ou seja, não limitado à *polis* ateniense, do grupo acadêmico, e sua composição *interdisciplinar*: o que é compatível com as aspirações políticas da Academia em relação à sua ambição de construir um centro de referência das melhores inteligências filosófico-científicas de todo o mundo grego.

Com base nas informações das quais dispomos (as fontes principais são a *História dos Acadêmicos* de Filodemo, os escritos de Plutarco, *Vida de Díon* e *Contra Colotes*, os *Deipnosofistas* de Ateneu, e Diógenes Laércio, III, 46), é possível identificar três diferentes perfis desses "amigos" de Platão. O primeiro compreende aqueles que ficaram conhecidos sobretudo por sua atividade filosófica: Espeusipo, Xenócrates (os primeiros "diretores" da Academia depois de seu fundador) e Aristóteles (destinado, depois da morte do mestre, a separar-se da Academia e a fundar uma escola rival, o Liceu). O segundo inclui importantes figuras de matemáticos e astrônomos, como Eudoxo, seu aluno Teeteto, Leodamante de Tasos, Têudios da Magnésia, Hélicon de Cízico, Filipe de Opunte (a quem se deve a edição final das *Leis*), Heráclides Pôntico, Leone. Note-se que também os membros desses dois grupos não ficaram estranhos à atividade política da Academia, talvez com exceção apenas de Aristóteles. Espeusipo dedicou-se, por um lado, a uma relação com o rei Filipe da Macedônia, por outro, envolveu-se ativamente, junto com Xenócrates, na aventura siracusana de Díon. Xenócrates, além disso, dedicou-se à oposição ao governador macedônio de Atenas, Antípatro, a ponto de recusar a oferta de cidadania ateniense. Eudoxo teria escrito as leis de sua cidade, Cnido.

No terceiro perfil, podem ser, por fim, inscritos os acadêmicos de que se conheceu apenas, ou de modo predominante, a atividade política. Em primeiro lugar, há naturalmente o siracusano Díon, que Platão parecer ter considerado o melhor de seus discípulos, a ponto de lhe atribuir tanto a natureza do futuro filósofo-rei, quanto a de "jovem tirano" capaz da conversão filosófica (*Carta VII*, 327a, 328a, 336a; *República*, VI, 485a ss., 503c-d; *Leis*, IV, 710c-d). Mas o grupo é numeroso: podem ser mencionados Erasto e Corisco, Eufreu, Aristonimo, Formion, Menedemo, Calipo, Cairon, Eveon de Lâmpsaco, Clearco de Heraclea, Quíon, Timeu de Cízico, Píton, Heráclides. Das realizações de alguns deles, gloriosas ou reprováveis, de acordo com o ponto de vista, falaremos mais adiante.

Tratemos agora da terceira questão: quais eram as atividades dessa grande comunidade internacional de jovens e brilhantes intelectuais reunidos na Academia em torno de Platão? É certo que estudavam e discutiam filosofia e ciências, sem jamais perder de vista as circunstâncias políticas propícias a seu projeto de uma cidade justa. É igualmente certo, contudo, que não seguiam o "plano de estudos" traçado por Platão para os futuros filósofos-reis no livro VII da *República*. Esse plano previa um *percurso* formativo a ser iniciado na idade de vinte anos. Os primeiros dez anos deviam ser dedicados ao estudo dos saberes matemáticos, dispostos em uma sequência que era, a cada passo, acrescida de uma dimensão posterior: do estudo da aritmética (que versava sobre a unidade-ponto) passava-se ao da geometria plana (superfície), depois ao da estereometria (geometria dos sólidos), da astronomia (concebida como ciência dos sólidos em movimento) da harmonia musical (teoria das relações "harmônicas" entre os números). Todas essas disciplinas eram concebidas como úteis e necessárias para a "conversão" do olhar da alma do mundo sensível para o noético, ou seja, como etapas de um percurso de crescente abstração idealizadora do pensamento. Nesse ponto, os discípulos da "escola" dos filósofos-reis estavam prontos para se dedicarem, por mais cinco anos, ao estudo da dialética, a fim de assumir, nos quinze anos seguintes, os encargos de comando político-militar que tinham o direito-dever de exercer. Chegando aos cinquenta anos, estariam livres para se dedicarem na maior parte de seu tempo à reflexão filosófica sobre o supremo princípio de verdade e de valor – a ideia do bom – salvo se assumissem, por sua vez, um papel de supervisão e de garantia no governo da nova cidade.

Tudo isso constituía precisamente o programa educativo mediante o qual a nova *polis* de governo filosófico formaria o grupo dos "dialéticos" destinado a exercer o poder. A Academia era, ao contrário, um grupo "espontâneo", privado, de intelectuais cuja tarefa, entre outras coisas, era propriamente a de fundar a nova forma de governo: logo, era indispensável que o exercício do pensamento dialético e os interesses ético-políticos fossem direcionados ao termo do decênio dedicado às matemáticas. A Academia deve, por isso, ser concebida como o ambiente onde o texto da *República* foi elaborado e discutido, não como aquele em que seu programa educativo foi aplicado. De modo mais geral, é preciso pensar que ela tenha constituído, em primeiro lugar, o grupo de trabalho no qual os diálogos platônicos eram apresentados, discutidos, eventualmente reelaborados em vista das críticas que poderiam ter suscitado. Há sequências imaginárias de diálogos – que propõem uma datação "dramática" para eles totalmente independente de sua data de composição efetiva –, como aquelas que indicam o intervalo de um único dia entre as conversas referidas na *República* e no *Timeu* por um lado, e no *Sofista* e no *Político* por outro, que parecem aludir a uma revisão ativa operada no âmbito da discussão acadêmica em torno dos temas propostos pelos textos platônicos. E é lícito supor que essa intervenção tenha progressivamente aumentado ao longo do tempo, até o caso limite das *Leis*, devidas, em sua versão definitiva, ao "secretário" de Platão, Filipe de Opunte.

É, todavia, difícil determinar a real influência de cada acadêmico na elaboração dos temas abordados nos diversos diálogos. Parece provável que aquela de Eudoxo tenha agido na abordagem do problema do prazer discutido no *Filebo*, que a do pitagórico Filipe tenha estado presente, além de nas *Leis*, na cosmologia do *Timeu*, que a experiência de matemáticos como Teodoro e Teeteto tenha sido retomada no *Teeteto*. Mas não é claro quem se esconde por trás dos "eleatas" protagonistas do *Parmênides*, do *Sofista* e do *Político*. Ainda menos clara é a eventual influência do jovem Aristóteles, que se poderia, contudo, tentar supor em diálogos como o *Timeu* e as *Leis* (nos quais em certos aspectos são antecipadas as críticas que ele dirigirá à causalidade das ideias e à utopia da *República*). De uma coisa pode-se, todavia, estar razoavelmente seguro. Os ajustes realizados nos campos doutrinais que Platão apresenta como "compartilhados", ou seja, como objeto de *homologia* – tal como a teoria da alma entre *Fédon*, *República* e *Timeu*, em relação à política, entre *República*, *Político* e *Leis*, a teoria das ideias e da dialética entre *República*, *Parmênides* e *Sofista* – ressentem certamente da problematização crítica à qual eles foram submetidos no ambiente acadêmico. E, além disso, é razoável supor que, junto com os diálogos, Platão tenha submetido à discussão na escola também aqueles experimentos teóricos que recebem a denominação (aristotélica) de "doutrinas não-escritas", ou seja, não destinadas, ao menos provisoriamente, à transcrição dialógica: não por seu presumido caráter secreto ou por sua inefabilidade, mas justamente por seu caráter experimental e de momento privado de "consenso". De qualquer forma, o dado de fato da extrema heterogeneidade de posições teóricas (como veremos na Lição 15) é, ao mesmo tempo, uma prova de sua autonomia intelectual e da ausência de imposições por parte do mestre – mais um *primus inter pares* do que um verdadeiro "diretor de escola" à maneira de Aristóteles – de qualquer forma de ortodoxia intelectual.

O empenho principal dos acadêmicos consistirá, portanto, na discussão dos temas propostos pelo fundador, em toda sua extensão, dos ético-políticos aos ontológicos e epistemológicos. Isso não exclui, naturalmente, também atividades mais propriamente científicas. A passagem do cômico Epícrates, que lemos como *epígrafe* à Lição 13, mostra os "rapazes" da Academia dedicados em produzir, por via dicotômica, uma classificação da abóbora. Não é de fato o caso de concluir que a Academia praticasse pesquisas naturalistas de tipo aristotélico: tratava-se mais provavelmente de exercícios dicotômicos do tipo exemplificados no *Sofista* (e mais tarde provavelmente desenvolvidos por Espeusipo). Mas o centro do trabalho científico da Academia não estava certamente no campo da taxonomia botânica e zoológica, mas muito mais naquele das matemáticas – e aqui verdadeiramente o programa delineado no livro VII da *República* pode ser considerado se não propriamente um "plano de estudos", ao menos a proposta de sistematização de um trabalho já em ato.

Se, com efeito, a notícia segundo a qual o portal de ingresso na Academia teria a inscrição "Não entre quem não for geômetra" pode ser considerada lendária, não é lendário o papel decisivo que a escola conferiu aos estudos matemáticos e o primado ali assumido pela geometria como saber exemplar tanto pelo rigor epistêmico quanto pela referência a uma ontologia "ideal". A imoderada *matematização* acadêmica da filosofia será denunciada por Aristóteles com palavras severas: "Para os filósofos agora as matemáticas se tornaram a filosofia, embora declarem que é preciso dela ocupar-se em vista de outras coisas" (*Metafísica*, I, 9) – essas "outras coisas", sem dúvida, são a dialética, a ética, a política, conforme a perspectiva da *República*.

Havia, de fato, no grupo acadêmico aquilo que se pode definir como um verdadeiro e próprio *furor geometricus*. Isso é documentado, em primeiro lugar, por uma crítica não malévola de Isócrates. O grande orador escrevia no *Antídose* (354), com clara referência a Platão e a seus discípulos, que "aqueles que primam pela erística e aqueles que se ocupam de astronomia, geometria e disciplinas afins" trazem certo benefício aos jovens. Com efeito, continua Isócrates, "quando os discípulos dedicam seu tempo às sutilezas e ao rigor da astronomia e da geometria", exercem a inteligência de modo útil, ainda que, bem entendido, "eu não creio que se deva chamar de 'filosofia' esse estudo que não tem uma eficácia imediata pela palavra e ação; chamo-o antes de ginástica da mente e propedêutica à filosofia" (§ 261-266).

A obsessão geométrica da Academia, contudo, é confirmada também por uma rica coleção de anedotas atestadas por uma tradição de boa fonte. Na época da "invasão" acadêmica de Siracusa, o palácio do tirano Dionísio "era, segundo dizem, envolto em uma nuvem de poeira levantada pela multidão daqueles que se dedicavam à geometria", traçando, como se pode entender, seus teoremas na areia espalhada pelos pavimentos (Plutarco, *Díon*, 13.4). E se sussurrava que Platão teria procurado induzir o próprio tirano a desfazer-se de seu poderoso aparato militar para se dedicar, na Academia, à problemática tentativa de "alcançar a felicidade mediante a geometria" (14.3). Por sua vez, Ateneu narra acerca do acadêmico Eufreu que, instalando-se na corte do rei macedônio Pérdicas, teria selecionado o *entourage* régio recusando admitir nos banquetes "quem não soubesse praticar a geometria ou a filosofia" (*Deipnosofistas*, XI, 508e). Essas anedotas contribuem para esclarecer quais seriam as "outras coisas" pelas quais, nas intenções dos acadêmicos, a geometria era praticada: seu contexto, com efeito, é primordialmente político – conforme aquela que parece ter sido a vocação dominante na escola já durante a vida de Platão e nas décadas seguintes à sua morte.

O testemunho mais significativo nesse sentido, sem dúvida, é representado pela expedição de Díon a Siracusa em 357, que teve o envolvimento ativo de toda a Academia. Patrocinada por Espeusipo (certamente com o consenso discreto do próprio Platão), dela participaram Eudemo de Cipro, Timonides de Lêucade, o adivinho Milta, Calipo e outros, junto com algumas dezenas de refugiados e algumas centenas de homens de armas (Plutarco, *Díon*, 22; Diodoro Sículo, XVI, 6-9). Os acadêmicos fizeram parte de um levante popular contra Dionísio (algo similar, portanto, à empresa garibaldiana dos Mil ou ao desembarque de Fidel Castro em Cuba). Deposto o tirano, Díon assume sua própria carreira despótica de "estratego autocrático"; foi, entretanto, suspeito de aspirar ao retorno à sua tirania, sendo, por isso, assassinado em 354 por um companheiro acadêmico, Calipo, que, ao que parece, partilhava secretamente da mesma aspiração.

Esse não é senão o episódio mais conhecido e marcante daquele contínuo envolvimento da Academia nos acontecimentos das tiranias – com a intenção de derrubá-las e a tentação de assumir seu lugar – que caracterizou a história da escola na segunda metade do século IV. A tradição, ainda que por vezes malévola, não deixa dúvidas a esse respeito. Basta recordar alguns exemplos dessa turbulenta atividade política dos acadêmicos.

Em 359, Píton e Heráclides assassinaram o tirano trácio Cótis, sendo recompensados com a cidadania ateniense. Em 352, Clearco torna-se tirano de Heracleia, sendo, por sua vez, morto por outros dois acadêmicos, Quíon e Leone (Filodemo, col. VI). Eveon de Lâmpsaco foi exilado porque descoberto a tramar com a intenção de se tornar tirano de sua cidade; Timeu de Cízico, por sua vez, tentou inverter a ordem constitucional (Ateneu, XI, 508f ss.). Corisco e Erasto associaram-se a Hérmias, cruel tirano de Atarneu, que lhes consignou sua cidade de Asos para que a governassem: eles teriam conseguido convencê-lo a transformar a tirania em "um poder mais brando" (Filodemo, col. VI).

Segundo o testemunho mais favorável de Plutarco, outros acadêmicos, ao contrário, teriam agido apenas como legisladores de suas cidades: assim foi Eudoxo para Cnido, Formion para os de Elei, Menedemo para Pirra (*Contra Colotes*, 32). Mas isso não basta para apagar a impressão de um *furor tyrannicus* que, juntamente com aquele "geométrico", parece ter caracterizado a atividade da Academia durante a última fase da vida de Platão e nos anos imediatamente posteriores.

Em seu conjunto, essa atividade política resultava em efeitos distintos por duas características estritamente correlatas entre si: por um lado, um programa político-social orientado em um sentido igualitário, por outro, o recurso à forma do poder tirânico – exercido ou "aconselhado" pelos filósofos – concebido como a via mais eficaz para realizar aquele programa, segundo uma hipótese que, como vimos, era já bem presente na *República* (VI, 499b-c) e que as *Leis* teriam tornado explícita: "Das tiranias poderia nascer a melhor constituição, graças à colaboração entre um excelente legislador e um bom tirano, e essa seria a via mais fácil e rápida para passar de um regime ao outro" (IV, 710d).

(...) Um tirano que queira mudar os costumes da cidade não tem nenhuma necessidade de grandes esforços nem de muito tempo: basta-lhe empreender em primeiro lugar a via que os outros deverão percorrer (...). Ninguém poderá nos convencer que as leis de uma cidade poderão mudar com maior facilidade e expediente senão sendo isto conduzido pelos poderosos (711b-c).

O primeiro aspecto, relativo ao igualitarismo, é testemunhado por um interessante episódio que tem como protagonista o próprio Platão. Convidado pelos árcades e pelos tebanos a elaborar as leis para uma cidade recém-fundada, Megalópolis, teria recusado o encargo após ter ouvido que eles "não estavam dispostos a aceitar a igualdade dos bens" (Diógenes Laércio, III, 23; Eliano, *Histórias diversas*, II, 42). Essa proposta platônica, sem dúvida, inspirava-se no desejo formulado nas *Leis* de uma paridade de posses fundiárias (V, 737c), por sua vez, um *second best* em relação à propriedade coletiva prevista na *República* (*Leis*, V, 739c). Uma linha igualitária sem dúvida mais extrema foi experimentada em 319, em Pelene, por Cairon, aluno de Platão e de Xenócrates. Tendo se tornado tirano da cidade, e inspirando-se – conforme o sarcástico testemunho de Ateneu – na "bela *República*" (sem dúvida, uma referência à *kallipolis*) e nas "ilegais *Leis*", ele teria exilado os aristocratas e entregue seus bens e suas posses aos escravos (XI, 509b).

Essas e outras acusações à Academia – de aspiração ao poder tirânico e à reformulação das constituições vigentes conforme um espírito de radicalismo igualitário – ressoaram no discurso pronunciado por Demócares (307/306) em defesa de Sófocles, que havia proposto o fechamento das escolas de filosofia em Atenas (Ateneu, XI, 508f ss.). Qualquer que tenha sido o fundo de verdade a esse respeito, não resta dúvida de que muitos contemporâneos tinham motivos para considerar a escola como um foco de rebeliões e de tiranias. Ainda que não se deva considerar ao pé da letra nem a requisição de Demócares, nem a rica coleção de anedotas para a qual se acenou, não é possível subtrair-se à sensação de que entre os discípulos da Academia o modelo de referência predominante fosse aquele "homem régio", desvinculado das leis, que fora delineado no *Político*, e a via tirânica para a reforma social que as *Leis* indicaram como a "mais fácil e rápida". Distantes e esquecidos pareciam, portanto, estar tanto o filósofo ascético do *Fédon*, dedicado à salvação da alma mediante a separação do mundo e do corpo, quanto aquele do *Teeteto*, distante de qualquer envolvimento nas vicissitudes da política. Muito mais próximas, por outro lado, estavam a vocação da filosofia ao poder e sua perigosa contiguidade com as tiranias (a se usar como remédio extremo e último para uma reforma radical da cidade), evocadas tanto na "bela" *República* quanto nas "ilegais" *Leis* e no *Político*.

Dessa controversa herança acadêmica – bem presente durante todo o arco de sua vida –, Aristóteles se distanciaria, com sua doutrina da separação necessária entre as formas de vida filosófica e política. Não se tratava somente de questões de teoria e prática política; para ele, era também necessário distinguir-se daquela imagem pública, daquele estilo vistoso de um mestre como Platão e de seus velhos "companheiros" acadêmicos, que o espelho deformante dos cômicos nos mostra talvez de modo não muito infiel. Já reconhecemos, no velho *dandy* apresentado pelos versos de Antífanes citados em *epígrafe*, os traços do próprio Platão. Ainda mais pungente é o retrato que Efipo traça de um de seus discípulos – um retrato com o qual Aristóteles não queria ser identificado –, aventureiro e sofista, à maneira de Brison e Trasímaco, que, todavia, não renunciava ao solene gesto público da oração política, como ocorria na vocação da escola.

> Depois, levantou-se um jovenzinho com brio seguro, | daqueles que platonizam na Academia, | um Brison-Trasímaco-caça-níqueis, | que movido pela necessidade, dedicava-se à arte logo-assalariada, | e era capaz de dizer coisas não disparatadas; | trazia os cabelos bem cortados à navalha, | bem longa a barba intonsa, | bem calçados os pés nas sandálias atadas no tornozelo | com agraciados laços envoltos nas pernas, | bem encouraçado num amplo manto, | e sustentando com o bastão a figura confiável, | disse com palavras de outros, creio, não suas: | "Ó homens da terra de Atenas!" (Ateneu. *Deipnosofistas*, XI, 509c-d).

Um caminho bem diferente tomaria a Academia depois de Aristóteles, assimilando-se, a partir do século III, com uma existência menos turbulenta que as outras escolas do período helenístico. A escola de Platão deixou de existir como instituição regular provavelmente no século I a.c. Mas, já a partir do século seguinte, o estado romano institui cátedras de filosofia platônica (juntamente com aquelas das outras principais "seitas" filosóficas, como o aristotelismo, o estoicismo e o epicurismo) nas maiores metrópoles do império. Ao seu redor floresceram muitas escolas platônicas, na própria Roma, no Egito, em Alexandria e, naturalmente, em Atenas. Esta última é fechada em 529 – cerca de mil anos depois da fundação da primeira Academia – por um decreto do imperador Justiniano, ditado pela intolerância cristã para com esta última fortaleza do pensamento "pagão".

Após a Antiguidade e o silêncio medieval, o nome da "Academia" reaparece no mundo moderno – a partir do sodalício platônico fundado em Florença por Marsílio Ficino no final do século XV – para designar livres comunidades de pensamento e investigação, filosófica ou científica, contrapostas ao dogmatismo escolástico dominante nas universidades oficiais. Uma reutilização, esta, talvez não inapropriada da memória daquele grupo de "amigos e companheiros" que Platão havia reunido ao redor de si em Atenas por volta do ano 385 da era pagã.

NOTA

A obra de referência sobre a Academia continua sendo a de CHERNISS, H. *L'enigma dell'Accademia antica*. Trad. it. Firenze: La Nuova Italia, 1974. Sobre aspectos institucionais da escola, cf. LYNCH, J. P. *Aristotle's School*. Berkeley: University of California Press, 1972, e GLUCKER, J. *Antiochus and the Late Academy*. Göttingen: Vandenhoek & Ruprecht, 1978. Sobre a atividade política da Academia, cf. ISNARDI PARENTE, M. *Filosofia e politica nelle* Lettere *di Platone*. Napoli: Guida, 1970, _____. *L'eredità di Platone nell'Accademia antica*. Milano: Guerini, 1989, e _____. L'Accademia antica e la politica del primo ellenismo. In: CASERTANO, G. (org.). *I filosofi e il potere nella società e nella cultura antiche*. Napoli: Guida, 1989, 89-117. Uma análise crítica dos testemunhos sobre o envolvimento político dos acadêmicos encontra-se em TRAMPEDACH, K. *Platon, die Akademie und die zeitgenössische Politik*. Stuttgart, Steiner, 1994.

LIÇÃO 15

PLATONISMOS

> A investigação tornou-se mais difícil porque os homens que foram meus amigos introduziram as "ideias". Mas a melhor decisão, e que deve ser tomada, quando se trata de salvar a verdade, parece ser aquela de não considerar nem mesmo os afetos pessoais, ainda mais como filósofos: ambos me são caros, mas preferir a verdade é um dever sacro.
>
> Aristóteles. Ética a Nicômaco, I, 4.

> Em Roma, as mulheres empunham a República de Platão, porque sustenta que as mulheres devem ser em comum. Em verdade, consideram as palavras, não ao pensamento do filósofo.
>
> Epiteto. Ditos memoráveis, fragmento 15.

> Calígula pensou inclusive em destruir os poemas de Homero, dizendo: "Por que não posso fazer como Platão, que os baniu de sua república?".
>
> Suetônio. Vida dos Césares, IV, 34.

Hegel deplorava, em suas Lições sobre história da filosofia, a forma dialógica da filosofia de Platão, na qual via "um obstáculo para sua plena compreensão", e lamentava a perda de suas "doutrinas não-escritas", nas quais "teríamos diante de nós sua filosofia em forma simples, porque nelas ele tem um procedimento sistemático". Para Hegel, portanto, a dialética dialógica parecia uma inútil complicação expositiva daquilo que poderia ter sido dito de melhor modo, e que talvez tenha sido efetivamente dito, na monologia do sistema (ainda que as reconstruções das *agrapha dogmata* que se tentou fazer no século XX provavelmente o teriam desiludido, com sua imagem de um Platão muito similar a Plotino).

No extremo oposto, e talvez mais próximo da verdade, estava Cícero quando notava que "nos diálogos de Platão nada é afirmado, mas muitas teses contrapostas são argumentadas: tudo está em questão e nada de certo é afirmado" (*Varrão*, 46). Cícero via, portanto, justamente como a forma dialógica era inseparável da *filosofia* de Platão, longe de constituir-lhe um adorno retórico ou um obstáculo (os medievais teriam dito *velamen*) interposto à sua leitura sistemática.

Se isso é verdadeiro, torna-se claro porque a tradição nos ofereceu uma pluralidade de *platonismos*, em geral contrapostos entre si, que podiam reivindicar para si de modo não arbitrário a própria matriz deste pensamento. Seu intrínseco caráter dialógico instaurava desde o princípio uma polissemia teórica e com ela uma irredutível *abertura* hermenêutica: um espaço filosófico em cujo interior a tradição não teria cessado de operar suas escolhas. Escolhas que dizem respeito, no entanto, a diálogos que se pode privilegiar: houve, de tal modo, um platonismo cético fundamentado nos diálogos "aporéticos", um platonismo político e utópico que depende da *República*, um espiritualista inspirado no *Fédon*, uma cosmo-teologia originada do *Timeu*, uma dialética metafísica do Uno que se remete ao *Parmênides*. Cada um desses platonismos atravessou a tradição antiga – ora prescindindo dos outros, ora neles encontrando tentativas provisórias de síntese – e deixou seus vestígios, profundamente diferenciados, no pensamento medieval e moderno: tanto que falar no singular de *um* platonismo e de uma *tradição platônica* significa cometer um erro metodológico, porque implica o privilégio historiográfico de um ponto de vista sistematizado que é tão somente o resultado de uma das possíveis opções que emergem no âmbito de um secular trabalho hermenêutico complexo e intrinsecamente plural.

Dos primeiros sucessores de Platão na direção da escola, Espeusipo e Xenócrates, possuímos somente testemunhos exíguos e incertos. Parece que se moveram no sentido de uma acentuada matematização da filosofia, como instrumento para a construção de um sistema metafísico dos "princípios", e do desenvolvimento da teologia astral, conforme o percurso do *Timeu* e das *Leis*. Um elemento significativo dessa primeira fase da Academia parece ter consistido na negação da existência de objetos artificiais (como a "cama" ou a "casa"). Tratava-se de um passo importante no sentido do abandono do *artificialismo* que havia caracterizado a filosofia de Platão, e da tendência a conceber as estruturas da ordem como um *dado* imanente do mundo mais do que como uma *tarefa* conferida à função "demiúrgica" do conhecimento e da ação.

Contudo, sem dúvida o maior "platônico" dentre os discípulos diletos do mestre foi Aristóteles. Trata-se de uma constatação paradoxal, pois Aristóteles comportou-se deliberada e metodicamente como um "liquidador testamentário" da herança de Platão. Suas opções teóricas foram implacavelmente invertidas, e os nexos constitutivos de sua filosofia, desagregados. Assim ocorria, em primeiro lugar, para aquilo que, segundo Aristóteles, havia constituído o erro capital do mestre: o privilégio ontológico conferido ao "predicado", ao "universal" (*hipostasiados* nas ideias), em relação ao sujeito, ao individual – em suma, àquelas "substâncias" nas quais, segundo Aristóteles, reside a forma primária da realidade (Sócrates, Corisco, este cavalo aqui). Assim como essas substâncias pertencem ao mundo da natureza sensível (com exceção daquela divina, mas também ela inclusa na ordem natural do cosmo), colocá-las no centro da nova visão da realidade significava destituir de sentido a "separação" platônica entre empírico e ideal, sensível e noético. Segundo Aristóteles, há *um único mundo*, acessível tanto aos sentidos quanto ao pensamento, e é *este* mundo, dado de modo imediato à experiência.

A tarefa da filosofia não era mais, portanto, aquela de *construir* um mundo alternativo e normativo – em termos de verdade e de valor – em relação ao da *natureza* e, no que diz respeito à existência humana, da *história*; seu problema consistia, ao contrário, no compreender e iluminar as estruturas de ordem e de sentido já dadas no mundo, de esclarecer conceitualmente a legalidade imanente à natureza e às "coisas mesmas" do modo como elas se oferecem à experiência cognitiva. O traço fundamental que Aristóteles conferia à filosofia fazia dela, portanto, um saber em primeiro lugar *descritivo* mais do que crítico-normativo.

Daqui se depreendiam imediatamente duas consequências de grandes dimensões. Em primeiro lugar, o enfraquecimento da dialética em suas pretensões de constituir um saber universal e uma "ciência régia", porque a cada âmbito da realidade corresponde uma forma específica de conhecimento não derivada de uma presumida ciência universal nem por ela controlada. A dialética mantinha uma universalidade, mas na forma de uma técnica geral de argumentação racional, privada de conteúdos ontologicamente determinados como em Platão eram as "ideias" e seus "princípios". Em segundo lugar, era estabelecida uma clara distinção entre a forma de vida filosófica e aquela política – exatamente a distinção cuja superação definitiva havia sido prescrita na *República*. Para falar nos termos de Marx, a tarefa da filosofia, para Aristóteles, era aquela de *compreender* o mundo, não de *transformá-lo*: uma função demiúrgica de ordenamento e de transformação não era nem possível nem desejável, tanto no nível da natureza quanto naquele da sociedade humana, porque o mundo é desde sempre ordenado por sua legalidade imanente. De modo particular no âmbito político, Platão havia cometido um erro análogo ao ontológico: isto é, também aqui havia privilegiado de modo indevido a dimensão daquilo que é universal e *comum* em relação à esfera daquilo que é individual e *privado* (a família, os afetos, o patrimônio), nos quais Aristóteles, ao contrário, reconhecia o núcleo primário da vida e da ordem social.

Não obstante tudo isso, Aristóteles continuava sendo um grande platônico. Não somente no sentido de um espetacular reuso de todos os materiais teóricos elaborados pelo mestre, que eram agora recompostos em uma nova estrutura e para uma nova destinação (à maneira das catedrais medievais reconstruídas no lugar e com os restos das basílicas romanas); mas também no sentido de um compartilhamento profundo das maiores instâncias que a filosofia de Platão havia imposto ao pensamento. Assim ocorria em relação ao primado que continuava a ser conferido ao pensamento teórico, agora na forma da "filosofia primeira"; e também em relação à concepção da filosofia como epistemologia e ontologia geral, à qual era atribuída a tarefa de compreender as estruturas comuns da realidade acima de sua divisão em âmbitos e ciências diferenciados. E, próximo ao platonismo, no fundo Aristóteles ainda mantinha aquela mesma concepção da "ideia" (*eidos*): não mais realidade separada (a forma "homem" não existe fora de suas instanciações na multiplicidade dos homens singulares), mas ainda princípio de cognoscibilidade dos dados da experiência e objeto primeiro de ciência. Mesmo que "substâncias" em sentido forte sejam apenas os indivíduos, tais como Sócrates e Corisco, não há efetivo conhecimento de Sócrates e Corisco senão como instâncias da forma "homem": portanto, é ainda no plano do *eidos* que se move o conhecimento que se pretende de fato ser "científico", ou seja, verdadeiro, universal e necessário – mais uma vez, como é fácil constatar, um axioma epistemológico de explícita derivação platônica.

No início do século III, a Academia encontrava-se esmagada em uma formidável morsa: por um lado, a desconstrução radical do legado platônico por parte de um seu herdeiro legítimo como Aristóteles; por outro, a formação de um poderoso sistema filosófico rival por obra de Zenão, fundador, em Atenas, de uma nova escola, o estoicismo. Foi um grande escoliarca, Arcesilau, quem salvou sua autonomia graças a uma extraordinária manobra teórica, sem dúvida no estilo daqueles "sofistas" dos quais Platão havia revelado as estratégias no diálogo homônimo, embora o próprio Arcesilau reivindicasse sua legítima descendência das conversações socráticas e dos textos platônicos (Cícero. *De oratore*, III, 67). Tratava-se da célebre *guinada cética* da Academia: isto é, da crítica às pretensões de verdade dos sistemas filosóficos "dogmáticos", como era o estoico e como, em alguns aspectos, podia ser considerado também o aristotelismo. A "suspensão do juízo" sobre tais pretensões – ou seja, a impossibilidade metódica de uma decisão entre teses contrapostas suscetíveis de argumentações equipolentes – revelava, sem dúvida, uma influência tanto de Protágoras quanto do fundador do ceticismo, Pirro. Ela não comportava, todavia, para os acadêmicos dos séculos III e II, de Arcesilau a Carnéades, a renúncia a optar por teses que fossem razoavelmente "prováveis" (ou seja, mais persuasivas e críveis) de um ponto de vista epistêmico e sobretudo ético-prático, embora recusando o estatuto das "verdades" definitivas. Desse ponto de vista, a Academia cética podia reivindicar de modo legítimo ter mantido vivo o mais autêntico espírito dialético, aporético e crítico da tradição socrático-platônica. Dava ocasião também para uma tradição de malevolência, mas não de todo infundada, que descrevia Arcesilau como uma espécie de quimera, "na frente Platão, atrás Pirro" (Aríston em Sexto Empírico. *Hipotipóses pirrônicas*, I, 234).

No século I a.C., a direção platônica – já não se pode mais falar propriamente de Academia – faz uma escolha radicalmente oposta àquela cética, mas também esta não privada de legitimidade hermenêutica em relação ao pensamento do fundador, destinada a ter tanto sucesso a ponto de induzir a tradição a identificá-la por longos séculos como sendo o platonismo *tout court*. A nova guinada foi iniciada por Antíoco de Ascalão, e consolidada nos séculos seguintes pela denominação de médioplatonismo e de neoplatonismo, fundado por Plotino no século

III da era cristã. A pressão das "seitas" rivais, o diferente ambiente cultural (não mais as escolas atenienses, mas a sociedade imperial romana) e, mais tarde, a difusão de aspirações à salvação espiritual, que buscavam respostas de tipo místico-religioso, induziram este platonismo a buscar no próprio legado filosófico os recursos para construir, por sua vez, um poderoso *sistema*, orientado de modo decisivo ao sentido metafísico-teológico – portanto, decididamente deslocado *deste* para um *outro* mundo.

O espaço adequado para esta construção era identificado na estrutura das relações entre os "princípios" transcendentes (em sentido ontológico e teológico), o mundo e o homem. A filosofia se tornava, assim, essencialmente teologia, teoria do ser, teoria da alma: portanto, rigorosamente, uma *metafísica*, no sentido de se situar, com suas linguagens, seus métodos, seus objetos, *além* do plano da experiência sensível e da natureza física. Uma drástica recusa do aristotelismo, nesse sentido, todavia compensada com a integração subalterna de sua dimensão lógica na infraestrutura demonstrativa do sistema. A metafísica do novo platonismo determinava, de resto, uma severa seleção também no plano da herança filosófica que reivindicava. De Platão eram conservadas sobretudo as teorias do "bom" e do "uno" como princípios transcendentes, a doutrina das ideias (contudo, agora concebidas como "pensamentos divinos"), a cosmo-teologia, a especulação sobre a alma como contraposta e estranha ao corpo. Por isso, eram lidos sobretudo os textos platônicos mais adaptados a essa perspectiva – os livros centrais da *República*, o *Parmênides*, o *Fédon*, o *Timeu* –, que complexas operações exegéticas transformavam igualmente em espelhos nos quais a nova filosofia podia se reconhecer, crendo ser, assim, sua herdeira legítima. "Esses discursos não são novos nem são agora elaborados", escrevia Plotino,

mas já foram enunciados pelos antigos, embora não de modo explícito; o que agora dizemos é uma interpretação daqueles seus discursos, uma interpretação que, apoiando-se no testemunho dos escritos de Platão, confirma a antiguidade dessas doutrinas (Enéadas, V, I.8).

Eram, ao contrário, deixados de lado os aspectos aporéticos dos textos platônicos e sobretudo os ético-políticos. O enfraquecimento da dimensão utópica da *República* foi realizado no grande comentário a ela dedicado pelo neoplatônico Proclo, no século V, que lia o diálogo como um texto eminentemente metafísico-teológico. Mas é significativo que já Plotino, apresentando ao imperador o projeto de sua Platonópolis, que se pretendia inspirada na memória platônica, concebesse-a como uma cidade para os filósofos, uma via intermediária, portanto, entre uma "academia" e um convento monástico.

Em seu conjunto, portanto, o neoplatonismo representa a última grande linha de resistência oposta pelo pensamento clássico – logo, pelo "paganismo" antigo – ao domínio das novas religiões, em primeiro lugar, naturalmente, o cristianismo. Foi somente graças à mediação de Agostinho, no século IV, que a imagem neoplatônica de Platão começou a ser considerada compatível com o pensamento cristão. Tratava-se, todavia, de uma assimilação difícil e problemática: na Idade Média, o platonismo agostiniano continuou a representar uma corrente minoritária em comparação ao aristotelismo dominante; o Platão medieval foi sobretudo aquele do *Timeu*, que podia ser relido no âmbito de uma teologia criacionista, e, naturalmente, do *Fédon*, considerado o texto fundador de uma espiritualidade místico-ascética capaz de percorrer o próprio cristianismo. No início do século XV, as primeiras traduções latinas da *República* fizeram novamente de Platão um interlocutor dos projetos de reforma política e social no contexto dos senhorios nascentes, sobretudo em terras lombardas. Mas, no final do século, a redescoberta do comentário de Proclo permitiu assimilar ainda uma vez o grande diálogo a um Platão novamente "neoplatonizado" – uma operação realizada com grande sucesso no plano da cultura florentina por Marsílio Ficino, que transmitirá à modernidade uma imagem de Platão destinada a permanecer substancialmente invariável até o portal do século XIX (mas sua vertente "utópica" teria continuado a dialogar de modo autônomo com o renascente pensamento político ocidental, até Rousseau e o jacobinismo revolucionário).

A historiografia do século XIX transformou Platão, assim como os outros autores antigos, de interlocutores filosóficos em objetos de investigação "científica". Mas não cessou por isso a presença de um "platonismo" na filosofia e na ciência. É possível reconhecer seus traços talvez mais facilmente do que aqueles do "sofista" perseguido por Platão. Há platonismo ali onde se pensa que a esfera da verdade e dos valores seja de qualquer modo externa, *ulterior* – em sentido transcendente ou transcendental – e normativa em relação à *factualidade*, ao mundo *dado* da natureza e da história. Há, portanto, um platonismo epistemológico e ético de matriz kantiana, ainda vivo no neokantismo do século XX. Há um platonismo das matemáticas, que concebe seu saber não como *construção* de objetos, mas como descoberta de *propriedades* de entes noeticamente autônomos. Há, enfim, um platonismo ético-político da *utopia*, que considera os valores como um horizonte de possibilidades e uma tarefa da práxis, mais do que como um êxito inerente ao "curso do mundo" na história – portanto, na esteia de um projeto "artificial" de perfectibilidade da vida, que não coincide com a "natureza" humana. E há também platonismos por assim dizer "locais": por exemplo, a concepção freudiana de um aparato psíquico cindido e conflituoso, suscetível tanto de ordem quanto de desordem; ou a ideia da filosofia como espaço do confronto dialético, que se define tanto por sua *intenção de verdade* quanto por sua abertura não sistemática ao jogo dialógico da argumentação e da interpretação.

Uma pluralidade de platonismos simultaneamente possíveis, portanto, mas não uma pluralidade indeterminada, porque seu âmbito e seus confins continuam a ser marcados por um *estilo filosófico* hermeneuticamente aberto, mas bem delineado no nítido desenho no qual toma forma desde sua origem.

NOTA

Sobre as primeiras interpretações de Platão, cf. TARRANT, H. *Plato's first interpreters*. London: Duckworth, 2000. Sobre o confronto entre Platão e Aristóteles, cf., além do clássico livro de CHERNISS, H. *Aristotle's criticism of Plato and the Academy*. Baltimore: Johns Hopkins, 1944; DÜRING, I.; OWEN, G. E. L. (org.). *Aristotle and Plato in the mid-fourth century*. Göteborg: Almquist & Wiksell, 1957; DÜRING, I. *Aristotele*. Trad. it. Milano: Mursia, 1976; BERTI, E. *Aristotele. Dalla dialettica alla filosofia prima*. Padova: Cedam, 1977; MIGLIORI, M. (org.). *Gigantomachia. Convergenze e divergenze fra Platone e Aristotele*. Brescia: Morcelliana, 2002. Sobre a Academia cética, cf. IOPPOLO, A. M. *Opinione e scienza*. Napoli: Bibliopolis, 1986 e BONAZZI, M. *Academici e platonici. Il dibattito antico sullo scetticismo di Platone*. Milano: LED, 2003; sobre a formação do médio e neoplatonismo, DONINI, P. L. *Le scuole, l'anima, l'impero. La filosofia antica da Antioco a Plotino*. Torino: Rosenberg & Sellier, 1982.

Sobre a história da tradição de cada diálogo, cf., por exemplo, para a *República*, VEGETTI, M.; ABBATE, M. (org.). *La 'Repubblica' di Platone nella tradizione antica*. Napoli: Bibliopolis, 1999; VEGETTI, M.; PISSAVINO, P. (org.). *I Decembrio e la tradizione della 'Repubblica' di Platone tra medioevo e umanesimo*. Napoli: Bibliopolis, 2003; acerca do *Timeu*, NESCHKE-HENTSCHKE, A. *Le 'Timée' de Platon. Contributions à l'histoire de sa réception*. Louvain/Paris: Peeters, 2000.

Sobre os "platonismos" contemporâneos, cf., por exemplo, ZADRO, A. *Platone nel novecento*. Roma/Bari: Laterza, 1987; para os aspectos políticos, cf. também MAURER, R. De l'antiplatonisme politico-philosophique moderne. In: DIXSAUT, M. (org.). *Contre Platon II. Le platonisme renversé*. Paris: Vrin, 1995, 129-154. Para a influência de Platão sobre pensadores como Rousseau, Marx, Freud e Dumézil, cf. os ensaios a eles relativos nos volumes III e IV de VEGETTI, M. (org.). *Platone. 'Repubblica'*. Tradução e comentário. Napoli: Bibliopolis, 1998-2000.

APÊNDICE 1
O "BOM" E O "UNO"

> O que podes esperar de bom de receberes | desta moça? Dela sei ainda menos, | mestre, que do "bom" de Platão.
>
> Amphis, *Anfícrates*, In: Diógenes Laércio, III, 27.

Mencionamos muitas vezes, ao longo destas Lições, o papel central que Platão atribuía à ideia do bom em alguns desenvolvimentos de seu percurso filosófico. Aqui é preciso esclarecer as razões de duas escolhas: a primeira é aquela de traduzir o grego *to agathon* por "bom" e não, segundo o costume, por "bem" (por vezes com inicial maiúscula); a segunda, de colocar a discussão sobre essa ideia em Apêndice.

To agathon ("o bom") é um adjetivo neutro substantivado, exatamente como *to dikaion* ("o justo"), e pertence ao uso linguístico corrente da teoria das ideias, que isola os atributos predicados acerca de sujeitos ("Sócrates é bom", "justo" e assim por diante) transformando-os em entes noéticos separados. Traduzir o adjetivo com o substantivo "bem" introduz uma variação sem motivo nesse uso e sugere de modo indevido que já no nível linguístico essa ideia possui um estatuto "metafísico" especial.

Menos simples é a motivação da segunda escolha. A abordagem da ideia do bom como "princípio" ou "causa" do conjunto total das ideias aparece somente nos livros VI e VII da

República, e constitui, portanto, um *unicum* no corpo dos escritos platônicos. Além disso, os desenvolvimentos teóricos apresentados nesses livros encontram perplexidade e resistências por parte dos interlocutores (Adimanto e Gláucon): à sua volta – ao contrário do que ocorre para a teoria *standard* das ideias – não há, portanto, *homologia*, nenhum consenso dialógico. O próprio Sócrates, ao acenar para tais desenvolvimentos, mostra muitas vezes incertezas e reticências, declarando-se não estar preparado para sustentá-las até o fim. Tudo isso deve nos fazer pensar – conforme os critérios metódicos formulados na Lição 5 – que aqui estamos na presença de um núcleo teórico certamente importante, contudo apresentado como um "experimento de pensamento", funcional em relação à economia de um diálogo particular como a *República*, mas não pertencente ao conjunto de doutrinas recorrentes e compartilhadas que podem ser referidas com alguma segurança à infraestrutura estável da filosofia platônica que se mantém constante na variação das situações dialógicas.

No entanto, o modo pelo qual a discussão da ideia do bom era introduzida no livro VI da *República* não parecia apresentar nada de anômalo e de fato Sócrates poderia inicialmente referir-se a uma noção bem conhecida de seu interlocutor: "certamente ouvistes falar diversas vezes que a ideia do bom é o máximo conhecimento", necessário, em primeiro lugar, para os filósofos destinados a governar a cidade (504e s.). As razões pelas quais a ideia do bom deve possuir um primado na educação e no saber dos filósofos-reis estão todas já implícitas na semântica do termo. *Agathon* significa – em grego e no uso socrático-platônico – "bem feito, eficaz, útil, vantajoso": uma coisa boa é uma coisa útil para a realização de uma vida boa, completa, próspera, em uma palavra: feliz. É, portanto, fácil compreender porque, na dinâmica da teoria das ideias, seja a ideia do bom a tornar "úteis e vantajosas" – logo, *desejáveis* – as coisas e as outras ideias que dela participam. Por exemplo, ninguém seria motivado a comportar-se segundo a justiça se isso não fosse *também* bom, ou seja, útil para a felicidade; não há nenhuma vantagem, e nada de desejável, na posse ou no conhecimento de qualquer coisa ou ideia que não seja também boa (505a). Na verdade, o "bom" é o escopo das condutas de cada um, mas aquilo que as torna incertas e oscilantes é a incapacidade de identificá-lo com clareza: tanto mais necessária se torna, portanto, uma sólida compreensão a seu respeito por parte de quem é destinado a guiar a vida de todos, e a torná-la feliz na medida do possível (505d-506a).

Até aqui, como se dizia, Sócrates poderia contar com o consenso de seus interlocutores (acadêmicos), pois se movia no contexto "ortodoxo" da teoria das ideias. Mas na página seguinte (508b-509c) introduzia um desenvolvimento teórico imprevisto – recorrendo, como lhe era de costume em casos de nós teóricos analiticamente inextricáveis, a uma poderosa imagem metafórica. O "bom" – agora considerado não mais como ideia "participada", mas como *princípio causal* – era comparado à função do sol, cuja luz é causa da visão para os órgãos da vista e de visibilidade para os objetos vistos. De modo análogo, o "bom" será causa da atividade cognitiva para o pensamento, sujeito de conhecimento e de cognoscibilidade para seus objetos, as ideias: será, em suma, "causa de ciência e de verdade" (508e). Também essa passagem pode ser reconduzida ao álveo da versão *standard* da teoria das ideias. Por que as ideias são "boas", seu conhecimento por parte do pensamento se torna desejável: assim, o "bom" pode ser considerado como causa "final", ou seja, como movente, da intencionalidade cognitiva que é correlata à própria polaridade objetiva, a verdade das ideias, e que aplicado produz "ciência". Não se pode dizer o mesmo do desenvolvimento seguinte da metáfora solar.

Como o sol, com o calor que irradia, é causa da geração, isto é, da existência, dos objetos visíveis, assim o "bom" será causa, para os entes ideais, não apenas do serem conhecidos, mas também de "ser e essência", embora situando-se ele próprio "além (*epekeina*) da essência em dignidade e potência" (509b). Aqui está a passagem mais paradoxal e enigmática – como o próprio

Gláucon imediatamente destaca (exclamando ironicamente: "que extraordinária superioridade!", 509c) – da teoria do "bom" na *República*. Paradoxal, em primeiro lugar, porque parece aludir a uma causalidade geradora do "bom" em relação a entes eternos e ingênitos como as ideias; em segundo lugar, porque o "bom" não parece aqui ser causa – como seria normal na teoria da participação – da qualidade que lhe é própria, a bondade, assim como do ser e da essência das ideias em geral; e, enfim, porque a posição do "bom" como *além* do ser e da essência (*ousia*) parece fazer dele uma não-ideia, e mesmo em geral um não-ente.

O primeiro paradoxo pode ser considerado em boa parte apenas aparente. Na medida em que as ideias não são "coisas", mas normas e paradigmas de verdade e de valor, sua "geração" não consistirá propriamente na passagem da não-existência à existência, mas no serem dadas ao conhecimento, na realização da intencionalidade cognitiva que as torna manifestas e ativas em seu papel de critérios de verdade e valoração, de finalidades orientadoras da prática.

Mais difícil é a compreensão dos outros dois aspectos paradoxais. O fato de que o "bom" seja superior ao ser e à essência não pode de modo algum fazer com que seja considerado como externo ao campo do ser, logo, propriamente *in-existente*, segundo aquela que será a tendência interpretativa típica do neoplatonismo: a *República* reafirma muitas vezes que ele pertence ao mundo noético-ontológico das ideias, ainda que em seu limite extremo, como o "mais perfeito" e o "mais feliz" dos entes (cf., por exemplo, VII, 526e, 532c). Todavia, na medida em que o "bom" não é essência (*ousia*), seu modo de ser será diverso daquele das outras ideias, e igualmente diversa será sua cognoscibilidade, que não pode consistir em formular a seu respeito o "discurso de essência" (*logos tes ousias*). O modo de existência do "bom" será sobretudo aquele da potencialidade (*dynamis*) causal, e seu conhecimento consistirá na compreensão dessa função causal: em outros termos, a pergunta que a dialética deve colocar acerca do "bom" não é – como no caso das outras ideias – "o que é", mas "o que faz": compreende-se, assim, em que sentido ele é superior (embora não externo) ao ser das ideias em "dignidade e potência", ou seja, exatamente pela supremacia de causação.

Se essa é, no entanto, a forma correta da pergunta, "o que faz" o "bom"? Vimos que ele torna as ideias boas, logo desejáveis como objetos de conhecimento e como finalidades da ação. Vimos, além disso, que ele as faz "existir" em seu estatuto específico de critérios e normas de verdade e de valor. Nesse sentido ao menos, ele transfere às ideias não apenas bondade, mas primordialmente "ser" e "essência", ou seja, precisamente a propriedade comum a todas as do ser-ideias. Mas uma vez que o caráter primeiro dessa propriedade consiste na existência autônoma, ontologicamente independente do pensamento, não se pode dizer que as ideias existem somente como *escopos* da intencionalidade cognitiva de verdade ou de orientação da prática para a felicidade. A causalidade do "bom" não pode, portanto, ser reduzida ao desejo subjetivo de verdade e de felicidade; ela deve dispor de uma *objetividade*, de uma autonomia ontológica similar, e mesmo superior, àquela de seus "produtos" ideais – mas, ao mesmo tempo, como *causa*, o "bom" não pode constituir uma *essência* noética como são seus objetos por ele causados. Estamos aqui provavelmente diante de um nó teórico que, permanecendo no contexto da *República*, não pode ser ulteriormente analisado; é possível, contudo, identificar as razões que levaram Platão a realizar este árduo experimento filosófico. Na estratégia argumentativa do diálogo era de vital importância que a natureza ontológica e epistemológica das ideias estivesse fundada sobre um princípio de valor, que era precisamente o "bom". As ideias existem e são verdadeiras na medida em que são causadas por esse princípio, que por sua natureza mesma as torna úteis, vantajosas, desejáveis, logo exercendo o papel de normas e critérios para a avaliação e a orientação da conduta ético-política em vista da felicidade individual e coletiva. A destinação dos filósofos ao poder aparecia, então, legitimada pelo fato de que eles somente, diferentemente dos políticos da cidade e de seus conselheiros sofistas, podiam se referir – graças à conduta da dialética – a esse princípio supremo de verdade e de valor, ou de verdade do valor.

A exigência antiprotagórica de uma fundação ética objetiva, que escapasse do risco da arbitrariedade das opiniões individuais e coletivas, era assim levada por Platão até o ponto "hiperbólico" (a expressão é de Gláucon, 509c) de fazer do próprio "bom" o fundamento causal do ser e da verdade das ideias, portanto, também da ciência e do conhecimento em geral. No triângulo formado por ética, ontologia e epistemologia, que caracterizava estruturalmente o estilo do pensamento próprio de Platão, o papel fundador do "bom" constituía a garantia do primado do vértice ético, segundo as exigências impostas pelo contexto de um diálogo sobre a justiça e sobre o poder do justo tal como precisamente era a *República*.

O experimento filosófico sobre o "bom" não se esgotava, todavia, nesse ponto. A ele Platão aludia provavelmente quando, no modelo da "linha", evocava um "princípio do todo" no qual culminava o caminho da dialética (VI, 511b). Além do contexto da *República*, essa alusão parece remeter àquela "teoria dos princípios" que Platão teria experimentado, segundo os testemunhos aristotélicos, em seu ensinamento oral (ou seja, nas assim chamadas "doutrinas não-escritas"). Em particular, nelas Platão teria proposto a identificação do "bom" com um outro princípio último, o "uno": que apresentava, sem dúvida, a vantagem de uma maior maleabilidade teórica nos processos dialéticos de derivação do princípio, e de redução ao princípio, da pluralidade dos entes ideais e empíricos, além de corresponder à tendência acadêmica de uma crescente matematização da própria dialética. Se o "uno" era assumido como tendo o estatuto de princípio causal universal, era possível pensar que dele cada ideia particular derivasse a própria unidade (em relação ao múltiplo que dele "participa"), a própria "simplicidade" unívoca, em suma, o caráter constitutivo da autoidentidade. Se o "uno" era, além disso, identificado com o "bom", seria possível também pensar que em tal unidade, simplicidade, autoidentidade, consistia o *valor* das ideias, sua positividade ética.

Aqui termina, contudo, a possível relação entre o modelo do "bom" na *República* e aquele do "uno" das "doutrinas não-escritas". No primeiro caso, bastava um único princípio. Não existem ideias que não sejam boas: mesmo a ideia do "mal" (caso houvesse, o que não é explicitamente atestado), seria também boa, ou seja, útil para identificar as coisas e as condutas "más", não geradoras de felicidade; quanto a essas coisas e condutas, seu ser más podia ser simplesmente explicado mediante sua não-participação do "bom". No outro caso, ao contrário, havia um segundo princípio: se cada ideia é em si unitária graças ao "uno", o conjunto das ideias, todavia, é múltiplo, e para explicar essa multiplicidade era necessário introduzir um outro princípio causal, que nas "doutrinas não-escritas" é chamado de "díade indefinida" (como princípio da multiplicidade ilimitada das ideias, e, abaixo delas, dos entes matemáticos e das coisas empíricas). Se na *República* o papel fundador do "bom" representava, como foi dito, um movimento "hiperbólico" antiprotagórico, a assunção de um princípio da multiplicidade no vértice da pirâmide do ser poderia ser interpretada como uma manobra antiparmenídica igualmente "hiperbólica".

Ela comportava, além disso, uma outra consequência, provavelmente indesejada, que Aristóteles iluminará. Caso se desejasse manter a *valorização do "uno"*, mediante sua identificação com o "bom", era preciso então considerar – por oposição polar – a "díade", princípio da multiplicidade, como a *origem do mal*, cada vez mais presente em cada nível de pluralização do ser, logo, já no nível da *multiplicidade das ideias*. Se do ponto de vista da geração ontológica cada estágio do ser – as ideias, os entes matemáticos, os objetos empíricos – era como produto da *composição* entre os dois princípios, pois cada uma dessas coisas apresenta simultaneamente os caracteres de unidade (progressivamente decrescente) e de pluralidade (crescente), do ponto de vista ético, ao contrário, o mundo aparecia como o teatro de um *conflito* entre um princípio "bom", a unidade, e um "mau", a pluralidade. Nessa direção, porém, Platão teria se movido, contudo, não tanto em direção aos êxitos do neoplatonismo (que mantém sempre *um único* princípio, então identificado com a divindade, o "uno-bom") quanto para o gnosticismo, que precisamente colocava em cena um "drama cósmico" (são palavras de Plotino) em que se enfrentavam o Bem e o Mal.

É certo que Platão não percorreu essa via de modo coerente, cujas dificuldades contribuem, talvez, para se manter o ensinamento oral aquém do portal da escrita dos diálogos, que requerem um grau ao menos inicial de consolidação e de consenso teórico. É, entretanto, muito provável que o próprio Platão, e os primeiros acadêmicos com ele e depois dele, tenham realizado experimentos de pensamento que iriam no sentido de conceber a dialética com uma teoria dos princípios universais do ser (ideal, matemático e empírico) capaz de descrever a *derivação* ontológica do mundo a partir desses princípios, e de percorrer novamente os estágios dessa derivação, operando uma *redução* cognitiva da multiplicidade às suas causas primeiras.

Nota

Uma ampla gama de interpretações sobre os problemas do "bom" e do "uno" é exposta nos ensaios reunidos em REALE, G.; SCOLNICOV, S. (org.). *New Images of Plato. Dialogues on the Idea of the Good*. Sankt Augustin: Academia, 2002. Importante é o livro de FERBER, R. *Platos Idee des Guten*. Sankt Augustin: Academia, ²1989, sobre o qual cf., contudo, BALTES, M. Is the Idea of Good in Plato's 'Republic' Beyond Being? In: JOYAL, M. (org.). *Studies in Plato and the platonic tradition*. Aldershot: Ashgate, 1997, 3-23. Cf., além disso, os ensaios de SANTAS, G. The Idea of Good in Plato's 'Republic'. In: FINE, G. (org.). *Plato*. Oxford: Oxford University Press, 2000, 249-276; de FERRARI, F. L'idea del bene. Collocazione ontologica e funzione causale. e de VEGETTI, M. Megiston mathema. In: _____. (org.). *Platone. 'Repubblica'*. Tradução e comentário, v. V. Napoli: Bibliopolis, 2002. Para a identificação de "bom" e "uno", cf., enfim, KRÄMER, H.; REALE, G. *Dialettica e definizione del Bene in Platone*. Milano: Vita e Pensiero, 1989.

APÊNDICE 2
O MUNDO

> Pareceu-nos que devia ser Timeu – que é o melhor astrônomo entre nós e dedicou a maior parte de seu trabalho ao conhecimento da natureza do mundo – começando, em primeiro lugar, pela gênese do cosmo para terminar na natureza do homem.
>
> Platão. *Timeu*, 27a.

> Quando à sua filosofia acrescentou uma teoria da natureza, Platão conferiu tal exposição a Timeu, não a Sócrates.
>
> Galeno. *As teorias de Hipócrates e Platão*, IX, 7.

Que as ideias tenham uma função causal é um teorema central na filosofia de Platão. Houve modos diversos de ver como essa função é claramente explicável em diversos campos do juízo, da ciência e da ação. Pode-se dizer, para começar, que a participação da ideia de bom é a "causa" em virtude da qual se pode afirmar que "Sócrates é bom" (o que pode também equivaler ao fato de que essa avaliação de Sócrates é verdadeira somente se dispõe de um critério objetivo que nos permite discriminar aquilo que é bom daquilo que não é). Pode-se, além disso, dizer que a natureza do triângulo ideal é a "causa" das propriedades dos triângulos desenhados pelos quais são conduzidas as demonstrações e que são considerados como "cópias" daquele modelo perfeito. Enfim, no campo da ação, pode-se dizer que a ideia de justiça é a "causa" da construção de uma cidade justa por parte dos filósofos-reis que dela se valem como de um paradigma, e que a ideia de cama é a "causa" da construção da cama por parte do marceneiro que a reproduz na madeira. Em todos esses âmbitos – a avaliação moral, a epistemologia matemática, a prática política ou artesanal – as ideias exercem um papel paradigmático de critério, de modelo, de finalidade, que precisamente explica sua função causal.

Diferente é a situação quando se pretende estender esse papel e essas funções ao campo da natureza e do mundo. O que significa dizer que a ideia de cavalo é "causa" da geração dos cavalos? E que ideias, em geral, são "causas" da ordem do mundo? Certamente é possível pensar que a noção abstrata da forma "cavalo" nos permite reconhecer, na realidade sensível, os cavalos, distinguindo-os, por exemplo, dos asnos e das mulas. E pode-se também pensar que os pais transmitem à prole a forma da espécie à qual pertencem nos processos concretos da reprodução biológica, cuja regularidade testemunha uma legalidade imanente à natureza. Mas essas são respostas aristotélicas, e talvez mais apropriadas para esta ordem de problemas, que encontram na filosofia de Aristóteles seu ambiente adequado.

Diversa, mais grandiosa e também mais visionária, foi a tentativa experimentada por Platão de enfrentar questões que fossem estranhas e alógenas em relação aos campos de pensamento em que vinham se formando a teoria das ideias e de sua causalidade. A essa tentativa Platão dedicou um grande diálogo, o *Timeu*, que parece, por sua vez, como anômalo, pela falta da habitual ênfase retórica do estilo, pela redundância barroca das metáforas, pelos materiais culturais díspares que nele confluem – do pitagorismo a Empédocles, da matemática à medicina –, pelos próprios personagens que dele participam, a começar pelo protagonista, o astrônomo e político (pitagórico) Timeu de Lócrida.

A estratégia escolhida, todavia, está alinhada ao *artificialismo* próprio do estilo da filosofia platônica. Para se fazer uma cidade justa é preciso um paradigma ideal de justiça, um político artífice (*demiourgos*) da constituição e um povo de cidadãos ao qual estabelecê-la; para se fazer uma boa cama é preciso um modelo ideal, um artesão (*demiourgos*) e a madeira para fabricá-la. Do mesmo modo, para se *fazer um mundo* é preciso um paradigma de formas no qual se inspirar – as ideias –, um artesão divino, justamente o Demiurgo, e um ambiente espaçotemporal no qual *imprimir* as formas ideais. Esses são os ingredientes cosmológicos dos quais Platão se serve no *Timeu*. Ao mundo noético-ideal, derivado da teoria clássica das ideias, acrescenta-se uma divindade a ele subalterna (porque podia tomá-lo como modelo em sua fabricação do mundo), uma divindade artesã que provavelmente constituía a *personificação metafórica* de uma eficiência causal das ideias cuja relação com o cosmo natural era difícil de explicar em termos teóricos. A obra ordenadora desse Demiurgo implanta as formas ideais no espaço desordenado (*chora*), "matéria" informe e, por isso, "receptáculo" que era disposta a acolhê-las (49a), opondo a essa informação uma resistência de-formante própria de sua instabilidade natural. Uma "causa errante" (48a), portanto, em oposição à causa ideal, "paradigmática", e àquela eficiente, metaforizada no Demiurgo.

Toda a cosmogonia narrada no *Timeu* é apresentada como um "mito verossímil" (29d). Não poderia, com efeito, tratar-se senão de um "mito", ou seja, de uma narrativa, pois apresentava como distendida no tempo a história da geração do mundo que, na verdade, havia ocorrido antes e fora do tempo, e porque a dramatizava com grandes personificações metafóricas, como aquela do Demiurgo e da "causa errante", e com gestos igualmente míticos, como a "persuasão" que o primeiro exerceu sobre a segunda (48a). E não poderia senão tratar-se de uma história apenas "plausível", não mais que retoricamente convincente, porque o processo narrado dá-se inteiramente aos que estão fora do espaço estável da verdade – que permanece aquele plano atemporal das ideias e dos saberes que versam sobre ele, como a dialética e a matemática.

Nesta narrativa da gênese do mundo, portanto, o Demiurgo operava em relação à "causa errante" do devir e do espaço-matéria "receptáculo" das formas ideais duas diferentes estratégias de ordenação. Em ambas, manifestava-se a *providência* (*pronoia*) divina para com a natureza (30c): ideia não habitual em Platão, mas destinada a uma grande fortuna na tradição posterior, tanto pagã quanto cristã. É preciso, contudo, observar que, no *Timeu*, essa providência tinha eficácia apenas "na medida do possível" (30a) em um ambiente hostil como é o espaçotemporal, exposto a incessantes processos de deformação e decadência (do mesmo modo, como foi visto, a obra dos filósofos-reis poderia melhorar a condição humana somente "na medida do possível" na dimensão da história).

Uma dessas estratégias cosmogônicas era dirigida pela transferência da ordem paradigmática dos entes matemáticos à realidade dos corpos. A *matéria* era, assim, *formada* e configurada mediante uma sequência de operações de tipo geométrico. O demiurgo se valia de duas formas *elementares*, as dos triângulos retângulos isósceles e escaleno, com os quais gerava qualquer tipo de superfície plana; essas superfícies, por sua vez, davam forma aos quatro sólidos *elementares*, o tetraedro (pirâmide), o octaedro, o icosaedro e o cubo. Desses sólidos eram posteriormente compostos os verdadeiros e próprios *elementos* materiais (de memória empedocleana), respectivamente o fogo, o ar, a água e a terra (53a ss.). As propriedades físicas desses elementos (mobilidade, peso, dureza), e seus processos de transformação recíproca – que explicavam toda a gama dos fenômenos naturais – dependiam da estrutura geométrica dos sólidos dos quais eram compostos. O mundo em seu conjunto, enfim, era configurado como um dodecaedro, o sólido mais similar à esfera e que nela poderia ser inscrito. O movimento dos céus era, por sua vez, organizado segundo configurações matemático-astronômicas ainda mais complexas.

Essa espécie de modelo cristalográfico do mundo – talvez inspirado pelo pitagórico Filolau – explicava sua ordem material e seus processos *inerciais*, mas não propriamente a *vida*, ou seja, a coesão do conjunto e a melhor finalização possível desejada por seu artífice providencial. Por isso, ele dotava o mundo de uma *alma*, dele fazendo um grande "vivente animado" (30b), e garantia, além disso, que todos os seres viventes que dele fazem parte fossem por sua vez providos de alma, de modo que ambos prosseguissem sua obra uma vez terminado seu trabalho inicial de ordenação (42e).

O paradigma artesanal mostrava, portanto – por meio da metáfora demiúrgica – dois aspectos decisivos do mundo. O primeiro era que sua própria estrutura material era ordenada mediante a *impressão* de formas geométricas, o que abria caminho para uma espécie de física "dialética" capaz de mostrar a derivação da natureza a partir dessas formas e de explicar seus processos com base em suas propriedades. O segundo era que a vida e a ordem do mundo, em seu conjunto e em cada vivente que os povoava, eram garantidos por uma pluralidade de *funções da alma*, que os orientavam "na medida do possível" em direção ao melhor estado. Ambos os aspectos, como é fácil ver, pertenciam ao eixo de sustentação da filosofia platônica, ainda que sua extensão ao mundo natural – com a eficácia causal e genética que devia ser atribuída à esfera noético-ideal – requeresse a introdução de um suplemento mítico-metafórico como era a figura do Demiurgo divino.

A cosmogonia do *Timeu*, não obstante o imenso dispêndio de imaginação "dramatúrgica" que requeria (ou talvez também graças a ela), terá uma duradoura fortuna na tradição – além da severa crítica aristotélica, que considerava somente "poesia" a atribuição de uma causalidade eficiente às ideias, e que lhe contrapunha, no *De caelo*, uma cosmologia "científica" em condições de prescindir de qualquer "função da alma" para explicara a ordem do mundo (concebido agora como não engendrado e eterno). Na ideia do mundo como um grande animal governado pela providência se inspirará a cosmo-biologia estoica. E, naturalmente, o modelo cosmogônico artificialista do *Timeu* poderá ser reativado, em âmbito cristão, do ponto de vista de uma perspectiva criacionista, que requeria somente tomar ao pé da letra a metáfora artesanal do Demiurgo dele fazendo um Deus criador (e, naturalmente, de deslocar as ideias, segundo a interpretação já médio e neoplatônica, para o nível de "pensamentos divinos").

Do ponto de vista de Platão, e da Academia que, sem dúvida, havia contribuído para lhe inspirar, o *Timeu* continuava sendo, contudo, uma aventura da imaginação filosófica enigmática em sua construção e em seus êxitos, um "mito" talvez plausível, mas certamente irredutível à prosa da análise teórica e menos ainda da ciência – ainda que capaz, com sua potência, de desvelar perspectivas inaugurais, tanto para a matematização do mundo quanto (como foi visto na Lição 9) em direção à construção de uma psicofisiologia.

NOTA

Uma importante coletânea de ensaios sobre o *Timeu* encontra-se em CALVO, T.; BRISSON, L. (org.). *Interpreting the Timaeus-Critias*. Sankt Augustin: Academia, 1997. Os comentários de referência continuam sendo aqueles de CORNFORD, F. M. *Plato's cosmology*. London: Routledge & Kegan Paul, 1937, e TAYLOR, A. E. *A commentary on Plato's Timaeus*. Oxford: Clarendon Press, ²1962, aos quais agora se acrescenta BRISSON, L. (org.). *Platon. Le 'Timée'*. Paris: Flammarion, 1992. Cf., ainda, BRISSON, L. *Le Même et l'Autre dans la structure ontologique du 'Timée' de Platon*. Sankt Augustin: Academia, 1994; DONINI, P. L. Il 'Timeo'. Unità del dialogo, verisimiglianza del discorso. *Elenchos*, IX (1988) 5-52; FERRARI, F. Causa paradigmatica e causa eficiente. Il ruolo delle idee nel 'Timeo'. In: NATALI, C.; MASO, S. (org.). *Plato physicus*. Amsterdam: Hackert, 2003, 81-94. Sobre a crítica aristotélica ao *Timeu*, cf., enfim, FRANCO REPELLINI, F. Il 'De caelo' di Aristotele come risposta 'dialettica' al 'Timeo'. *Rivista critica di storia della filosofia*, XXXV (1980) 99-126.

APÊNDICE 3

AS LEIS

> Nós mesmos somos poetas de uma tragédia e, na medida do possível, da melhor e mais bela: toda a nossa constituição foi construída como imitação da forma de vida mais nobre e mais elevada, e dizemos que esta é verdadeiramente a tragédia mais próxima da verdade.
>
> Platão. *Leis*, VII, 817b.

> As ilegais *Leis*.
>
> Ateneu. *Deipnosofistas*, XI, 509b.

Com as *Leis* assistimos a um retorno em grande estilo à reflexão política. Trata-se do último diálogo de Platão, ou melhor seria dizer platônico-acadêmico. A presença da Academia nesse diálogo é particularmente marcante, não apenas porque sua composição definitiva é devida a Filipe de Opunte, após a morte do mestre que o deixara incompleto, sendo, portanto, impossível determinar quanto no diálogo é de Platão e quanto é de seu aluno e secretário, de provável proveniência pitagórica. O ato de revisitar as questões políticas havia se tornado provavelmente um problema agudo para a Academia, por volta da metade do século IV, por duas ordens de razões. Por um lado, como foi visto, muitos membros da escola estavam comprometidos como legisladores em suas cidades, sendo preciso lhes fornecer um ponto de referência unitário, uma linha de orientação. Por outro lado, era preciso se distanciar do radicalismo comunitário da *República*, que podia constituir um embaraço teórico e prático diante dos eventos políticos concretos nos quais os acadêmicos estavam envolvidos; é bem provável que críticas à *República* do tipo daquelas que Aristóteles havia formulado em sua *Política* já tivessem circulado no interior da escola, talvez também por meio do próprio Aristóteles.

O contexto acentuadamente acadêmico contribui para explicar, ao menos em parte, as flagrantes anomalias do diálogo. O ambiente não é mais aquele da sociedade ateniense e os interlocutores não mais pertencem à sua *intelligentsia*. Ao contrário, o diálogo é situado na cidade dórica de Creta, sendo Sócrates substituído por um Ateniense anônimo em visita a uma terra estrangeira, e seus companheiros, o cretense Clínias e o espartano Megilo, são, por sua vez, dóricos. A própria forma dialógica, de resto, aparece já reduzida a um esboço literário, pois trata-se na verdade de um longuíssimo quase-monólogo, conduzido de forma assertiva pelo protagonista do diálogo, convidado a exprimir suas opiniões sobre a forma constitucional a ser instituída em uma colônia cretense recém-fundada.

Ocasião ideal, portanto, para um distanciamento da *República*, que constituía também um afastamento de seu legado embaraçoso. Àquela proposta foi tributada a devida homenagem ao pensamento original do mestre: tratava-se, sem dúvida, da melhor e mais virtuosa forma constitucional, que, entretanto, agora aparecia como mais apta a uma comunidade de "deuses ou filhos dos deuses" do que à condição humana efetiva (V, 739c). O pessimismo antropológico que percorre as *Leis* torna escassamente crível aquela perfectibilidade do gênero humano mediante a educação e a política que a havia constituído o pressuposto e a finalidade da *República*. As alianças infrapsíquicas que a "política da alma" delineada neste diálogo havia projetado agora pareciam fora da realidade: as energias irracionais do homem, liberadas pelas duas grandes matrizes das paixões, o prazer e a dor (I, 644c), podiam talvez, e com dificuldade, ser postas sob controle, mas não a serviço do princípio racional. Este devia assumir, portanto, a forma de uma legislação minuciosamente prescritiva das condutas particulares de cada um: tarefa do legislador não era mais a de oferecer um quadro educativo geral que garantisse as condições para a perfectibilidade autônoma dos membros da comunidade, mas uma vigilância assídua "das dores, dos prazeres, dos desejos dos cidadãos, reprovando-os e elogiando-os oportunamente por meio das próprias leis" (I, 631e). As *leis* substituíam, portanto, como instrumentos de controle e de ordenação da vida pública e privada, o papel que no projeto da *República* era esperado da *educação*, para a autoconformação do corpo social.

Apesar disso, não é preciso cometer o erro de pensar que a cidade das *Leis* representasse um esquema de realização "prática" da utopia da *kallipolis* desenhada na *República*. Trata-se, ainda, de um modelo utópico, embora de segundo grau, cuja possibilidade de realização requeria, por sua vez, a adequação às circunstâncias histórico-políticas. Todavia, esse modelo considerava agora dados antropológicos tidos ao menos "momentaneamente" (V, 740a) como não modificáveis: e sobretudo em relação àquele poderoso vínculo entre o "prazer" (V, 733a) e a privacidade afetiva e patrimonial que agora parecia – como será para Aristóteles – constitutiva da natureza humana. A nova cidade, diferentemente da *kallipolis*, teria consentido, portanto, o retorno da família e da propriedade privada de casas e terras, em suma, do *oikos* que dela havia sido banido.

Essa concepção, ainda que alterasse de modo radical o projeto comunitário da *República*, não significava, todavia, permitir o livre jogo das dinâmicas econômicas e muito menos a diferenciação arbitrária dos modos de vida individuais. A propriedade de terras e, juntamente com ela, a cota de riquezas conferidas às famílias podiam oscilar apenas dentro de limites restritos, vigiados de modo rigoroso pela autoridade política, de modo que fosse substancialmente respeitada a distribuição igualitária original e não se instaurasse novamente a distância social entre pobres e ricos. As atividades propriamente econômicas deviam ser geridas pelos grupos profissionais estranhos à cidadania e, portanto, privados de influência política; o próprio número das famílias componentes da cidade não devia supera a cifra estabelecida pelo legislador (5040, com base em um cálculo um tanto bizarro), para evitar um incremento incontrolável da população.

De modo mais geral, a nenhum cidadão jamais deveria "ser concedido viver seu dia como quiser" (VI, 780a). Nem mesmo, com maior razão, no conjunto de sua existência. O "animal" humano (II, 653e), concebido como intrinsecamente reduzido e rebelde, deveria ser submetido, pela razão objetivada na lei, a um processo de *domesticação* por toda a vida, que então seria rigorosamente organizada. Esse processo tomava a forma de uma espécie de condicionamento permanente, voltado a colocar sob controle as pulsões da dor e do prazer, que começava já na fase pré-natal – na qual o nascituro deveria ser "preparado" pela mãe a resistir àquelas pulsões – e continuava até a última fase da velhice. Um papel decisivo nesse trabalho de condicionamento cabia às festas da cidade, nas quais a comunidade era chamada a tornar-se uniforme e colaborativa, e aos "proêmios" antepostos à cada lei, que deviam convencer o cidadão da necessidade de a ela se adequar.

> No que diz respeito à cidade e aos cidadãos será de longe o melhor aquele que, mais do que nas disputas de Olímpia e em todas as competições de guerra e de paz, se mostrar vencedor na submissão às leis da cidade, conquistando a reputação de ser a elas submetido por toda a vida melhor que todos os outros (V, 729d).

A voz da razão-lei ressoará tanto nos cantos das cerimônias religiosas quanto nas admoestações do legislador, em incessantes *performances* de condicionamento e de autocondicionamento que constituíam outras fórmulas quase-mágicas de "encantamento" coletivo: "todos, adultos e crianças, livres e escravos, homens e mulheres, em suma, toda a cidade em seu conjunto não deve jamais cessar de 'encantar-se' a si mesma" (II, 665c).

A finalidade de tudo isso continuava a ser, como na *República*, garantir a justiça e a coesão não conflituosa da cidade, e orientar a vida de seus habitantes segundo a razão e a virtude. O paradigma de ordem e de valor a que se refere não será, contudo, mais aquele das normas ideais, mas o da *sanção divina* que deveria governar os homens assim como já governava (pitagoricamente) o cosmo e o movimento dos astros. As *Leis* declaravam solenemente que era deus que representava "o início, o fim e o meio de todas as coisas" (IV, 715e s.) – o deus, justamente, não o homem, como havia sustentado Protágoras, e nem mesmo a ideia do bom que na *República* havia sido considerada "o princípio de tudo". O legislador se tornava, de tal modo, o mediador e o intérprete, para os homens e a cidade, de uma ordem divina que deveria ser inscrita em suas vidas mediante as leis.

Três certezas deviam, então, governar a vida: a existência dos deuses, seu cuidado providencial do mundo, sua incorruptibilidade mediante ritos e sacrifícios. Os inimigos dessas certezas – os ateus materialistas que faziam o cosmo depender do acaso e da necessidade, os sofistas agnósticos à maneira de Protágoras e Antifonte, que consignavam a vida à desordem da violência – tornavam-se, então, o maior perigo para a cidade, e o crime de impiedade o mais grave que se poderia cometer (X, 885b ss.). Os ímpios irredutíveis, que não podiam ser reconduzidos mediante a persuasão – sofistas, mas também tiranos, demagogos, magos encantadores – deviam ser trancados num cárcere por toda a vida e seu cadáver lançado fora dos muros da cidade para que não a contaminasse (X, 909a ss.).

A tarefa suprema de vigilância contra o ateísmo e garantia da conformidade da vida da cidade à ordem divina cabia a um organismo de governo, o Conselho noturno (assim chamado porque devia reunir-se na aurora), composto dos magistrados mais anciãos, pelos melhores sacerdotes e pelos superintendentes da educação pública (XII, 961a ss.) – herdeiros distantes, portanto, dos filósofos-reis da *República*. Seu saber não consistia mais, todavia, no domínio da dialética e no conhecimento do mundo noético-ideal: tratava-se agora de uma teologia astral, capaz de desvendar na ordem dos céus o plano divino do mundo, que devia ser assumido como paradigma para plasmar a história e a cidade dos homens (esse tema teria sido desenvolvido por Filipe de Opunte em seu diálogo intitulado *Epinomis*, isto é, justamente um "apêndice às *Leis*").

O sentido e a importância das *Leis* não se exauriam, contudo, nesse programa um tanto fechado e opressor de uma teocracia voltada para domesticar a vida mediante um aparato legislativo omnipersuasivo e imutável, segundo o modelo explícito do antigo Egito e talvez aquele, implícito, das oligarquias pitagorizantes da Magna Grécia tal como a de Lócrida (além de pátria do protagonista do *Timeu*, provavelmente também de Filipe). Há no diálogo uma imensa riqueza de saber legislativo, que deriva da uma revisão crítica de toda a experiência histórica grega, de Atenas em primeiro lugar, mas também do ambiente dórico de Esparta, de Creta e da Magna Grécia. Dessa riqueza – basta citar como exemplo a inovadora legislação sobre o homicídio do livro IX – não é possível aqui dar conta de modo adequado: não há dúvida, contudo, que a influência das *Leis* tenha sido decisiva na elaboração do próprio pensamento político-jurídico de Aristóteles, bem como, provavelmente, nas medidas legislativas adotadas pelas cidades que estavam voltadas para os conselheiros acadêmicos. Em seu peculiar entrecruzamento de temas de matriz estritamente platônica e perspectivas originadas na Academia, ou, ao menos em parte, posições do pensamento político ateniense "moderado", em particular de Isócrates, influências pitagóricas talvez de origem também magno-grega, o grande diálogo constituiria, assim, um monumento solene e enigmático que se erguia no centro do debate filosófico da metade do século IV.

NOTA

A obra de referência sobre as *Leis* ainda é a de MORROW, G. R. *Plato's Cretan City*. Princeton: Princeton University Press, 1960; cf., também, STALLEY, R. F. *An Introduction to Plato's 'Laws'*. Indianápolis: Hackett, 1983. Uma útil coletânea de ensaios encontra-se em LISI, F. (org.). *Plato's 'Laws' and its historical Significance*. Sankt Augustin: Academia, 2001. Cf., além disso, GASTALDI, S. Educazione e consenso nelle 'Leggi' di Platone. *Rivista di storia della filosofia*, XXIX (1984) 419-452, e ____. Legge e retorica. I proemi delle 'Leggi' di Platone. *Quaderni di storia*, XX (1984) 69-109; VEYNE, P. Critica di una sistemazione. Le 'Leggi' di Platone e la realtà. *Aut Aut*, 195-196 (1983) 43-74; LAKS, A. Legislation and Demiurgy: on the Relationship between Plato's 'Republic' and 'Laws'. *Classical Antiquity*, IX (1990) 209-229.

ÍNDICE ONOMÁSTICO

A

Abbate, Michele 252
Adimanto (irmão de Platão) 46, 92, 114, 140, 141, 145, 161, 232, 254
Adkins, Arthur W. H. 118
Agátias 134
Agostinho de Hipona 250
Alcibíades 32, 35, 82, 102
Alcméon 33, 51, 162
Alexis 137
Amphis 253
Anacreonte 15
Anaxágoras 33-36
Anaxaláides 13
Andersson, Torsten J. 166
Ânito 35
Annas, Julia 87, 98, 166
Antífanes 229, 241
Antifonte 103, 105, 200, 271
Antíoco de Ascalão 248
Antípatro 233
Antístenes 37, 77, 167, 221
Apolodoro 14
Apolodoro (histórico) 77
Arcesilau 248
Aristipo 37
Aristófanes 29, 33-35, 38, 41, 50, 53
Aríston (pai de Platão) 13, 16, 47
Aríston 248
Aristonimo 233
Aristóteles 17, 18, 23, 27, 49, 50, 57, 64, 69, 70, 75, 76, 84, 96, 97, 111, 113, 119-121, 125, 128, 134, 147-149, 161, 164, 166-168, 174, 175, 177-180, 185, 197, 201, 204, 206, 227, 232, 233, 235-237, 241, 243, 245-247, 252, 259, 262, 268, 269, 272
Arquelau 51
Arquitas 25
Ateneu 213, 229, 233, 238-241, 267
Aubenque, Pierre 228

B

Baltes, Matthias 260
Bernardo de Chartres 88
Bertelli, Lucio 135
Berti, Enrico 252
Blössner, Norbert 87, 98
Bonazzi, Mauro 252
Brickhouse, Thomas C. 47
Brison 241
Brisson, Luc 27, 266
Burnyeat, Myles 135

C

Cairon 233, 240
Calescro 13
Cálicles 31, 38, 40, 54, 89, 91, 92, 102-106, 125, 139
Calígula, Caio Júlio César Germânico (assim chamado) 243
Calipo 26, 233, 238
Calvo, Tomas 266
Cambiano, Giuseppe 61, 135
Canfora, Luciano 135
Cármides 13, 15, 19, 35
Carnéades 76, 248
Casertano, Giovanni 76, 228, 242
Cassin, Barbara 61
Castro, Fidel 238

Cebes 91, 143, 145-147
Céfalo 45
Cerri, Giovanni 76
Cherniss, Harold 185, 242, 252
Cícero, Marco Túlio 76, 120, 244, 248
Címon 102
Clearco de Heraclea 13, 26, 233, 239
Clínias 268
Codro 13, 14
Cordero, Nestor-Luis 228
Corisco 26, 233, 239, 245, 247
Cornford, Francis M. 266
Cosroes 135
Cossutta, Frédéric 76
Cótis 239
Crátilo 17, 50
Crátinos 137
Crítias 13, 15, 19, 20, 29, 31, 32, 35, 117
Crítias 89
Critóbulo 77
Cross, Robert Craigie 198
Ctesipo de Peania 77

D

Damáscio 135
Dawson, Doyne 135
De Luise, Fulvia 47
Demócares 240
Demócrito 27
Detienne, Marcel 61, 76
Di Giovanni, Piero 211
Diodoro Sículo 238
Diógenes de Apolônia 162
Diógenes Laércio 13, 14, 16, 17, 25, 26, 77, 79, 137, 230, 232, 233, 240, 253
Díon 17, 19, 23-25, 229, 233, 237, 238
Dionísio de Halicarnasso 26
Dionísio I 22, 24
Dionísio II 7, 24, 25, 75, 132
Dionisodoro 54, 200
Dixsaut, Monique 211, 252
Donini, Pierluigi 252, 266
Drópides 13, 15
Dumézil, Georges 252
Düring, Ingemar 252

E

Ebert, Theodor 150
Efipo 241

Eliano 240
Empédocles 33, 34, 36, 50, 52, 162, 262
Epícrates 213, 236
Epígenes 77
Epiteto 243
Erasto 233, 239
Espeusipo 13, 18, 26, 27, 213, 233, 236, 238, 245
Ésquines 37, 77
Euclides 72, 75
Euclides 170
Euclides de Mégara 37
Eudemo de Cipro 238
Eudoxo 26, 96, 233, 235, 239
Eufreu 233, 238
Eurípedes 153
Eutidemo 54, 200
Eveon de Lâmpsaco 233, 239
Everson, Stephen 198

F

Farinetti, Giuseppe 47
Fédon 77
Fedro 66, 67, 213
Ferber, Rafael 98, 260
Ferécides de Siro 51, 141
Ferrari, Franco 185, 198, 260, 266
Ficino, Marsílio 242, 250
Filebo 89, 232
Filipe de Opunte 26, 82, 233, 235, 267, 272
Filipe, rei da Macedônia 233, 272
Filodemo 13, 231, 233, 239
Filolau 264
Fine, Gail 185, 198, 260
Finley, Moses I. 27, 135
Firpo, Luigi 135
Formion 233, 239
Franco Repellini, Ferruccio 198, 266
Frede, Dorothea 150
Frede, Michael 89, 98
Freud, Sigmund 252
Friedländer, Paul 12
Fritz, Kurt von 27
Fronterotta, Francesco 185, 228

G

Gaiser, Konrad 76
Galeno 79, 164, 261

Gastaldi, Silvia 118, 273
Giannantoni, Gabriele 47, 167, 210, 211
Gláucon (irmão de Platão) 13, 46, 89, 91, 92, 103, 105, 106, 114, 120, 125, 133, 147, 161, 199, 208-210, 216, 226, 228, 232, 254, 256, 258
Glucker, John 242
Gonzales, Francisco J. 98
Górgias 35, 54-56, 60, 168-170
Graeser, Andreas 150
Griswold, Charles L. 89, 98

H

Hall, Robert W. 150
Hegel, Georg Wilhelm Friedrich 46, 47, 199, 202, 210, 243
Heidegger, Martin 202
Heisenberg, Werner 219
Hélicon de Cízico 233
Heráclides Pôntico 233
Heráclito 17, 36, 50, 52, 168, 174
Hérmias 26, 239
Hermógenes 77
Heródoto 36
Hesíodo 108, 141
Hípias 54
Hipócrates 17, 261
Hobbes, Thomas 106
Homero 108, 140, 243
Hopkins, Jim 135, 252

I

Íon 51, 90
Íon de Quio 51
Ioppolo, Anna Maria 252
Irwin, Terence 166
Isnardi Parente, Margherita 27, 76, 242
Isócrates 237, 272

J

Joly, Henry 76
Joyal, Mark 260
Justiniano 134, 242

K

Kahn, Charles 86, 98
Kant, Immanuel 143

Kerferd, George B. 61
Krämer, Hans Joachim 97, 260
Kraut, Richard 185

L

Lafrance, Yvon 198
Laks, André 273
Lana, Italo 61
Lanza, Diego 47, 135
Lee, Edward N. 118
Leodamante de Tasos 233
Leone 233, 239
Leszl, Walter 185
Lisi, Francisco 273
Lloyd, Geoffrey E. R. 211
Luciano de Samósata 77
Lynch, Jack P. 242

M

Maltese, Enrico V. 61
Manuli, Paola 166
Marx, Karl 159, 246, 252
Maso, Stefano 266
Maurer, Raymond 252
Megilo 268
Meleto 35
Menedemo 213, 233, 239
Menexeno 77
Migliori, Maurizio 211, 252
Milta 238
Morrow, Glenn R. 273
Movia, Giancarlo 228
Museu 141

N

Nails, Debra 97
Narcy, Michel 47, 76
Natali, Carlo 266
Neschke-Hentschke, Ada 118, 252
Nietzsche, Friedrich Wilhelm 47
North, Helen F. 118

O

Orfeu 141
Orsi, Giuseppe 199
Owen, G. E. L. 252

P

Palmer, John Anderson 61
Parmênides de Eleia 36, 49-51, 55, 60, 61, 89, 91-94, 167, 178-180, 218, 219
Pérdicas 238
Péricles 29, 30, 33, 64, 100, 102, 107
Perictione 13, 16, 47
Píndaro 192
Pirilampo 15
Pirro 76, 248
Pissavino, Paolo 252
Pitágoras 50, 170
Píton 26, 233, 239
Platão *passim*
Plotino 151, 244, 248-250, 252, 260
Plutarco 17, 24, 229, 233, 237-239
Polemarco 46
Polo 54, 89
Popper, Karl 18, 27
Porfírio 227
Potone 13
Pradeau, Jean-François 185
Press, Gerald A. 89, 98
Price, A. W. 166
Prisciano 135
Proclo 87, 250
Pródico 54
Protágoras 35, 54, 56-60, 89, 91, 112, 168-170, 200, 204, 218, 221, 248, 271
Protágoras de Abdera 56

Q

Quarta, Cosimo 135
Querefonte 29, 32
Quíon 233, 239

R

Reale, Giovanni 12, 97, 260
Robinson, Richard 210
Robinson, Thomas 150
Ross, David 185
Rossetti, Livio 47
Rousseau, Jean-Jacques 251, 252
Rowe, Christopher 118

S

Santas, Gerasimos 260
Savile, Anthony 135
Schofield, Malcolm 118
Scolnicov, Samuel 260
Sexto Empírico 54, 248
Símias 91, 144, 146, 147
Simplício 135
Smith, Nicholas D. 47
Sócrates *passim*
Sófocles (poeta) 92
Sófocles (político) 240
Sófron 77
Sólon 13-15, 127
Stalley, Richard F. 273
Steiner, Peter M. 150
Stemmer, Peter 210
Strauss, Leo 87, 88, 98
Suetônio Tranquilo, Caio 243
Swift Riginos, Alice 27
Szlezák, Thomas A. 76, 97

T

Taglia, Angelica 198
Tales 187, 191
Tarrant, Harold 97, 252
Taylor, Alfred Edward 266
Teeteto 72, 89
Teeteto (matemático) 221, 233, 235
Tejera, Victorino 12
Temístocles 102
Teodoro 235
Têudios da Magnésia 233
Timeu de Cízico 233, 239
Timeu de Lócrida 262
Timonides de Lêucade 238
Trabattoni, Franco 12, 76
Trampedach, Kai 27, 242
Trasímaco 40, 46, 54, 60, 74, 87, 89, 91, 92, 103-107, 115, 125, 161, 183, 201, 217, 241
Tucídides 30, 36, 100, 101, 103, 105, 200

U

Untersteiner, Mario 61

V

Vegetti, Mario 61, 76, 98, 118, 135, 150, 166, 185, 198, 211, 252, 260

Vernant, Jean-Pierre 61
Veyne, Paul 273
Vlastos, Gregory 47, 118, 185

W

Wieland, Wolfgang 76
Wilamowitz-Möllendorff, Ulrich von 12
Williams, Bernard 118
Woozley, Anthony Douglas 198

X

Xenócrates 233, 240, 245
Xenófanes 51
Xenofonte 15, 31, 37, 43, 53, 200

Z

Zadro, Attilio 252
Zenão 247

ÍNDICE DAS OBRAS CITADAS

As obras elencadas são exclusivamente as de Platão.

A
Apologia 32, 35, 38-41, 77, 138

B
Banquete 38, 82, 148, 149, 156, 159, 197

C
Cármides 16, 38, 79, 80, 82, 89
Carta VII 7, 17, 18, 21-24, 27, 29, 64, 67, 68, 75, 78, 93, 97, 160, 231, 233
Cartas 17, 78
Crátilo 82, 172, 174, 224
Crítias 83, 93, 266
Críton 42, 45, 82

E
Eutidemo 82, 200, 207

F
Fédon 33, 34, 36, 41, 50, 77-80, 82, 83, 87, 91, 93, 96, 139, 140, 142-152, 160, 161, 177, 182, 192, 197, 204, 221, 235, 240, 244, 249, 250
Fedro 63-65, 67, 68, 70, 71, 74, 78, 80, 82, 92-94, 142, 146, 148, 155, 156, 159, 187, 192, 197, 214, 217, 230
Filebo 79, 80, 82, 85, 96, 169, 184, 195, 196, 201, 217, 235

G
Górgias 31, 38, 40, 55, 74, 82, 89, 91, 99, 102, 103, 139, 140

H
Hípias Maior 39, 54, 82, 168, 183, 217

I
Íon 82

L
Laques 79, 80, 82
Leis 10, 16, 18, 26, 70, 71, 74, 78, 79, 81-83, 86, 87, 91, 93, 96, 105, 111, 119, 128, 130, 134, 146, 148, 159, 233, 235, 236, 239, 240, 241, 245, 267-269, 271-273
Livro IV 105, 130, 233
Livro V 93, 119, 128, 130, 134, 240
Livro VII 10, 74, 267
Livro X 93, 146
Lísis 82

M
Mênon 82, 93, 142

P
Parmênides 79, 83, 85, 87, 90, 93, 94, 96, 167, 174, 178, 211, 235, 236, 244, 249

Político 16, 45, 63, 65, 70, 79, 83, 96, 99, 105, 108, 111, 116, 124, 127, 146, 196, 197, 207, 226, 235, 236, 240, 241
Protágoras 38, 79, 82, 91, 201

R

República 14, 16, 18, 21-24, 26, 39, 44, 45, 60, 67, 72-74, 78-80, 82-84, 86-89, 91, 93, 94, 96, 99, 101, 103-105, 107-111, 115-117, 119, 125-130, 133, 134, 137, 140-143, 145-147, 150-156, 158-162, 166, 169, 172, 177, 180-183, 188, 189, 192, 194-197, 199, 201-204, 206-208, 210, 216, 217, 220-222, 226, 227, 230, 231, 233-237, 239-241, 243, 244, 246, 249, 250, 252, 254, 256-259, 268, 269, 271, 272
  Livro I 39, 46, 60, 104, 105, 169, 183, 201, 204, 217
  Livro II 50, 99, 140
  Livro III 72, 105, 109
  Livro IV 101, 128, 141, 146, 152, 153, 172, 204, 206
  Livro V 14, 107, 119, 169, 188, 199, 220
  Livro VI 21, 44, 80, 116, 126, 130, 156, 180, 182, 190, 195, 202, 204-206, 233, 254
  Livro VII 45, 80, 181, 188, 189, 192, 194, 195, 201-203, 205, 207, 216, 231, 234, 236
  Livro VIII 93, 115, 155, 158
  Livro IX 128, 133, 141, 154, 197
  Livro X 142, 146, 147

S

Sofista 49, 51, 52, 54, 61, 79, 80, 83, 86, 90, 91, 93, 94, 96, 174, 184, 196, 214, 216-219, 221, 223, 224, 228, 235, 236

T

Teeteto 51, 54, 56-59, 72, 73, 75, 79, 82, 91, 187, 191, 194, 197, 235, 241
Timeu 79, 83, 86, 93, 95, 96, 146, 148, 150, 161, 162, 164, 166, 173, 176, 180, 235, 244, 245, 249, 250, 252, 261-266, 272

Edições Loyola

editoração impressão acabamento
Rua 1822 n° 341 – Ipiranga
04216-000 São Paulo, SP
T 55 11 3385 8500/8501, 2063 4275
www.loyola.com.br